“一带一路”倡议与中国经济发展

财智睿读

“一带一路”倡议下中欧投资对贸易影响的良性互动研究

毕红毅◎著

中国财经出版传媒集团

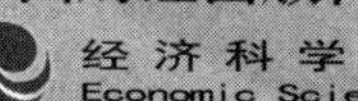

经济科学出版社
Economic Science Press

图书在版编目（CIP）数据

“一带一路”倡议下中欧投资对贸易影响的良性互动研究/毕红毅著．—北京：经济科学出版社，2019.4
（“一带一路”倡议与中国经济发展）
ISBN 978－7－5218－0413－3

Ⅰ．①一…　Ⅱ．①毕…　Ⅲ．①欧洲国家联盟－对华投资－直接投资－研究②国际贸易－贸易结构－研究－中国
Ⅳ．①F832.48②F752

中国版本图书馆 CIP 数据核字（2019）第 054522 号

责任编辑：宋　涛
责任校对：蒋子明
责任印制：李　鹏

“一带一路”倡议下中欧投资对贸易影响的良性互动研究
毕红毅　著
经济科学出版社出版、发行　新华书店经销
社址：北京市海淀区阜成路甲 28 号　邮编：100142
总编部电话：010－88191217　发行部电话：010－88191522
网址：www.esp.com.cn
电子邮件：esp@esp.com.cn
天猫网店：经济科学出版社旗舰店
网址：http：//jjkxcbs.tmall.com
北京季蜂印刷有限公司印装
710×1000　16 开　17.5 印张　290000 字
2019 年 5 月第 1 版　2019 年 5 月第 1 次印刷
ISBN 978－7－5218－0413－3　定价：54.00 元
（图书出现印装问题，本社负责调换。电话：010－88191510）

前言 PREFACE

贸易和投资一直是当代国际贸易学领域研究和争论的热点。1957 年美国学者罗伯特·蒙代尔（Robert A. Mundell）首先提出投资和贸易替代理论，自此之后投资和贸易的关系被许多学者所重视，理论界除了对替代学说的补充发展，日本学者小岛清（K. Kojima，1981）提出的“边际产业扩张论”是互补关系学说方面最具代表性的理论，小岛清理论模式认为对外直接投资可以是创造贸易的，也可以是破坏贸易的。近年来还有学者提出投资和贸易的关系是不确定的理论，但这并不是研究的主流，也就是说目前理论界对贸易和投资的关系可以大致归结为投资替代贸易和投资创造贸易，但是这些学说研究的方向都是发达国家的投资对其本国贸易的替代和创造作用。自 20 世纪 80 年代中期以来，伴随着世界新兴工业化国家的出现和发展中国家的崛起，发达国家对发展中国家的投资呈逐年增加的趋势，发展中国家已经逐步成为发达国家的主要投资接受地，尤其是中国利用外资所带来的经济的高速增长，引起了国内外学者的普遍重视。学者们开始从多个角度研究投资的作用，出现了许多新的研究成果，我国学者做出了大量的研究，分别从理论和实证两个方面研究外商直接投资对我国经济和贸易的影响。但是这些研究主要集中在世界各国直接投资对我国贸易规模和贸易竞争力的影响，较少有学者研究外商直接投资对我国贸易结构的影响。

本书研究领域主要是外商直接投资对我国贸易结构的影响，主要选取欧盟对华直接投资对我国贸易结构的影响和“一带一路”倡议下中欧贸易和投资的良性互动。选取欧盟的原因是中国和欧盟都是世界经济舞台的主角。欧盟既是全球经济总量最大的经济体，也是由28个发达经济体组成的、迄今为止世界上最为成功的区域经济一体化组织。中国是世界经济发展最快最大的发展中经济体。2013年11月21日，国务院总理李克强在人民大会堂同欧洲理事会主席范龙佩、欧盟委员会主席巴罗佐共同主持第十六次中国欧盟领导人会晤时双方在共同制定的《中欧合作2020战略规划》[①] 指出：中欧经贸关系是世界上规模最大、最具活力的经贸关系之一。双向贸易和投资成为促进中欧各自经济发展和创新的主要动力。中欧都肩负着继续拉动世界经济增长，实现共同繁荣的重要责任。双方致力于塑造发展创新、增长联动、利益融合的世界经济，坚定维护和发展开放型世界经济。为此，中欧决心本着互利的精神，进一步深化面向2020年的贸易与投资关系，促进开放、透明的市场和公平的竞争环境。特别重视为中小企业提供更多机会。[②] 这也是本书研究的实践意义。本书的研究内容包括以下四大部分：

第一大部分，对欧盟对华直接投资和中欧进出口商品结构进行了统计对比，分别测算了贸易商品贸易竞争力指数。本书采用国际贸易商品分类目录HS编码为分析依据，以OECD的产业分类为基础，将产业按技术层次的高低分为高技术产业、中高技术产业、中低技术产业、低技术产业，按照其所属的产业，分别挑取了中欧双边关联度大的44章的所有进出口货物作为研究对象，对这四大类44章商品所包含的所有商品种类至少20年的进出口数据进行搜集，分析不同技术水平进出口产品的占比，比较客观、详实地分析了我国同欧盟的进出口商品贸易结构的变化情况。对欧盟FDI同其他对华投资经济体进出口商品结构进行了统计对比；测算了我国与欧盟原15国贸易商品贸易竞争力指数；测算了中国与欧盟新11国贸易商品贸易竞争力指数。

---

① 中国新闻网（北京），2013年11月23日。
② 《人民日报》，2013年11月24日。

上述研究发现：欧盟原15国对华直接投资主要集中于制造业和化工、橡胶和塑料制品、金属制品、机器和设备工业，电气等行业。欧盟国家在这些行业的设备投资和技术类中间产品上对我国的出口，是我国获取关键设备和先进技术的重要来源之一。欧盟对华投资企业多为资本密集型，单个项目投资金额较大，技术含量较高。2012年，欧盟对华直接投资的平均项目金额达360万美元，美国为228万美元，欧盟是美国的1.6倍；亚洲国家平均项目金额共481.33万美元。而且欧盟国家对华投资大多集中在一些高增长、对经济影响较大和产业关联度比较强的部门。在转让技术方面，欧资企业明显优于美国对华投资企业，更优于日资企业。欧盟的投资在增加我国国内资本的同时，能够通过技术转让、技术溢出等方式把先进的技术和管理经验带到我国，对我国进出口商品结构起到优化作用。就贸易而言，2001年之后，中欧双边产品出口量均明显增长，中高技术水平产品增长速度最快，出口量也最大，其次是高技术产品，而低技术产品虽然也有迅猛增长，但是地位却已经逊于中高技术产品和高技术产品。在进口方面，我国从欧盟原15国中进口的中高技术产品一直是四种类型中最多的，增长速度也是最快的，其次是高技术产品。因此，综合来看，我国从欧盟原15国进口的产品中，中高技术和高技术产品占主要地位。其中机电设备是我国从欧盟原15国进口最多的商品，其次是航空航天类产品。无论从出口还是进口来看，我国与欧盟的贸易结构与其他对华投资的经济体相比都是最合理的。在与欧盟新11国的贸易方面，我国对欧盟新11国的产品出口额远远低于同欧盟原15国的出口额，但是近年来也呈稳步上升趋势，未来还有很大发展空间。

第二大部分，本书借鉴相关理论，研究了FDI对东道国出口商品结构的影响机理和FDI对东道国进口商品结构的影响机理。本书以多恩布什、费舍尔和萨缪尔森（Dornbush，Fischer and Samuelson，1980）的模型（简称DFS模型）为基础并作进一步扩展。本书构建的计量模型与DFS模型的主要区别是：在DFS

模型的基础上，分别讨论了外资对东道国出口商品结构的影响以及技术引进对东道国出口商品结构的影响，分析了引进外资对东道国进口商品结构可能产生的影响，最后比较了引进外资和引进技术对东道国出口结构影响的差异。基本结论是：本国引进外资后，劳动与资本的相对比例变小，劳动力相对工资上升，资本的使用成本（利率）下降，导致本国部分劳动密集型产品的优势在下降，于是本国缩减了这部分劳动密集型产品的生产规模，因此可以加大在资本密集型产品的投入，在部分资本密集型产品的生产上开始具有比较优势，这导致本国的优势产品既包括劳动密集型产品，又包括部分资本密集型产品，即本国的优势产品种类增加，同时外国的优势产品种类在减少。外国比较优势产品种类的减少会刺激投资国研发新的技术，投入到生产领域中，从而使投资国和东道国的产业结构都在不断优化。

关于 FDI 对东道国进口商品结构的影响机理，本书认为外资进入东道国后，会对东道国进口商品结构也产生重要影响，这种影响可能比较复杂。在外资进入东道国初期，可能由于对东道国的产业政策以及产业技术水平并不十分了解，同时也为了防止核心技术的溢出，新进入企业往往从海外母公司进口核心零部件或技术含量较高的中间产品。这时东道国会因为外资的进入而增加了对中间产品的进口。经过一段时间之后，外资会加深对东道国的产业政策以及产业技术水平的了解，为了节约生产成本和更加适应东道国当地市场的需求，外资一般会选择在东道国当地研发、制造中间产品，这会减少东道国对外来中间产品的进口。因此，外资的进入对东道国进口商品结构的影响主要取决于中间产品在何地被研发、生产。于是，本书分析了两种情形：一是外资进入东道国初期，由于东道国无法提供最终产品生产所需的核心零部件，同时，外资担忧在东道国当地生产核心零部件会造成较先进技术的流失。因此这个阶段外资往往从国外母公司大量进口核心零部件等中间产品，本文从理论上分析了外资主要从其母国进口中间品的情形，研究表明外资为了避免技术外溢的发生，提升自己的竞争力，在进入东道国的初期，会从海外进口中间产品，在东道国从事非核心部件及最终产品的生产。外资从海外进口核心零部件很大程度上会避免技术外溢的发生，因此在这种条件下，在东道国引进外资的初期，东道国企业生产投入的劳动、资本比例不会发生变化。因此，在外资进入东道国初期，东道国对中间产品的进口是增加的。二是外资进入东道国较长时间后，为了扩大规模，更充分地利用当地资源及优惠政策，会逐步考虑通过设立研发中心等形式在当地开展研发并生产部分核心零部件，同时把一些非核心业务转让给东道国内地企业。这种情形下虽然会产生技术外溢，但是由于外资一直在从事研发活动，所以其对核心技术垄断优势还是存在的。此时，内资企业受技术外溢的影响，生产规模会继续扩大，技术水平会继续提升。因此外资进入东道国较长时间后，随着其研发中心的设立及大量的研发投入，它会在当地生产大量的中间产品，东道国会逐步实现对中间品的进口替代；另外，由于技术溢出效应的存在，内资企业生产的产品结构也在升级，这在一定程度上优化了出口结构。最后，分析了东道国引进外资和引进技术对出口结构影响的差异。得出的研究结论是：以引进先进技术为主要目的利用外资比以单纯引进外资对一国（主要指发展中国家）出口结构升级的影响要明显得多。

换句话说，引进外资的质量比引进外资的数量更加重要，引进外资并不是越多越好，决定一国出口商品结构高低的不是利用外资的数量而是引进外资的质量。

第三大部分，本书借助 2001 ~ 2011 年的分析统计数据，对欧盟 FDI 对我国进出口商品结构的影响进行实证研究。由于新晋欧盟国家对我国的直接投资数据有限，因此实证部分仅考虑欧盟原 15 国同我国对其出口商品结构的关系。本文借助 2001 ~ 2011 年的分析统计数据，在变量选取上，被解释变量为我国对欧盟不同种类技术水平的出口额，即中国对欧盟高技术水平产品出口额，中国对欧盟中高技术水平产品出口额、中国对欧盟中低技术水平产品出口额、中国对欧盟低技术水平产品出口额；选取的解释变量为欧盟对华直接投资额、我国国内生产总值，我国研发与试验发展经费内部支出，欧盟原15国国内生产总值加总额。对上述变量分别进行了时间序列分析和面板数据分析，最后得出研究结论：欧盟各国的经济水平是影响我国对其出口的关键因素。每增加一单位EGDP（欧盟国家GDP），出口额增加最多的是中高技术产品，说明随着欧盟各国的经济增长，对我国中高技术产品的需求越高；每增加一单位CGDP（中国GDP），出口额增加最多的是低技术产品，说明我国经济的增长对于低技术产品的促进作用最明显，也反映了我国目前一定程度上还是依赖于资源型、劳动密集型产品的出口。欧盟各国FDI对我国不同类别商品的出口影响，从总体上来看，对中高技术产品和高技术产品的影响比较显著，对中低技术产品和低技术产品的影响较弱。因此，应该继续保持欧盟对华直接投资对中高技术产品出口的促进作用，以中高技术产品的发展慢慢带动高技术产品的研发，进而全面提升我国整体出口商品结构。

关于欧盟FDI对我国进口商品结构影响的实证研究由于同样的原因也是仅考虑欧盟原15国FDI对我国进口商品结构的影响。本书借助2001~2011年的分析统计数据，在变量选取上，被解释变量为我国对欧盟不同种类技术水平的进口额，即中国对欧盟高技术水平产品进口额，中国对欧盟中高技术水平产品进口额、中国对欧盟中低技术水平产品进口额、中国对欧盟低技术水平产品进口额；选取的解释变量为欧盟对华直接投资额、我国国内生产总值，我国研发与试验发展经费内部支出，欧盟原15国国内生产总值加总额。对上述变量分行了时间序列分析和面板数据分析，最后得出研究结论：欧盟对华FDI同我国对于欧盟的进口具有长期均衡关系，同出口结构不同的是，直接投资对于中高产品的进口从长期看是抑制作用，这与理论分析的结果相吻合，主要是欧盟对华直接投资多投放于制造业，主要生产中高技术产品等，国内的中高技术产业由于欧盟投资的带动和其本地化的研发和生产，逐步完成了进口替代，因此降低了对进口中间产品的要求。实证研究还表明欧盟各国 FDI 对我国不同类别商品的进口影响，从总体上来看弱于对出口产品的影响，但是影响显著性的排序一致，依次为高技术产品（7 个国家）、中高技术产品（5 个国家）、中低技术产品（4 个国家）、低技术产品（1 个国家）。这说明欧盟对华直接投资同样更多地作用于我国中高级技术产品的进口，对我国的进口商品结构同样有显著提升作用。

第四大部分，在“一带一路”倡议背景下，研究中国与中东欧的贸易和投资的良性互动。中东欧地区的面积约为欧盟的 1/3，人口约为欧盟的 1/4，但经济总量却不到欧盟的 1/10，2015 年，中国对中东欧国家的出口总额为 421.96 亿美元，非金融类投资累计达到 19.77 亿美元，出口和投资规模都较小，这意味着中东欧地区存在较多的出口和投资机会。研究结果表明，中国对中东欧的投资总额呈上升趋势，但投资规模较小，业绩水平较低，且发展极不平衡。主要通过整体布局投资产业、投资特色产业、以点带面及加强改善软环境等投资方式对中东欧进行投资，匈牙利、罗马尼亚、波兰、保加利亚、捷克和斯洛伐克这 6 个国家是主要投资国，其中对匈牙利投资最多。对阿尔巴尼亚、保加利亚、捷克、匈牙利、波兰、塞尔维亚、斯洛伐克这 7 个国家的投资业绩趋势良好。

目录

CONTENTS

第 1 章

绪　　论

1.1　选题背景与研究意义

1.1.1　选题背景

自 2008 年美国爆发次贷金融危机以来，中国同世界各国一样均受到次贷危机的影响，经济发展迟缓，复苏乏力。不论是发达国家还是新兴经济体都面临着经济下行的压力，中国在此期间提出“经济新常态”，调结构、促发展，表现为从高速增长转为中高速增长，经济结构优化升级，从要素驱动、投资驱动转向服务业发展及创新驱动。为了实现经济发展的预期目标，促进世界经济的共同发展，更好地发挥自身优势和利用外在优势，中国提出“一带一路”发展倡议。

“一带一路”（即“丝绸之路经济带”和“21 世纪海上丝绸之路”）倡议由习近平主席在 2013 年提出。2013 年 9 月 7 日，习近平在哈萨克斯坦纳扎尔巴耶夫大学发表演讲时表示：为了使各国经济联系更加紧密、相互合作更加深入、发展空间更加广阔，我们可以用创新的合作模式。共同建设“丝绸之路经济带”，以点带面，从线到片，逐步形成区域大合作。2013 年 10 月 3 日，习近平主席在印尼国会发表演讲时表示：中国愿同东盟国家加强海上合作，使用好中国政府设立的中国—东盟海上合作基金，发展好海洋合作伙伴关系，共同建设 21 世纪“海上丝绸之路”。2014 年 5 月 21 日，习近平主席在亚信峰会上做主旨发言时指出：中国将同各国一道，加快推进“丝绸之路经济带”和“21 世纪海上丝绸之路”建设。截至 2018 年底，“一带一路”涵盖 67 个国家和地区，总人口 44 亿之多，经济总量约为 21 万亿美元，分别占全球经济总量的 63% 和 29%。[①] 陆上丝绸之路经过中亚、中东，最终到达欧洲，是陆上沿线国家参与的经济带；21 世纪海上丝绸之路，经由东南亚、南亚、非洲或中东最终到达欧洲。

欧盟是中国重要的对外贸易伙伴之一，为摆脱当前国际经济运行下滑危机和应对其他全球性挑战，中欧都需要建立起强有力的互惠互利伙伴关系。中国推行的“一带一路”倡议终点站就是欧洲。虽然“一带一路”最初提出是为了和中亚、东盟国家发展经贸关系往来的，但是显然欧盟已成为不可或缺的重要参与者。2015 年出台的《推动共建丝绸之路经济带和21 世纪海上丝绸之路的愿景与行动》纲领性文件将欧洲作为“一带一路”的重要一端来看待，文件指出：“‘一带一路’连通亚欧非大陆，一头是活跃的东亚经济世界，另一头则是发达的欧洲经济世界。”在陆上要重点畅通中国经中亚、俄罗斯至欧洲的道路；在海上是从中国沿海港口经过南海再到印度洋，经过非洲、阿拉伯半岛，最后延伸到欧洲。从文字表述上看，“一带一路”的官方文件出台前后，中国媒体经常谈到沿线国家有包括中国在内的 65 个国家之多。根据一位中国学者的整理资料得知，除去亚太沿线国家和独联体国家等，65 个沿线国家中最多的就是以中东欧成员国家在内的欧盟了。在提出“一带一路”倡议之前，以英国为代表的欧洲国家陆续加入亚洲基础设施投资银行（以下简称亚投行），成为亚投行的创始成员国，让我们看到了欧洲国家在建设“一带一路”过程中的重要作用。

对欧盟和中国来说，欧盟对华投资对双方的经济增长、贸易发展、贸易结构升级、技术进步都有重要影响。近三十年来，欧盟一直是对外直接投资规模最大的经济体，中国则逐渐成为引进外商直接投资最多的国家之一，欧盟对华投资兼并收购的方式较少，绿地投资的方式则相对较多，对我国经济增长的关联和拉动作用较大。欧盟在华企业多为资本密集型，单个项目投资金额较大，技术含量较高。2012 年，欧盟对华直接投资的平均项目金额达 360 万美元，美国为 228 万美元，欧盟是美国的 1.6 倍，亚洲国家平均项目金额共 481.33 万美元。2013 年，欧盟 28 国对华直接投资 65.2 亿美元，同比增长 21.9%，欧盟是中国累计第四大实际投资来源地。

① 中国一带一路网：https：//www.yidaiyilu.gov.cn/。

截至2013年底，欧盟对华累计投资超过900亿美元。欧盟对华投资倾向于资本技术密集型产业，尤其是在转让技术方面，欧资企业明显优于美资企业，更优于日资企业。欧盟国家的投资大多集中在一些高增长、对经济影响较大和产业链条较长的部门。而贸易方面，自从中国1978年实施改革开放以来，尤其是进入20世纪90年代，对外贸易不断发展。40年来，中国与欧盟双边贸易持续快速发展。2001年中国正式加入WTO，中国与欧盟之间的双边贸易不断刷新纪录，以大约每3年翻一番的速度快速增长。2004年中国与欧盟建立全面战略伙伴关系，为中欧关系持久发展奠定了坚实的基础。欧盟自2004年起成为中国的第一大贸易伙伴，中国也稳居欧盟第二大贸易伙伴的位置。2007年中欧进出口总额达到3561.5亿美元，同比增长27%，其中中方出口2451.9亿美元，增长29.2%；进口1109.6亿美元，增长22.4%，欧盟在中国对外贸易中的占比上升至16.4%，占到中国总出口额的近1/5。2008年中欧双方的贸易额更是一举达到了4255.8亿美元。在金融危机的影响下，2009年，中欧双边贸易总值虽然同比下降了14.5%，但欧盟仍然保持着中国第一大贸易伙伴的地位。2010年中欧双边贸易迅速回升，高于2008年危机前水平。2011年中国同欧盟贸易总额达5939.7亿美元，较2010年增长13.6%。其中，中国出口4058.5亿美元，增长8.6%；进口1881.2亿美元，增长26.4%；顺差2177.3亿美元，增长3.2%。由于世界经济复苏形势仍不明朗，并且受欧盟债务危机影响，2012年中国同欧盟贸易总额为5460.4亿美元，比2011年下降8.7%。其中，中国出口3339.9亿美元，下降17.7%；进口2120.5亿美元，上升12.7%；顺差1219.4亿美元。据中新网2014年1月公布的数据显示，2013年我国与欧盟双边贸易额为5590.6亿美元，超过与美国的5210亿美元，分别增长2.1%。其中中国对欧出口3390亿美元，增长1.1%；自欧进口2201亿美元，增长3.7%。虽然2013年双边贸易增长有限，但欧盟仍然是中国第一大贸易伙伴和第一大进口市场。中国是欧盟第一大进口市场、第二大贸易伙伴。2014年1月，中国与欧盟贸易呈现了快速发展的良好势头，以美元计增长了17.7%，其中，中国对欧出口354.1亿美元，增长18.8%；自欧进口203.2亿美元，增长16%。[①]

但是一味增长的进出口总额数据并不能说明中欧贸易在健康发展，随着我国科技水平和经济水平的提高，进出口商品结构的改善成了我国政府和企

① 商务部召开例行新闻发布会（2014年2月18日），http：//www.mofcom.gov.cn/。

业都非常关心的问题，相比于单纯追求高出口量的粗放式出口，我国开始更加注重进出口产品的质量和技术水平，逐渐从粗放型经济转向注重高技术产品的研发和出口，正在逐步改善进出口商品结构。而对于欧盟的进出口商品，也逐渐由低技术水平的初级工业制品向中高技术水平的产品转换。

展望未来，在贸易和投资领域，中欧之间无论是竞争还是合作，欧盟与中国在世界经济发展的同时必然产生更多的利益交汇点。随着中国经济的平稳前行，随着欧盟新晋 13 国的融合发展，中国同欧盟的贸易和投资还有更大的发展空间。20 年来，欧盟直接投资对我国贸易结构产生了哪些方面的影响？欧盟新成员的加入，欧盟国家数目的扩大，欧债危机的发生，这一系列国际政治经济局势的变化会影响欧盟未来对华投资吗？影响的程度有多深？中国如何在新的国际政治和经济形势下更好地引进欧盟的投资？本书关注并努力研究上述问题，力争得出科学且合理的解释，以期对中欧全面合作机制有所贡献。

1.1.2 研究意义

1. 理论意义

随着我国科技水平和经济水平的提高，进出口商品结构的改善成了我国政府和企业都非常关心的问题，相比于单纯追求高出口量的粗放式出口，我国开始更加注重进出口产品的质量和技术水平，逐渐从粗放型经济转向注重高技术产品的研发和出口，正在逐步改善进出口商品结构。欧盟对华直接投资的主要特点是直接投资带动的高新技术的输入，也就是说我国在引进欧盟直接投资的同时引进了大量的先进技术，尤其是欧盟原 15 国对华直接投资主要是集中于我国的中高技术产业，投资倾向于资本技术密集型产业。因此从理论上研究欧盟对华投资对中国的贸易结构的影响机理可以进一步丰富国际直接投资理论，具有重要的理论意义。

2. 实践意义

欧盟既是全球经济总量最大的经济体，也是由 28 个（英国脱欧会变为 27 个）发达经济体组成的、迄今为止世界上最为成功的区域经济一体化组织。中国是世界经济发展最快最大的发展中经济体。2012 年欧盟继续保持我国第一大贸易伙伴和第一大进口来源地的地位，欧盟是中国重要的外资来源地和技术提供方，据统计，欧盟对华直接投资3/4的项目技术水平处于当代国际的先进水平，一些与其国内技术同步，只有少数项目的技术水平比较落后。欧盟对华直接投资的平均项目资金相比美国和日本都大，众所周知，直接投资的项目平均规模可以反映直接投资的要素密集程度和科技水平的高低，2012年欧盟平均项目金额达360万美元，美国对华直接投资平均项目为228万美元，欧盟是美国的1.6倍。因此研究欧盟对华直接投资对我国贸易结构的影响和我国产业结构优化升级有重要现实意义。

1.2 与研究相关的基本概念的界定

1.2.1 欧盟

欧盟全称为欧洲联盟（European Union，EU），是由欧洲共同体（European Community）发展而来的。欧盟实质上是一个集经济实体和政治实体于一身、在国际事务中具有重要影响的目前全球最大的区域一体化组织。欧盟经历了七次扩大，成为目前涵盖28个国家、总人口超过4.8亿人，是当今世界上经济实力最强、一体化程度最高的国家联合体。

从表1-1可知，欧盟新加入国家到目前为止共13个国家，其中塞浦路斯是目前新入盟国家中唯一地处亚洲的国家，其统计数据在本书所使用的数据库中几乎找不到可使用的数据，为保持数据来源的一致性，故本书对该国不予分析。克罗地亚2013年7月刚加入欧盟，本书也未作分析。因此本书以下所指欧盟新11国均不包括这两个国家。

表1-1　　欧盟成员国以及入盟时间

序号	成员国	入盟时间及欧盟演变
1	比利时	1952年7月25日欧洲煤钢共同体 1958年1月1日欧洲经济共同体和欧洲原子能共同体 1967年7月1日欧洲共同体
2	法国	
3	德国	
4	意大利	
5	卢森堡	
6	荷兰	

续表

序号	成员国	入盟时间及欧盟演变
7	英国	1973 年 1 月 1 日加入欧共体
8	爱尔兰	
9	丹麦	
10	希腊	1981 年 1 月 1 日加入欧共体
11	西班牙	1986 年 1 月 1 日加入欧共体 1993 年 11 月 1 日欧共体更名为欧洲联盟
12	葡萄牙	
13	奥地利	1995 年 11 月 1 日加入欧盟
14	瑞典	
15	芬兰	
16	捷克	2004 年 5 月 1 日加入欧盟
17	爱沙尼亚	
18	塞浦路斯	
19	拉脱维亚	
20	立陶宛	
21	匈牙利	
22	马耳他	
23	波兰	
24	斯洛文尼亚	
25	斯洛伐克	
26	罗马尼亚	2007 年 1 月 1 日加入欧盟
27	保加利亚	
28	克罗地亚	2013 年 7 月 1 日加入欧盟

1.2.2 贸易结构

贸易结构是指一定时期内一国出口贸易中各要素之间的比例关系和经济联系，包括进出口贸易活动主体之间、客体之间以及客体与主体之间的比例关系，以比重表示。进出口结构也有广义和狭义之分，狭义的进出口结构专指进出口商品结构，即进出口贸易中各类商品的构成情况，通常以不同商品各自的数量关系比例来表示。反映一国各类进出口商品构成情况的进出口商品结构，不仅能真实地反映该国的资源禀赋状况，同时在一定程度上还可以反映其科技、经济和产业发展的实际水平。

由于出口商品的工艺流程和统计口径的差别，衍生出各种微观角度的详细分类。

国际贸易标准分类（Standard International Trade Classification，SITC），由联合国统计局主持制订，旨在统一各国对外贸易商品的分类统计和分析对比。SITC 采用经济分类标准，按照原料、半制成品、制成品顺序分类，并反映商品的产业来源部门和加工阶段。最近的一次修改为第四次修订版，该分类法将商品分为 10 大类、63 章、223 组、786 个分组和 1924 个项目。

广义经济类别分类（Classification by Broad Economic Categories，BEC），由联合国统计局制订，BEC 是为按照商品大的经济类别综合汇总国际贸易数据，把 SITC 的基本项目编号重新组合排列编制而成，以便把贸易统计和国民经济核算及工业统计等其他基本经济统计结合起来用于对国别经济、区域经济或世界经济的分析。第三次修订本把全部国际贸易商品分为 7 大类，7 大类分为 19 个基本类，并最终归为消费、资本和中间投入三个基本部分。

商品名称及编码协调制度（Harmonized Commodity Description and Coding System，HS），是国际间斟酌各自主要的税则、统计、运输等分类目录制定的一个多用途的国际贸易商品分类目录。HS 编码“协调”涵盖了《海关合作理事会税则商品分类目录》（CCCN）和联合国的《国际贸易标准分类》（SITC）两大分类编码体系，是系统的、多用途的国际贸易商品分类体系。它除了用于海关税则和贸易统计外，在运输商品的计费、统计、计算机数据传递、国际贸易单证简化以及普遍优惠制税号的利用等方面，都提供了一套可使用的国际贸易商品分类体系。从 1992 年 1 月 1 日起，我国进出口税则开始采用世界海关组织的《商品名称及编码协调制度》，该制度是一部科学的、系统的国际贸易商品分类体系，采用六位编码，适用于税则、统计、生产、运输、贸易管制、检验检疫等多个方面，目前全球贸易量 98% 以上使用这一目录，HS 已成为国际贸易的一种标准语言。货物按其加工程度，依原材料、未加工产品、半成品和成品的顺序排列。

由于本书主要研究欧盟对华直接投资对我国贸易结构的影响，所涉及贸易结构仅指中国对欧盟的贸易结构。目前关于产业技术水平分类，较多采用的是 OECD 的统计方法，本书按照贸易结构的技术分类将产业按技术层次的高低分为高技术产业、中高技术产业、中低技术产业、低技术产业等，其具体行业分类如表 1-2 所示。

表 1-2 OECD 产业分类

技术水平	行业
高技术	宇航、医药、电子配件、电脑及办公设备、信息通讯及广播设备
中高技术	化学制品、一般机械及装备、家用电器、精密仪器、汽车
中低技术	石油及煤炭制品、塑料、橡胶制品、非金属矿制品、天然金属制品、非铁金属制品、组合金属、船舶、电子机械、玻璃
低技术	饮料、纤维、衣物、木材及纸制品、家具、印刷、石油提炼

本书将 HS 编码的 21 类、97 章的货物，以 OECD 的产业分类为基础，按照其所属的产业，分别挑取了部分章节的货物，具体如表 1-3 所示。

表 1-3 产品类别

产品类别	具体涉及产品
高技术产品	30 药品，88 航空器、航天器及其零件，85 电机、电气设备及其零件，录音机及放声机、电视图像、声音的录制和重放设备及其零件、附件
中高技术产品	84 核反应堆、锅炉、机器、机械器具，86 铁道及电车道机车及轨道固定装置、车辆，87 车辆及其零件、附件，但铁道及电车道车辆除外，90 光学、照相、电影、计量、检验、医疗或外壳用仪器及设备、精密仪器及设备
中低技术产品	70 玻璃及其制品 72~83 金属制品（黑色金属及其制品、有色金属及其制品、贱金属及其制品） 89 船舶及浮动结构体
低技术产品	16~24 食品、饮料，27 石油，47~49 造纸、印刷，50~63 纺织和服装，94 家具、寝具、褥垫、弹簧床垫、软座垫及类似的填充制品、未列名灯具及照明装置、发光标志、发光铭牌及类似品、活动房屋

资料来源：联合国：《国际商品贸易统计：编纂手册补编》，2010 年版。

本书涉及的所有进出口商品分析数据均以此进行归类整理、统计分析和实证研究。

第 2 章

欧盟在“一带一路”倡议中的地位

欧洲经过几百年的发展，其工业化程度很高，对于处于工业化初级阶段的“一带一路”沿线各发展中国家来说，其先进的装备制造业、精密的仪器制造业等很多高水平技术以及后工业化时代的“创意产业”具有高度的学习借鉴意义。正如李克强总理访问欧洲时说的，通过国际产能合作，把三者结合起来，既可以实现三方共赢，又可以拉动全球市场需求，有力地促进世界经济的复苏与发展。

对欧盟来说，“欧洲投资计划”对接“一带一路”倡议，不仅能够吸引和利用中国的资金和具有成本优势的装备设备，改善和升级交通、能源及通信领域基础设施水平，而且还可以扩大这些领域的先进技术、产品及服务的国际市场份额。欧盟轮值主席容克表示，对接“一带一路”倡议不仅对中国自身有益，欧盟也能凭借与亚洲动力强劲的经济体系建立更加紧密的联系而受益。

2008 年自美国蔓延开来的次贷金融危机波及了全球大部分国家，不论是发达经济国家还是各个新兴的经济体都经历了漫长的经济低迷阶段。为了克服经济的持续低迷，也为了以后发展市场竞争力强的具有高水平的经济，我国提出了“经济新常态”，改变产业结构，淘汰落后的产业产能。新常态的表现是经济增速放缓和结构的调整，由传统的高速增长转为中高速增长，经济结构优化升级，从要素驱动、投资驱动转向创新驱动。经济新常态下，我国需要发展价值以及附加值高的中上游产业必须采用集约型发展模式，通过引进高新技术，然后消化吸收再创新。图 2 - 1 显示，中国 GDP 增长速度从 2010 年的 10. 45% 下降到 2015 年的 6. 9% 。

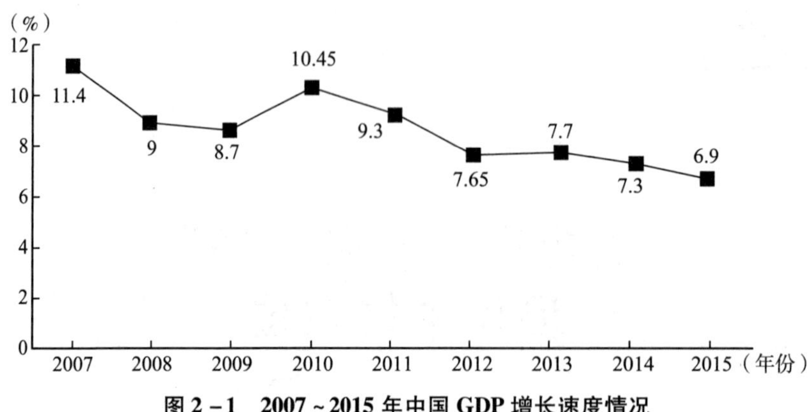

图 2-1　2007～2015 年中国 GDP 增长速度情况

资料来源：商务部网站、国家统计局。

在此严峻的经济发展形势下，我国和欧洲国家均需要改变发展战略，“抱团取暖”。因此，欧盟在“一带一路”倡议中的战略地位是显而易见的。

2.1　“欧盟战略投资”计划与“一带一路”倡议的战略互补

为推动欧洲克服经济危机、欧债危机和难民危机对增长和就业的影响，2014 年 11 月新一届欧盟委员会提出促进经济增长、增加就业和投资的欧洲投资计划（也称容克投资计划）。其旨在通过欧盟的资金和公共资源为私人投资提供更大的风险承受能力，鼓励项目发起人，吸收资金进入投资项目，投资成立欧洲战略投资基金并将其作为容克计划的核心支柱，该基金期望以杠杆方式将 210 亿欧元的初始基金在 3 年内扩大到 3150 亿欧元。容克计划主要包括三方面的内容，第一，在不增加公共债务的情况下增加投资；第二，支持关键领域内的项目和投资包括基础设施、教育、研发创新；第三，消除行业以及金融和非金融投资壁垒，资金主要投向能源管网与能效、交通、宽带等基础设施领域的改扩建工程，以及教育和创新等部门。该计划的具体措施步骤包括：设立战略投资基金；建立可行性项目和援助项目门户，引导资金进入需要的领域；建立发展路线，使欧洲能够吸引投资并消除规制瓶颈。

“容克计划”最重要的内容是在欧盟层面为项目规划和实施提供政策

上和技术上的支持，主要包括项目设计过程中的技术援助、创新性金融工具的使用、公私伙伴关系（PPPs）的应对方案。投资的重点行业与领域包括：战略基础设施、数学和能源、产业中心交通基础设施、教育和研发、促进就业尤其是资助中小企业及青年人就业的项目、环境可持续性项目等。欧委会将从欧盟预算中拨出160亿欧元，主要用于长期投资项目；而欧洲投资银行则将在未来3年为欧盟国内生产总值（GDP）增长贡献3300亿~4100亿欧元，并创造约130万个就业岗位。

“一带一路”倡议与欧盟投资计划具有很强的互补性，为中欧紧密的合作创造了机遇。从世界政治角度上看，中欧关系中没有较激烈的利益竞争关系，而且良好的中欧关系可以补充中美关系，降低中国在某些合作中对美国的依赖程度，弥补中美合作的不足。从经济角度上看，中欧在经济结构上互补，欧盟的优势在于产品和技术，中方的优势在充足的人力资源和广阔的市场，从中国发展的战略角度上看中欧合作可以帮助中国以快捷的途径获得先进的技术，帮助中国经济快速转型，实现跨越式发展。“一带一路”倡议与欧盟投资计划为双方的合作提供了更加便利的条件。容克计划的行动重点不仅与中国的“一带一路”倡议高度契合，也同中国未来经济转型发展的方向一致。中欧双方在上述领域内均具有各自的经验和优势，推动双方倡议的战略对接不仅有利于扩大和深化双方在多领域的互利合作，还可以增加中欧在第三方的合作机遇，实现多方共赢。当前，双方倡议的战略对接已经具备现实的合作基础和先行的合作经验，并已经制订了对接的短期路线图计划。但战略对接能否真正地实现，在相当大的程度上还得看中欧能不能彼此信任，真正地实现政治上互信、经济上融合、文化上包容、安全上共商，形成命运共同体，采取务实的态度扎扎实实地推进中欧的两大战略对接。

2.2　“一带一路”与“容克投资计划”契合的基础

中国正在推进的“一带一路”倡议，横跨亚欧大陆最终到达欧洲。“一带一路”倡议在寻求经济发展的目标上同“容克投资计划”具有相当的一致性，双方的对接会带来强有力的影响，带动全球经济发展，形成新一轮的经济增长点。而“容克投资计划”是欧盟在遭遇欧洲债务危机、难民危机之后经济复苏乏力的背景下，由欧盟委员会新任主席容克主导推动的欧洲投资计划。其行动重点与中国的“一带一路”倡议高度契合，为中欧探讨发展战略对接提供了新的切入点。容克表示，中方“一带一路”倡议的宗旨和价值值得肯定，这一计划不仅可使中国自身受益，还能强化欧洲同亚洲各国的互通互联关系，欧盟欢迎也期待同中国进行深层次的交流，并希望参与到“一带一路”倡议中来。

“容克计划”的出台为中欧推动发展战略对接提供了新的战略机遇。第一，“容克计划”的行动优先与中国的优势、经验以及需要相互契合。“容克计划”的重点主要包括投资有利于推动欧盟优先计划的基础设施建设，尤其是宽频和能源网络，产业中心的交通基础设施，教育、研究和创新，以及再生能源和能效项目。第二，中国在基础设施方面长期积累的经验对欧盟关于基础设施计划有相当大的帮助作用，而再生能源和能效项目以及数字经济方面的合作对中国产业升级和转型具有极为重要的作用，双方具有较强的互补性。

自 1975 年中国与欧洲建交以来，欧盟各成员国同中国在外贸、商业投资、文化教育、新能源开发等多个领域开展了广泛的合作与交流，如今，欧盟已经成为中国对外贸易的第一大伙伴。政治互信为双方加强贸易和投资合作提供了强有力的保障，2012 年中欧高级人文交流对话机制的建立更是为双方的互通互联奠定了坚实的基础。

“容克计划”提出以杠杆方式将 210 亿欧元的基础基金在 3 年内扩大到 3150 亿欧元，旨在应对欧洲当前投资不足的问题，因为从 2007 年投资达到最高后尤其是 2008 年金融危机爆发以来，受其影响欧盟整体投资水平下降了大约 15%。在其他受金融危机冲击更厉害的国家，其经济发展更加困难，投资不足问题更加严重，失业率上升问题更加凸显。“容克计划”推出以来，其本身仅靠内部融资和西方投资机构融资不可能使得资金达到预期的 3150 亿欧元的目标，所以其对第三方资金的加入更是急切的渴望。2015 年 6 月，中欧双方领导人决定支持“一带一路”倡议和“容克计划”进行对接。中国对“容克计划”进行投资至关重要，一方面，中国国内居民存钱储蓄的传统使得中国实质上拥有超多国家储蓄，这些储蓄使得中国具有很强的投资能力；另一方面由于中国对外贸易中存在相当程度上的顺差，我国外汇储备相当充裕。于是一方面欧盟亟须这样的第三方投资刺激经济复苏；另一方面中国手中拥有超多外汇储备无处使用，双方都具有合作诉求。

中国的“一带一路”倡议与欧盟的“容克计划”对接有利于巩固双方此前形成的良好伙伴关系。中国是欧盟的第二大对外贸易伙伴，而欧盟是中国第一大对外贸易伙伴，但欧盟对中国的投资仅占欧盟对外投资的约 6%，这和中国对欧盟的投资所占份额差不多，造成这样的投资状态的原因既有制度性的，也有观念性的。2008 年金融危机以来，尽管欧洲投资总额一直上不来，但是欧洲舆论对中国在欧洲的投资仍然抱有怀疑态度，中国在与中东欧国家的合作、中国与希腊建设港口的合作均遭到了来自部分欧盟成员和相关机构的制度限制和标准限制。中国与“容克计划”进行对接，可以赋予中国加强与欧洲的制度性渠道，特别是通过该框架下的欧洲战略投资基金所赋予的第三方参与计划的机制渠道。因为欧洲战略投资基金的章程里规定，“第三方可以通过直接投资战略基金、共同投资项目和投资平台等方式参与”。2015 年峰会期间，双方领导人确立了通过上述三种渠道扩大中国对欧投资的意向。无论上述哪种形式的参与都会减少欧盟对中国投资的疑虑，也有利于中国企业更好地了解欧洲法律、法规，推动中国优质企业进一步投资欧洲，客观上有利于实现中欧经贸关系朝着更加平衡和可持续的方向发展，实现双方利益的进一步交融。

“一带一路”发展倡议能帮助欧盟最大限度地实现“容克计划”的目标，增加就业，缓解日益加剧的失业问题。2008 年金融危机爆发后，欧洲整体的经济发展速度急速下降，虽然采取各种政策措施（如欧洲央行为刺激经济复苏而采取的量化宽松政策）使得经济复苏有点起色，但是发展速度十分缓慢，由此可见短期的政策难以持久的刺激经济复苏。此外，就业情况的改善不容乐观，根据欧盟统计局的数据，欧盟 28 国和欧元区 19 国经济在 2009 年降至 20 多年来的最低点，平均跌幅为 4.37% 和 4.52%。在 2010 年反弹后，2012 年增长率再次分别下跌。在这之后，经济才缓慢回升，但增长依然比较脆弱，有些国家的增长还很乏力。例如，2015 年希腊、芬兰和意大利的增长率分别为 -0.2%、0.2% 和 0.8%。相较于经济增长率，欧盟的失业率激增后并无明显好转。2009 年欧盟的失业率激增至 9.0%，2013 年达到 10.9%，直到 2015 年底，欧盟失业率依然维持在 9.4% 的高水平。此外，欧盟内依然存在着青年失业率高的结构性问题，2015 年底，青年失业率仍然超过 20%，远高于金融危机爆发前 16% 以下的水平（见表 2 -1）。

表 2 -1　2009 ~ 2015 年欧盟 27 国失业率

时间	2009 年	2010 年	2011 年	2012 年	2013 年	2014 年	2015 年
欧盟失业率（%）	9	9.6	9.9	10	10.9	10.1	9.4

资料来源：根据欧盟统计局 Eurostat 网站公布的数据整理。

目前，许多成员依旧面临公私债务高企、生产力水平低迷、投资短缺和失业率居高不下等问题。“容克计划”的目标是在不增加公共债务的情况下推动欧洲经济发展和增加就业，而中国“一带一路”倡议可以看成是中国改革开放的升级版，既会推动中国进一步深化改革，也将加速中国与外部市场之间的互联互通，将促进中欧经贸合作的扩大和深化，助力“容克计划”实现上述政策目标。“一带一路”倡议不仅可以通过陆上和海上贸易路线强化中国与欧洲贸易往来关系，还能加强与沿线国家的沟通交流，增加与沿线国家的贸易往来，将大大节约成本，有利于鼓励中小企业海外投资。中欧双边投资协定谈判，积极准备中欧自贸协定谈判，“一带一路”倡议下的贸易和资金联通将为双边贸易和金融合作提供助力，推动中欧经贸合作出现质的提升，成为未来中欧经贸合作新的增长点。欧洲债务危机以来，公共预算减少、私人投资及消费信心不足，欧洲内部投资陷入严重不足的局面，尤其是南部欧洲以及中东欧国家，债务危机导致外国投资出现负增长的情况。“一带一路”倡议将掀起中国企业投资欧洲的浪潮，缓解欧洲当前面临的投资不足问题，为欧洲经济复苏做出重要的贡献。“一带一路”倡议还将为中国在第三方经贸合作提供新的平台，为欧盟带来新的经济增长和可观的就业就会。

中欧建交 40 多年来，经过长期发展，中欧已形成多层次、宽领域、可持续的双边贸易合作关系。双方经济互相依赖不断增强，政治互信显著增强，人文交流日益密切，为中欧发展战略对接提供了坚实的制度基础，中国—中东欧合作的不断深入为战略对接提供了先行经验，中欧双方在新一轮经贸高层对话中确立的对接路线图则不仅展现了双方推动战略对接的政治意愿，还表现了双方展开务实对接的行动力。

首先，日益完善的合作机制是中欧战略对接的机制保障。从 1975 年中欧建立外交关系开始到 1998 年双方首次举行领导人会晤，从 2003 年确定了中欧全面战略伙伴关系到 2014 年共同打造和平、发展、改革和文明的四大伙伴关系，中欧关系发展愈加深远，合作领域愈加广泛，层次愈加丰富，真正建立起了全方位、宽领域、多层次的发展格局，双方务实合作有了更加稳固的基础。

其次，经济关系的相互依赖是中欧战略对接的利益纽带。从 2003 年以来，欧盟连续 11 年成为中国第一大贸易伙伴，而中国则自 2002 年以来连续 12 年是欧盟第二大贸易伙伴。《2015 年度中国对外直接投资统计公报》显示对“一带一路”相关国家投资快速增长，国家地区高度集中，

2015年流向中国香港、荷兰、开曼群岛、英属维尔京群岛的投资共计1164.4亿美元，占当年流量总额的79.9%。对“一带一路”相关国家的投资占当年流量总额的13%，高达189.3亿美元，同比增长38.6%，是对全球投资增幅的2倍。

中国—中东欧国家合作为中欧共建“一带一路”提供了经验借鉴。欧洲主权债务危机导致中东欧国家的投资水平严重下降，使得中东欧国家和中国加强合作的意愿增强。中国与中东欧国家的合作使得双方在装备制造业、基础设施等领域取得了一系列现实成果。继2010年中国机械设备进出口总公司同塞尔维亚电力公司签署有关科斯托拉茨热电站重建的初步合同后，中塞两国企业又在2013年签署了第二期项目合同。2014年塞尔维亚贝尔格莱德跨多瑙河泽蒙—博尔察大桥顺利通车，该项目是中国公司在欧洲承建的第一座大桥，也是中国与中东欧国家基础设施建设合作的重点工程，更是中国—中东欧合作机制下的成功探索与示范性项目。此外，塞尔维亚、马其顿的高速公路项目，希腊比雷埃夫斯港项目已成为中东欧乃至中欧务实合作的典范。

2.3　“一带一路”与“欧盟战略投资”的契合现状

欧洲方面对“一带一路”的回应虽然有点迟缓，但是经过了一个缓慢的初期阶段后中欧双方合作已然呈现出良好发展态势。“一带一路”和“欧洲战略投资”对接符合世界发展的潮流，适应了时代的大背景要求，既有利于解决双方自身的经济问题，也有利于发挥各自优势，是国际金融危机、欧洲债务危机以来中欧务实合作、共同发展的新体现。

在“一带一路”概念提出约半年之后，习近平首次作为国家主席访问了欧洲。习近平主席在访问欧盟总部期间强调其对中欧“两大力量、两大市场、两大文明”的新定位，并第一次提出了中欧发展和平、增长、改革、文明的四大伙伴关系。同时，中欧领导人首次在双方共同发表的《关于深化互利共赢的中欧全面战略伙伴关系的联合声明》中提出将考虑围绕“丝路经济带”展开深入合作。之后欧洲方面用将近1年的时间对中国提出的“一路一带”倡议进行了深入的研究，并筹划如何与中国方面开展务实合作。其间，以英国为代表的部分欧洲国家先后加入亚洲基础设施投资开发银行，对推动中欧开展“一带一路”和“欧洲战略投资”计划的合作对接起到了积极的作用。2015 年 6 月下旬李克强总理访问欧洲，并出席第十七次中欧领导人会晤，其间双方领导人决定，支持“一带一路”倡议与欧洲投资计划进行对接，在峰会联合发表的声明中，有 1/10 的条文明显与“一带一路”有关，这表明中欧的“一带一路”和“容克计划”两大投资计划合作正式开启。

中欧在通过互联互通来重整欧亚经济空间方面已取得切实进展，过去货物从中国通过海陆空运到荷兰鹿特丹，德国汉堡、法兰克福然后再分运到欧洲各个国家和地区，费时费力；现在陆上铁路交通能直接穿越欧亚大陆到达欧洲各个国家和地区，节约时间成本和运输成本，这将直接促进中欧贸易的发展。加之希腊比雷埃夫斯港的私有化过程中，中远集团赢得竞标，使得海陆运输中转更加便捷。中欧双方在互联互通上也有新的成果，表现在双方同意在“互联互通合作平台”“泛欧交通运输网”、亚投行等方面展开积极合作，并且欧洲方面对“一带一路”所可能导致的对“旧秩序”的冲击持包容态度。过去部分欧盟成员国和地区机构对中国与中东欧 16 国的合作持有怀疑态度，认为中国想通过与中东欧 16 国的合作对欧洲“分而治之”，增强中国与欧盟的话语权，企图削弱欧盟在上述地区的影响力。但是当欧盟经历着欧洲债务危机、难民危机的时候，中国没有落井下石，反而积极地给予欧方支持，帮助其渡过难关，这让那些国家慢慢改变了对中国的不友好态度，这给中国与欧洲各国开展合作打下了良好的基础。

从表 2 -2 可以看出，2008 年金融危机后我国对欧洲的投资进入了实质性的快速增长时期，2009 年甚至同比增长了 282. 2% ，在 2011 年当年就达到了 82. 5 亿美元的水平。此后由于欧洲深陷欧债危机，处于对欧洲经济环境的担心，我国企业对欧洲直接投资的热情也有所回落。但 2013 年欧洲经济探底复苏，我国经济进入经济发展转型期，我国对欧洲的投资增长率在经历了连续 2 年的负增长之后又重新开始进入高速增长的阶段，2014 投资额达 108. 4 亿美元的历史最高水平，同比增长 82. 2% 。可以预期，基于我国企业转型的需要，欧盟的市场以及技术对我国企业的吸引力也越来越大，另外由于欧洲刚进入复苏期，其资产价值仍处于历史洼地，有较强的投资价值，因此，我国对欧洲的投资仍会延续增长的态势。

表2－2　2009～2014年中国对欧洲直接投资流量情况表　单位：亿美元

地区	年份	金额	同比（%）	比重（%）
欧洲	2009	33.5	282.8	5.9
欧洲	2010	67.6	101.6	9.8
欧洲	2011	82.5	22.1	11.1
欧洲	2012	70.35	－14.5	8.0
欧洲	2013	59.5	－15.3	5.5
欧洲	2014	108.4	82.2	8.8

资料来源：《中国对外直接投资统计公报》（2010～2015年）。

按照《2014年度中国对外直接投资统计公报》显示，我国对欧洲的直接投资主要集中在卢森堡、英国、德国、荷兰等老牌欧盟国家。其中卢森堡占到对欧投资流量的42.24%，位居首位。其次为英国14.99亿美元，占15.3%；德国位列第三，14.39亿美元，占14.7%。其中在英国投资主要在房地产业、金融业、商务服务业、批发和零售业上；对德国主要投资在科技、工业领域、避险资产方面。

中国对欧洲投资的国别和行业分布相对比较集中，有待扩大。投资主要流向国家有英国、荷兰、德国、法国、意大利等国。2012年投资流向的行业主要是装备制造业、加工业、批发行业等非知识密集型产业，投资行业的水平有待提高，以后重点领域主要投向金融类、新能源和能效、服务业等高附加值产业。2013年投资行业分布广泛，门类齐全，投资相对集中。2013年中国对外直接投资覆盖了国民经济所有行业类别，其中存量超过100亿美元的行业有：租赁和商务服务业、金融业、采矿业、批发和零售业、制造业、交通运输业/仓储和邮政业、建筑业，上述七个行业累计投资存量4913亿美元，占我国对外直接投资存量总额的92.4%。据商务部对外投资和经济合作司初步统计，2016年1～8月，我国非金融类对外直接投资1180.16亿美元，同比增长53.3%。从行业分布情况来看，流向制造业的对外直接投资211.1亿美元，增长209.6%，占17.9%，其中流向装备制造业140.8亿美元，是上年同期的4.7倍，占制造业对外投资的15.7%。2009～2015年中国对外直接投资部分行业情况如表2－3所示。

表 2-3　　2009~2015 年中国对外直接投资部分行业情况

行业	年份	流量（万美元）	所占比重（%）	存量（万美元）	所占比重（%）
金融业	2009	21115	7.1	105865	16.9
	2010	32264	5.4	145128	11.6
	2011	52047	6.9	208354	10.2
	2012	104503	17.1	663834	21.0
	2013	144726	32.0	863051	21.5
	2014	84812	8.7	1275714	23.5
	2015	—	—	15966010	14.5
租赁和商业服务	2009	231413	78.0	266720	42.5
	2010	319362	53.6	587625	47.0
	2011	256000	34.3	1422900	33.5
	2012	267400	30.5	1757000	33.0
	2013	67614	14.9	1032779	25.8
	2014	368300	29.9	3224400	36.5
	2015	—	—	40956771	37.3
采矿业	2009	2086	0.7	22505	3.6
	2010	14833	2.5	35945	2.9
	2011	339087	44.8	374807	18.5
	2012	4506	0.7	379312	12.0
	2013	19082	4.2	407382	10.2
	2014	87278	8.9	1275714	23.5
	2015	—	—	14238131	13.0
批发和零售业	2009	3622	1.2	47518	7.6
	2010	11176	1.9	58231	5.5
	2011	10077	1.3	80935	4.0
	2012	42710	7.0	141888	4.5
	2013	31189	6.9	416495	10.4
	2014	76990	7.9	497150	9.2
	2015	—	—	12194086	11.1

续表

行业	年份	流量（万美元）	所占比重（%）	存量（万美元）	所占比重（%）
制造业	2009	22148	7.4	100292	15.9
	2010	202245	33.9	307900	24.6
	2011	64731	8.6	382581	18.9
	2012	180615	29.5	630236	20.0
	2013	180549	39.9	802680	20.0
	2014	128584	13.1	877439	16.2
	2015	—	—	7852826	7.2
交通运输/仓储和邮政业	2009	1584	0.5	26623	4.3
	2010	6787	1.1	68231	5.2
	2011	6530	0.9	30193	1.5
	2012	85197	13.9	116335	3.7
	2013	3565	0.8	122646	3.1
	2014	4455	0.5	124716	2.3
	2015	—	—	3990552	3.6

资料来源：《中国对外直接投资统计公报》（2010~2016年）。

最后，中国对欧投资主体变得多元化。2013年以前，中国对欧投资主体主要是大型国企，占比高达80%。欧洲债务危机发生后，欧洲各国面临资金短缺的窘境，给中国具有雄厚资本实力的企业进入欧洲市场创造了条件。一开始是国企进入欧洲投资市场，加快了资本的融合，继而推动中国有实力的民营企业进入欧洲市场，比如中国著名民企万达集团投资西班牙马德里竞技足球俱乐部、投资买下位于马德里的西班牙大厦，弘毅资本收购英国连锁店比萨快餐等，都能看出不仅仅是国企，民营资本也开始活跃于欧洲投资市场（见图2-2）。

2008年金融危机、欧洲债务危机使得欧洲忙得“焦头烂额”，急切地希望复苏经济。欧洲主席容克上任后推出“欧洲投资计划”（又称容克计划），但是其预期目标是达到3000多亿欧元的融资，这一目标单靠欧洲内部进行融资远远不能实现预期。正好中国为了实现自身的经济发展推出“一带一路”倡议，很好地契合了欧盟的愿景，体现了时代的潮流，适应了全球化发展的要求。

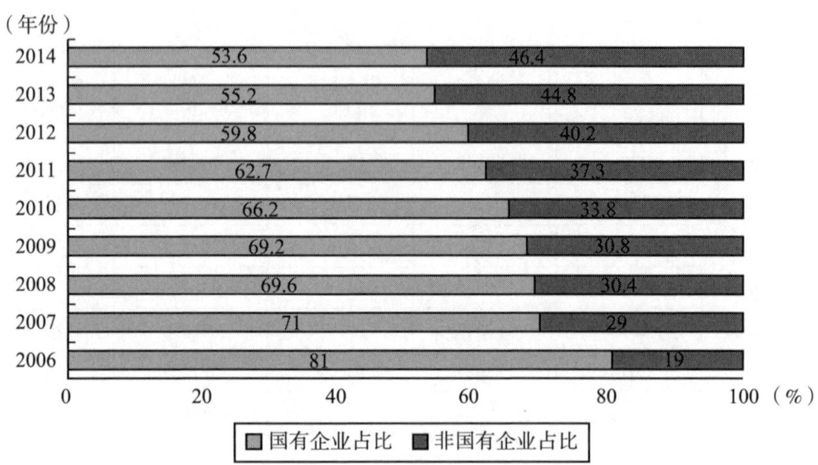

图 2－2 2006～2014 年中国对外投资中国企和非国企存量占比例情况

资料来源：商务部《中国对外直接投资统计公报》（2007～2015 年）。

虽然欧盟和中国在欧洲投资计划和“一带一路”上达成了共识，但是在对接的过程中仍存在很多不确定的因素。

首先，虽然大多数欧盟成员国对“一带一路”倡议积极回应，欧盟总部和欧盟部分成员国仍存在着冷战思维。他们从地缘政治的角度猜忌中国实行“一带一路”倡议是想通过经济扩张来扩大自己在整个欧亚大陆的政治经济影响力，以此排挤其他力量，如欧盟在中东欧和中东地区的影响力。中国的每一次举动都会被误解为中国为扩大自己的地缘政治经济能力付诸的实践，这种思维反映最真实的就是欧盟在中国—中东欧合作中的政策态度。中国方面考虑的是中东欧在实现中国与欧盟互联互通上的重要区位因素，中东欧是连接东西方的交通枢纽，在“一带一路”合作中具有极其重要的连接功能，中东欧国家对中国具有较强的投资和市场需求。而且中东欧作为重要的交通枢纽其基础设施老化严重，亟须投资新建道路。“16＋1”作为一个中欧对接合作的示范平台，却屡屡遭到欧盟总部以及部分欧盟成员国的质疑，实质上是担心随着中国与该地区的经济合作加强之后，会削弱欧盟对中东欧的政治经济影响力。欧盟总部和部分欧盟国家的这种冷战思维和敌对意识可能会对“一带一路”的推进产生阻碍作用。中国与欧盟接下来的合作中应该着力打消欧盟的这种顾虑，不然合作对接将大打折扣。

其次，虽然中国已经是市场经济的国家了，但是在西方国家看来中国的市场经济不是真正的市场经济，并没有获得欧盟认可的市场经济地位，因而在对欧投资中，容易形成非市场化的行为，诸如人权、政治因素等容易成为对方限制中国企业进入各行业领域的限制条件。虽然具有中国特色的社会主义市场经济经过 40 年的发展取得了辉煌的成就，证明了中国的市场经济是可行的，加上中国已经确立了市场化的机制，强调市场在配置资源的决定性作用，但是西方资本主义国家长期以来形成的是完全的放任经济发展的市场经济，它们对中国经济体制并未形成正确的认识，以它们固执的标准来衡量中国市场经济，不认可中国的市场经济地位，由此带来的后果是可能影响双方在投资及其他经济领域的合作。因此，我们在寻求合作的时候应该努力地让它们承认或者默认我们的市场经济体制，求同存异，合作共赢。

由此我们可以看出，在中国与欧盟的合作对接中还存在着很多困难，这其中既存在着政治方面的考量也存在着历史、地域方面的原因。要想实现中国与欧盟的顺利对接必须妥善解决双方存在的问题。按照双方签署的各项文件中的规定，一步一个脚印地走好接下来的路，顺利实现中欧之间的合作对接，同舟共济，实现互利双赢。

第 3 章

投资对贸易影响的理论研究

3.1 投资对贸易结构影响的理论研究综述

3.1.1 投资对贸易结构的影响

1. 投资对贸易结构的一般影响

新古典经济学的学者们在进行理论研究时把两国在需求或供给方面的差异当作两个国家间进行贸易的前提。新古典主义重视生产过程中的机会成本、供给要素的变化、一般均衡和市场出清。要素价格均等化（Factor-price Equalization Theory）模型研究的是来自两个国家的具有两种不同要素禀赋的两种商品。同等质量的生产要素、相同的商品生产函数、生产规模报酬相同和完全竞争市场是该模型在生产方面的假设前提，各国生产要素具有差异性和商品具有不同的要素密集度是该模型在供给方面的假设。经过分析，得出主要结论：每个国家将根据自身生产要素密集度情况，出口生产要素相对丰裕的产品，进口生产要素相对稀缺的产品，但随着贸易的不断增加，各国生产要素的相对价格将趋于相等。由于该理论是萨缪尔森（Paul Semuelson，1948）[①] 在 H－O 理论模型（Eli Heckscher－Bertil Ohin Model）的基础上提出的，又被称为 H－O－S 理论（Eli Heckscher－Bertil

① Paul Samuelson. International Trade and the Equalization of Factor Prices［J］. *Economic Journal*, 1948，163－184.

Ohin – Paul Semuelson Model）。美国经济学家里昂惕夫（Wassily Leontief，1953）① 发现，美国作为发达国家，资本富裕，但是却对内进口资本密集型产品，对外出口劳动密集型产品，不符合 H – O – S 理论模型，这被称为“里昂惕夫之谜”。该发现严重冲击了当时的新古典贸易理论，学者们开始质疑新古典贸易理论，认为现有的贸易理论不能解释现有的经济现象，并开始纳入新的影响因素进行研究。很多学者便将投资因素考虑在内，研究投资对贸易的影响。

投资和贸易两者关系的研究提出者是罗伯特·蒙代尔（Robert Alexander Mundell，1957）②，他在赫克歇尔—俄林模型的基础上，通过研究两者的极端情况，提出了贸易与投资的替代关系理论，并于 1957 年 6 月在《美国经济评论》中发表。罗伯特·蒙代尔在该理论中提出以下结论：当国际贸易壁垒存在时，如果资本进行跨国直接投资时一直沿着特定的轨迹进行，那么在相对而言的最佳效率或者生产要素最低转换成本的基础上，这种跨国直接投资可以完全替代商品的进出口贸易。蒙代尔这个理论的理论框架完整，论证推理的逻辑性很强，对于解释第二次世界大战之前的国际投资现象有一定的说服力，但是由于理论是在一系列严格假设的前提下成立的，在现实中的适用性并不高。

随后 20 世纪 80 年代，新国际贸易理论出现，经济学家们在传统贸易模型的基础上，运用新的增长理论解释和说明经济增长，此时一部分学者开始研究开放条件下投资和贸易之间的关系。

美国学者雷蒙德·弗农（Raymond Vernon，1966）③ 通过对新产品和新技术的标准化过程进行动态分析，于 1996 年提出了产品生命周期理论（Product Life Cycle Theory）。他将产品的生产过程分为开发阶段、引进阶段、成长阶段、成熟阶段和衰退阶段，指出由于各个国家的技术水平大不相同，那么各国发生的时间和过程也不一样，其间会存在较大的时滞，而正是这一时滞使得不同国家在技术上表现出了差异，从而使得同一产品在世界市场上的竞争地位不同，这决定了国际贸易和国际投资的变化。产品生命周期理论从动态角度分析各个阶段，通过研究产品和资本的流动方

---

① Wassily Leontief. Domestic Production and Foreign Trade: The American Capital Position Re-examined [J]. *Proceedings of the American Philosophical Society*, 1953: 332 – 349.

② Robert. Mundell. International Trade and Factor Mobility [J]. *American Economic Review*, 1957 (47): 321 – 335.

③ Raymond Vernon. International Investment and International Trade in the Product Cycle [J]. *Quarterly Journal of Economics*, 1966 (80): 128 – 143.

向，阐述了贸易与投资的替代关系。

埃尔赫南·赫尔普曼（Elhanan Helpman，1984）① 建立简单的一般均衡模型，以一国产业升级和转移为出发点，分析对外直接投资对贸易结构的影响，认为投资作用极为重要。他认为跨国公司的对外投资会改变国内生产要素禀赋，长期影响下，对外投资还会改变该国的出口商品结构。麦克·杜利（Michael Dooley，1994）② 通过研究外逃资本、国外债务及国内政策，发现外资在资本流入中的占比会影响这个国家进行资本流动时的波动，占比越高，资本流动的波动性就越高，通过影响生产要素配置提高资本效率的水平，改善国家的产业结构，从而对该国贸易产生积极影响。

马库森（James R. Markuson）和斯文森（Lars Svensson）③ 在 1985 年又进一步提出了投资与贸易互补模型，在该模型中，他们指出贸易和非要素之间存在的“合作”的关系或者“非合作”的关系将会直接影响到要素流动与商品贸易之间的关系是替代性的还是互补性的。若贸易与非贸易要素的关系是“合作”的，那么流动的生产要素会使得贸易增加，从而得出投资与贸易之间是互补关系的结论；反之，若贸易与非贸易要素的关系是“非合作”的，那么投资与贸易之间的关系则是替代关系。

理查德·E. 鲍德温（Richard E. Baldwin）和艾琳娜（Elena Seghezza）④ 在 1996 年通过对近些年各国间贸易数据进行研究发现，“二战”后各国实行的自由贸易政策使得资本累积加快，同时投资将通过以下方式影响贸易并促进其增长：一国的资本密集型商品的出口价格下降，造成贸易条件恶化，而国外对该国资本密集型产品的需求扩大，从而资本积累加速；由于贸易自由化，商品的相关中间品的进口价格降低，资本存量加大；贸易自由化的国家有完善的竞争机制，这可以有效地降低投资商品的价格，从而使资本存量得到提高；在进出口贸易的行业投入大量资金；金融部门实行开放性的金融政策，降低投资与储蓄之间的门槛，允许资本自由流动，从而使得投资更为方便。

---

① Helpman Elhanan. A Simple Theory of International Trade with Multinational Corporations [J]. *Journal of Political Economy*, 1984 (92): 451–471.

② Michael P. Dooley. Capital Flight, External Debt, and Domestic Policies [J]. *Economic Review*, 1994: 29–37.

③ James R. Markuson, Lars E. O. Svensson. Trade in Goods and Factors with International Differences in Technology [J]. *International Economic Review*, 1985 (26): 175–192.

④ Richard E. Baldwin, Elena Seghezza. Testing for Trade-induced Investment-led growth [J]. *National Bureau of Economic Research*, *NBER Working Papers*, no. 5416, 1996.

2. 直接投资对贸易结构的影响

巴克利（P. J. Buckley）和卡森（M. C. Casson）[①] 提出的内部化理论认为投资和贸易之间是替代关系。巴克利和卡森（1976）的内部化理论认为，如果商品的出口成本大于内部化成本，跨国公司将对内部化经济活动进行投资，如果交易成本足够高，那么出口贸易将被对外直接投资代替。邓宁的国际生产折中理论指出，跨国公司从事国际生产的方式有国际技术转让、产品出口和对外直接投资三种，而采用何种方式取决于跨国企业所拥有的所有权优势（Ownership Advantage）、内部化优势（Internalization Advantage）和区域优势（Location Advantage）的组合情况，也就是所谓的OLI模式。三种优势的组合情况及其发展变化决定了跨国公司从事国际生产的方式。如果企业只拥有一定的所有权优势，则只能进行国际技术转让，如果企业拥有所有权优势和内部化优势，则可以选择出口贸易，如果企业同时拥有所有权优势、内部化优势和区域优势，才可以选择对外直接投资的方式。邓宁的理论全面分析了跨国公司如何选择对外直接投资和贸易，默认了贸易和投资之间的替代关系，却不能很好地解释中小企业的行为。

然而随着全球经济的进一步发展，贸易与投资出现了同时发展的现象。贸易与投资的关系不再是单纯的替代关系，两者关系不断出现变化，替代理论面临着极大的挑战。日本学者小岛清（Kiyoshi Kojima）[②] 在1978年出版的代表作《对外直接投资论》中提出贸易与投资之间为互补关系的理论。该理论以比较优势理论为基础，认为一国应加快发展本国具有比较优势的产业，并将其进行出口，对外直接投资本国具有比较劣势的产业，贸易使得两国成本差距扩大，比较劣势产业所涉产品的进口贸易额也扩大。同时，资本、技术和人力等多种要素的差异又扩大了贸易范围。这时，贸易与投资的关系是相互促进的。

保罗·罗默（Paul Michael Romer，1991、1994）[③④] 以小岛清理论为基础，研究外贸及外来投资对新知识传导造成的影响，提出知识在传播过

---

① P. J. Buckley，M. C. Casson. *The Future of the Multinational Enterprise* [M]. New York：Homes and Meier Publishers，1976.

② 小岛清：《对外贸易论》，南开大学出版社1978年版。

③ Paul Michael Romer. International Trade with Endogenous Technological Change [J]. *European Economic Review*，1991：971－1001.

④ Paul Michael Romer. New Goods，Old Theory，and the Welfare Costs of Trade Restrictions. *Journal of Development Economics*，1994，43（1）：5－38.

程中存在成本，由知识外溢带来的集聚效应会导致经济不均衡发展。通过对知识的特质进行分析，他认为知识具有部分排他性和非竞争性，知识积累的外部性会导致收益递增，带来技术发展从而促进经济增长，除此之外，知识储备可以影响投资决策、人口的规模效应、利率和政策等。卢卡斯（Robert E. Lucas，1988）[①] 在《论经济发展的机制》中提出新的内生增长模型，该模型以人力资本积累为核心，认为人力资本对经济发展起重要作用。卢卡斯通过深入分析人力资本和物质资本的动态增长过程，研究人力资本和物质资本存量的轨迹，认为资本存量较高的国家会长期领先于资本初始存量较低的国家，除此，工人在富裕国家得到的工资会比在穷国得到的更多，这种工人待遇的差异性会造成各国经济的发展速度不同。同样，人力资本的“倒流”现象也可由此解释。卢卡斯还特别提出了人力资本和物质资本的匹配性问题，认为导致世界经济分布情况各不相同的是因为人力资本的流动性不强。新古典经济学理论认为，发展中国家及不发达国家的资本报酬率相对比较高，在资本报酬率的吸引下，商品应从富裕国家流向贫穷的国家，但实际情况并不是这样。卢卡斯在 1990 年出版的《为什么资本不从富裕国家流向贫穷国家》中给出了 4 种可能性较大的答案，分别是殖民造成的殖民地垄断、资本市场的不完全性、人力资本的外部利益和人力资本的差异性，以上 4 个因素会对投资决策和资本报酬率造成影响，从而不能使得国际资本出现收入均等化的流动，与传统理论并不符合。

李普西（Lipsey）和韦斯（Weiss）[②] 1981 年对美国跨国公司企业的对外投资研究发现，跨国公司对发展中国家进行投资，带动了国内相关产品和服务的供应商也对外进行直接投资和出口，从而逐步对出口商品的种类造成影响，从而改变本国的商品贸易结构。塔米姆（Tamim A. Bayoumi）和加布里埃尔（Gabrielle Lipworth）（1997）[③] 对 1982～1995 年日本与 20 个主要贸易伙伴的投资和贸易数据进行汇总，并借助回归分析进行检验，发现外商直接投资的流量对贸易的影响是短期的，而外商直接投资的存量对贸易的影响是长期的。

---

① Robert E. Lucas. On the Mechanics of Economic Development [J]. *Journal of Monetary Economics*, 1988, 22 (1): 3-42.

② Lipsey, Weiss. Investment Liberalization and International Trade [J]. *Journal of International Economics*, 1981 (61): 101-126.

③ Tamim A. Bayoumi, Gabrielle Lipworth. Japanese Foreign Direct Investment and Regional Trade [J]. *International Monetary Fund*, 1997: 97-103.

邓宁（J. H. Dunning，2001）① 等人对贸易方式和贸易水平进行分析归纳，以投资周期理论为基础，研究韩国和中国台湾之间的直接投资和贸易的发展轨迹，认为国家或地区的进口贸易增加会使得流入该国的外资增加，从而使得出口增加，而出口增加又将使得本国对外投资增加。何塞·庞特斯（Jose Pedro Pontes，2007）② 认为虽然外商直接投资可以消除最终产品进出口所产生的贸易成本，但是外国企业却需要承担原材料、中间产品等的成本上涨压力。在此观点基础上，他借助非单调关系模型研究直接投资和贸易的关系，并进行实证分析，得出结论：外商直接投资与贸易成本之间存在非单调关系，对于价值较低的贸易成本，外商直接投资与对外贸易之间可以相互替代，而对于价值较高的贸易成本，外商直接投资与对外贸易可以互补。李约瓦（Jaehwa Lee，2009）③ 对1975～2004年25个国家的数据进行汇总，借助动态面板数据模型来研究外商直接投资和贸易对生产收敛性的长期影响，并对这25个国家在1975～2004年服务业和制造业生产率的时间序列数据进行单位根检验分析，结果发现，贸易和外商直接投资可以长期影响制造业的生产收敛点，但外商直接投资的影响较小。尼尔里（J. Peter Neary）④ 以外商直接投资理论与当前经济全球化局势冲突为背景，对贸易与外商直接投资之间的关系进行实证分析。他指出，在传统贸易理论框架下，贸易成本与外商直接投资呈正相关，当贸易成本降低，外商直接投资也降低，但是20世纪90年代的实际情况与之相反，当时盛行贸易自由，生产技术发展十分迅速，在此情况下贸易成本逐渐降低，外商直接投资增加迅速，外商直接投资规模扩大了。经过分析，他认为造成以上情况的原因有以下两点：一是外商直接投资在外国投资设厂是为了进行出口；二是近些年增加的跨国并购出现，使得绿地投资减少，因此贸易成本下降并没有带来外商直接投资的减少，反而使得外商直接投资增加。

贺胜兵和杨文虎（2008）⑤ 为研究外商直接投资对贸易的效应，借助

---

① J. H. Dunning. Globalization, Trade and Foreign Direct Investment [J]. *Oxford*, 1998: 49－115.

② Jose Pedro Pontes. A Non Monotonic Relationship between FDI and Trade [J]. *Economics Letter*, 2007 (95): 685－700.

③ Jaehwa Lee. Trade, FDI and Productivity Convergence: A Dynamic Panel Data Approach in 25 Countries [J]. *Japan and the World Economy*, 2009 (21): 226－238.

④ J. Peter Neary. Trade Costs and Foreign Direct Investment [J]. *International Review of Economics and Finance*, 2009 (18): 207－218.

⑤ 贺胜兵、杨文虎：《FDI对我国进出口贸易的非线性效应研究——基于面板平滑转换模型》，载《数量经济技术经济研究》2008年第10期，第44～55页。

内生分组的面板平滑转型模型对数据隐藏信息进行分析，指出中国各省市的外商直接投资的进出口贸易效应不具有线性特征，而各省市的开放程度、公共基础设施及当地工资水平与外商直接投资的贸易效应呈正相关。姜玉梅和姜亚鹏（2010）[①] 对跨国公司外向型直接投资的反哺效应进行研究，认为跨国公司在进行跨国经营时，子公司通过传导机制向母公司转移技术与各项资源，会有利于优化母国的资源配置，同时也会促进生产效率提高，提升社会福利待遇。谢涓和杜攀（2010）[②] 以中国1990～2008年的投资和贸易数据为样本数据，借助计量模型研究外商直接投资对进出口贸易规模、方式和结构进行协整分析，所得结果表明，外商直接投资与进出口贸易规模之间存在相关性，其中外商直接投资与工业制成品的出口规模、初级产品的进出口存在互补关系，显然，外商直接投资会对我国的进出口贸易结构产生影响。

3. 直接投资对我国贸易结构的影响

根据现有的文献，目前国内有很多学者对直接投资与国际贸易之间的关系进行了很多研究，其中大部分的学者都立足于中国自身情况专门研究外国对中国的直接投资与中国进出口贸易之间的关系。

魏浩、张二震和毛日昇（2005）[③] 三人分析1997～2003年我国一百多种制成品的进出口贸易数据，发现1997年之后我国虽然吸引大量外资，但是比较有竞争力的出口商品却依然是低技术含量商品。出口导向型发展策略引起了一批学者反思。洪银兴（1997）[④] 等经过深入研究，发现中国贸易结构调整不能用比较优势理论来解释并指导，因为根据比较优势理论，中国继续发展下去将会在相当长的时间内处于国际分工的底端，他们认为波特的竞争优势理论对于指导中国贸易结构改革有重要的战略意义。刘力（1999）[⑤] 认为中国不应该脱离自身情况，追求高技术含量的国际分工地位，应该遵循比较优势原则，立足国情发展比较优势，出口劳动密集

---

① 姜玉梅、姜亚鹏：《外向型直接投资反哺效应与中国企业国际化——金融危机下的理论与经验分析》，载《国际贸易问题》2010年第5期，第94～103页。

② 谢涓、杜攀：《FDI与对外贸易的实证检验（1990～2008）》，载《求索》2010年第4期，第39～41页。

③ 魏浩、张二震、毛日昇：《中国制成品出口比较优势及贸易结构分析》，载《世界经济》2005年第2期，第22～33页。

④ 洪银兴：《从比较优势到竞争优势——兼论国际贸易的比较利益理论的缺陷》，载《经济研究》1997年第6期，第20～26页。

⑤ 刘力：《比较优势原则的若干否定之否定》，载《国际经贸探究》1998年第1期，第25～28页。

型产品和技术含量较低的资本密集型产品，从而达到预期的效果。

黄晓玲（2001）① 从理论出发，分析外国对中国的直接投资对中国进口替代产业、出口导向产业及高新技术产业的影响，深入研究中国对外贸易与进出口贸易直接的关系，认为资本累积效应、国际竞争力提高、技术进步效应等由外资引入带来的正面效应主要表现在第二产业，能够一定程度影响中国目前的经济二元结构改革，使第二产业发展缓慢，造成工业化完成缓慢，因此我国应将第一产业和第三产业作为依靠外资的重点扶持产业，并且鼓励外资投入到第一产业和第三产业中。

钱晓英、张大奇和赖明勇（2001）② 三人通过深入分析引力模型，发现国际直接投资可以一定程度上对我国的对外贸易规模起促进作用。张曙霄（2002）③ 详尽论述了中国贸易结构问题，深入分析了贸易结构中的商品结构以及贸易方式结构，总结出如下结论：中国可以称为世界贸易大国，但尚不能称为贸易强国；随着改革的深化，尽管中国贸易商品结构不断完善，但其发展水平仍然较为低级。出口商品结构升级的关键是人力资源与生产技术的整合，努力提升自主品牌的品牌竞争力。任鹏（2003）④ 认为外商直接投资对中国贸易发展的直接效应主要体现在两个方面：其一，外商直接投资促进了中国对外贸易总体规模的扩大；其二，外贸商品结构由于外商直接投资的加入获得了改善，带来了中国对外贸易的方式的转变。冼国明（2003）⑤ 通过数据分析总结出，从长期来看，对外贸易与外国直接投资呈现均衡关系。张谊浩等（2004）⑥ 用基于我国的相关数据，利用 Granger 因果检验法，通过实证分析证明了我国的对外贸易和外国直接投资之间表现为互为因果的反馈关系。

邓艳梅和汪斌（2003）⑦ 从垂直和水平两个方向分析了中日产业内贸易状况，总结出在中日贸易中，双边贸易互补性要大于竞争性。史小龙、

---

① 黄晓玲：《外国直接投资与对外贸易的相互关系及其对工业化演进的影响——理论分析与对中国的实证的考察》，载《财贸经济》2001 年第 9 期，第 60 ~ 65 页。

② 钱晓英、张大奇、赖明勇：《外商直接投资与中国国际贸易关系的实证分析》，载《湖南大学学报（自然科学版）》2001 年第 5 期，第 123 ~ 128 页。

③ 张曙霄：《中国对外贸易结构问题研究》，东北师范大学博士论文，2002 年。

④ 任鹏：《论外商对华直接投资两种类型的不同影响》，中国社会科学院研究生院博士论文，2003 年。

⑤ 冼国明、严兵、张岸元：《中国出口与外商在华直接投资——1983 ~ 2000 年数据的计量研究》，载《南开经济研究》2003 年第 1 期，第 45 ~ 48 页。

⑥ 张谊浩、王胜英：《国际贸易与对外直接投资相互关系的实证分析——基于我国数据的 Granger 非因果检验》，载《国际贸易问题》2004 年第 1 期，第 71 ~ 75 页。

⑦ 邓艳梅、汪斌：《中日贸易中工业制品比较优势及国际分工类型》，载《世界经济》2003 年第 41 期，第 21 ~ 25 页。

张峰（2004）[①] 通过对我国1980～2001年的对外贸易数据的实证分析，得出以下结论：从长期来看，不论是进口还是出口，外商直接投资都能促进其发展；从短期来看，进口贸易受到外商直接投资的影响要大于出口贸易所受到的影响，但外商直接投资与对外贸易的关系可快速由短期调整为长期状态。蔡锐和刘泉（2004）[②] 在日本学者小岛清的“边际产业”理论基础上，从中国作为投资母国和投资对象国两个角度出发，对1990～1999年中国同发达国家以及不发达国家两方面数据进行回归分析，总结出，外商直接投资对于中国的对外贸易具有促进作用，发达国家的外商直接投资对于我国进出口贸易的促进作用更大，其通过技术外溢效应提高了我国生产效率，促使产品的技术结构升级。

陈继勇、秦臻（2006）[③] 认为：长期来看，外商直接投资对于我国对外贸易有促进作用，但是这种促进作用存在时滞。他们运用横截面分析方法，通过对1992～2003年的外商直接投资额与进出口的关系的分析，验证了外商直接投资对我国对外贸易的促进作用不断加强。周靖祥、曹勤（2007）[④] 分析了我国外商直接投资与对外贸易商品结构的现状及发展趋势，深入描述了我国商品结构的发展状况。他们否认了我国的商品出口贸易结构和贸易方式的优化升级，并且建立在DLM与TVP模型基础上对外商直接投资与初级产品以及工业制品贸易的动态变化关系进行分析，最后得出我国贸易商品结构应加速进行优化升级的结论。龚晓莺（2007）[⑤] 通过对我国外商直接投资与对外贸易相关数据进行实证分析，证明了投资与贸易之间存在互补性，她认为，外商直接投资能够显著促进我国的进出口贸易的发展。

王瑜（2008）[⑥] 分析了外商直接投资对我国贸易商品结构的影响，从理论层面解析了出口商品集中度和稀缺性对国家整体出口优势的影响，并

---

① 史小龙、张峰：《外商直接投资对我国进出口贸易影响的协整分析》，载《世界经济研究》2004年第4期，第42～47页。

② 蔡锐、刘泉：《中国的国际直接投资与贸易是互补的吗？——基于小岛清“边际产业理论”的实证分析》，载《世界经济研究》2004年第8期，第64～70页。

③ 陈继勇、秦臻：《外商直接投资对中国商品进出口影响的实证分析》，载《国际贸易问题》2006年第5期，第62～68页。

④ 周靖祥、曹勤：《FDI与出口贸易结构关系研究（1978～2005年）——基于DLM与TVP模型的检验》，载《数量经济技术与经济研究》2007年第9期，第24～36页。

⑤ 龚晓莺：《中国对外贸易与国际直接投资关系的实证分析》，载《经济理论与经济管理》2007年第1期，第18～22页。

⑥ 王瑜：《外商直接投资对中国工业结构与贸易结构之影响实证研究》，复旦大学博士论文，2008年。

在大量数据基础上就外商直接投资对我国主要进出口商品的集中度、贸易平衡与贸易条件的影响进行了定量研究。钟晓君（2009）[①] 利用基于VAR模型的脉冲响应函数和方差分解方法来研究外商直接投资对我国对外贸易的影响，她认为外商直接投资对于我国对外贸易具有持续稳定的促进作用，尤其表现在出口贸易方面，但是从长期来看，外商直接投资对于进口贸易的促进作用呈现逐渐下降趋势。她运用方差分解法分析了外商直接投资对进出口贸易以及进出口贸易对外商直接投资的预测方差，结果表明我国“贸易投资一体化”的格局逐步形成。

吴凯波（2010）[②] 通过对中国1979～2008年外商直接投资额与进出口额的相关时间序列数据分析，利用协整检验和格兰杰因果关系对外商直接投资与我国对外贸易的关系进行了检验，总结出：长期来看，外商直接投资与进出口贸易存在均衡关系，其边际产出为正，出口的边际产出要大于进口的边际产出；格兰杰因果检验的结果证明对外贸易的增长能促进外商直接投资的增加。

3.1.2　FDI对出口商品结构的影响

1. FDI对出口商品结构的一般影响

蒙代尔（Mudell，1957）[③] 修改了部分H－O理论模型的条件，分析了投资与贸易的关系，得出如下结论：在国际贸易壁垒存在的情况下，若直接投资厂商按照特定的轨迹（雷布津斯基线）进行对外直接投资，该投资就能以相对最佳的效率或最低的生产要素完全替代商品的出口贸易。克鲁格曼（Krugman，1985）[④] 针对水平差异的商品在垄断竞争模型的基础上建立了一般均衡模型，跨国公司在此一般均衡模型中具有重要作用。由于诸如专利商标等的跨国公司的专有资产在要素禀赋不对称以及规模报酬递增的前提条件下，通过外部市场进行交易的难度很大，导致公司内贸易

---

① 钟晓君：《外商直接投资与我国进出口贸易关系研究——基于VAR模型的脉冲响应函数和方差分解分析》，载《统计教育》2009年第6期，第15～20页。

② 吴凯波：《FDI与我国对外贸易关系的实证研究》，载《云南财经大学学报（社会科学版）》2010年第4期，第93～95页。

③ R. Mundell. International Trade and Factor Mobility [J]. *American Economic Review*, 1957 (47): 321－335.

④ Paul R. Krugman. *Market Structure and Foreign Trade: Increasing Returns, Imperfect Competition, and the International Economy* [M]. London: The MIT Press, 1985.

和对于中间产品的市场需求不断加大，推动母国出口的发展，如马库森等(Markusen and Venables，1998)① 的研究就是在这种框架下进行的。这些模型都认为对外直接投资和出口的最终选择取决于母公司的规模经济、交易成本和子公司规模经济之间的权衡，研究认为子公司强的规模经济效应和高的运输成本会使母公司偏好水平性对外直接投资。

汉森等（Aitken et al.，2003)② 认为，进驻的外资企业能够将国外市场信息及时地传入投资对象国，这为当地企业货物的分销提供了良好渠道，就这一方面来看，外资企业的进入对于当地出口的发展具有促进作用。胡夫保尔等（Hufbauer et al.，2006)③ 分析了美国 20 世纪 80 年代以来贸易状况，比较分析了其 1980 年、1985 年以及 1990 年 3 年的对外直接投资总量与出口总量数据，发现在调查时段内，对外直接投资总量与出口总量始终存在正相关关系。其他专家通过对日本以及德国的实证研究也发现了类似结果，即在所研究时段中，对外直接投资总量与出口总量始终保持正相关关系。

联合国贸易与发展委员会发表的《2001 年世界投资报告》④ 中，为了研究外商直接投资流入量和出口贸易发展状况的相关关系，他们对 52 个发达国家和发展中国家的 1995 年的截面数据进行了回归分析，结果显示，人均外商直接投资水平每上升 1%，高技术产品出口量随之上升 0.55%，中技术产品出口量上升 0.31%，低技术产品出口量上升 0.28%，证明了外商直接投资的进入对于出口贸易发展具有促进作用。

赖明勇、许和连、包群在《中国外商直接投资与技术进步的实证研究》(2006)⑤ 中指出，外商直接投资能够促进劳动密集型产业贸易的进步，原因是通过外商直接投资将先进的生产技术引进来，提高了产品附加值，逐渐转变为技术密集型产品出口；外商直接投资的进入，为附加值高的产品提供了更多的销售渠道，对于东道国出口贸易的发展具有重要作用。

---

① James R. Markusen，Anthony J. Venables. Multinational Firms and the New Trade Theory [J]. *Journal of International Economics*，1998，46 (2)：183 –203.

② Brian J. Aitken，Gordon H. Hanson，Ann E. Harrison. Spillovers，Foreign Investment，and Export Behavior [J]. *Journal of International Economics*，1997，43 (1 –2)：103 –132.

③ G. Clyde Hufbauer，Y. Wong，K. Sheth. US – China Trade Disputes：Rising Tide，Rising Stakes [J]. *Institute for International Economics*，2006，78 –111.

④ UNCTAD. *World Investment Report* [M]. United Nations Publication，2001.

⑤ 赖明勇、许和连、包群：《中国外商直接投资与技术进步的实证研究》，载《经济评论》2002 年第 6 期，第 63 ~71 页。

2. FDI 对我国出口商品结构的影响

国内学者就 FDI 与中国对外贸易结构之间的关系进行了一些实证研究。刘恩专（1999）① 通过回归分析指出外商直接投资有利于我国出口商品结构的优化，外商直接投资的进入将出口商品结构从初级产品为主提升为以工业制成品为主。刘重力（2000）② 通过对中国与国外出口商品结构的分析发现，外商直接投资的进入促进了我国机电产品的出口。杨迤（2000）③、许和连和赖明勇（2001）④、张小蒂等（2001）⑤ 实证分析了 1983～2000 年外商直接投资对我国对外贸易总额和贸易结构的影响，研究发现，外商直接投资的增加有利于对外贸易规模的扩大。江小涓（2002）⑥ 指出外商直接投资对于中国经济进步具有重要作用，她通过分析指出外商直接投资对中国经济增长的促进作用体现在多个方面，诸如促进技术进步、产业优化升级和改善贸易结构等。沈克华（2003）⑦ 通过对 1981～1997 年外商直接投资与我国出口总量及结构相关数据的回归分析以及对 1981～2001 年基础设施投入与外商投资之间的关系相关数据的回归分析研究发现：外商直接投资的增加对我国出口贸易发展具有重要作用，而且其效果日渐显著，同时，其在我国产业结构的优化升级中的作用也不断加强，数据表明，软件环境投资在吸引外资中的作用不断加强。张自如（2005）⑧ 运用协整分析和建立误差修正模型，实证分析了外商直接投资与我国对外贸易的相关关系。他认为，从长期来看，我国对外贸易与外商直接投资存在稳定的均衡关系，其中，外商直接投资与出口贸易间只存在单向因果关系，外商直接投资与进口贸易间没有明显的因果关系。因此他认为，近年来我国

---

① 刘恩专：《外商直接投资的出口贸易效应分析》，载《当代经济科学》1999 年第 2 期，第 62～67 页。

② 刘重力：《中国产品出口结构研究》，载《南开经济研究》2000 年第 5 期，第 23～27 页。

③ 杨迤：《外商直接投资对中国进出口影响的相关分析》，载《世界经济》2000 年第 2 期，第 44～49 页。

④ 许和连、赖明勇：《我国出口与经济增长关系分析》，载《湖南大学学报（社会科学版）》2001 年第 3 期，第 33～35 页。

⑤ 张小蒂、李晓钟：《外商直接投资对我国进出口贸易影响的实证分析》，载《数量经济技术经济研究》2001 年第 7 期，第 107～110 页。

⑥ 江小涓：《中国的外资经济对增长、结构升级和竞争力的贡献》，载《中国社会科学》2002 年第 6 期，第 4～14 页。

⑦ 沈克华：《外商直接投资与我国出口总量及结构、基础设施投入的相关关系分析》，载《国际贸易问题》2003 年第 7 期，第 38～42 页。

⑧ 张自如：《外商直接投资与我国进出口关系的实证分析》，载《山东科技大学学报（社会科学版）》2005 年第 4 期，第 83～86 页。

进口贸易的发展与外商直接投资的增加并没有太大关系。刘舜佳（2004）① 利用协整分析技术和误差修正模型从长期和短期两方面分析外商直接投资与我国出口商品结构之间的因果关系，分析表明，从长期和短期两方面来看，外商直接投资对我国出口商品结构的影响恰恰相反，但综合来看，总体呈现正向效果，这表明外商直接投资对于我国出口商品结构的优化有促进作用。耿楠（2006）② 从传统评价方法到技术含量和产品附加值方法两个层次进行实证检验，研究 FDI 对中国贸易结构的影响，得出 FDI 促进了中国出口商品结构由初级产品向工业制成品转变，增强了我国劳动密集型产品与资本技术密集型产品的比较优势，提高了其出口竞争力，并且这种作用在资本技术密集型产品中表现更为显著。但是未发现 FDI 对于提高我国出口商品附加值的显著作用。

张晓萍、于英川和方培基（2007）③ 认为，FDI 对于提高中国进出口贸易结构和贸易竞争力有明显的促进作用。朱廷珺（2007）④ 经过分析指出，相较于初级产品出口贸易，外国直接投资对制成品出口的促进作用更为明显。张红霞、刘继生和马廷玉（2007）⑤ 针对山东省制造业 FDI 流入与对外贸易结构优化的定性与定量分析表明，两者具有密切的联系，制造业 FDI 流入对贸易结构优化具有促动作用。宋延武、王虹、邓小英（2007）⑥ 采用定量和定性分析的方法，研究了外国直接投资与出口商品结构、出口方式结构的关系及对我国产品出口竞争力的影响，结果指出外国直接投资提升和优化了我国的出口结构和出口方式，削弱了国内多数行业和产品的出口竞争力。

牛玉双（2008）⑦ 依据国际贸易标准分类和根据产品附加值分类两种贸易分类方法分析了中国贸易结构的优化问题。并且认为一直以来外商直

---

① 刘舜佳：《外商直接投资与我国出口商品结构优化》，载《财经科学》2004 年第 2 期，第 78～81 页。

② 耿楠：《中国进出口贸易的实证研究——基于协整分析与误差修正模型》，载《国际商务（对外经济贸易大学学报）》2006 年第 4 期，第 16～20 页。

③ 张晓萍、于英川、方培基：《FDI 对于我国进出口贸易结构影响的实证分析》，载《建筑经济》2007 年第 2 期，第 42～45 页。

④ 朱廷珺：《外国直接投资与中国出口贸易结构优化》，载《发展》2007 年第 1 期，第 153～154 页。

⑤ 张红霞、刘继生、马廷玉：《山东省制造业 FDI 流入与贸易结构优化的互动作用》，载《经济地理》2007 年第 5 期，第 737～740 页。

⑥ 宋延武、王虹、邓小英：《外国直接投资与我国出口结构和出口竞争力的关系研究——基于 SPSS 回归模型的实证分析与检验》，载《国际贸易问题》2007 年第 5 期，第 16～22 页。

⑦ 牛玉双：《外商直接投资对中国出口结构优化影响研究》，大连理工大学硕士论文，2008 年。

接投资提高了中国资本密集型产品的竞争力，带动了中国工业制成品的出口，但是这并不能意味着我国出口的传统的工业制成品和资本密集型产品就是高技术含量的产品，并对其原因进行了分析。孙纲（2010）[①] 主要运用1987～2007年的数据对外商直接投资影响我国出口增长的关系进行了相关性分析，认为外商直接投资促进了我国出口增长，但是对不同类型出口产品竞争力的影响各有不同，对工业制成品的出口有提升作用，而对初级产品的出口竞争力是削弱的。赵培华（2012）[②] 运用实证研究方法分析了外商直接投资在我国由以初级产品为主的出口贸易结构向以工业制成品为主的贸易结构转变以及由以劳动密集型产品为主的工业制成品的出口向以资本技术密集型制成品为主的贸易结构转换中的作用。胡方、连东伟、徐芸（2013）[③] 主要研究了国际直接投资对中国出口贸易结构变化的影响，认为对一个劳动力资源禀赋丰富、以出口劳动密集型商品为主的国家来说，外商直接投资，可以引起该国贸易方式的转变，从以前出口劳动密集型商品转变为既出口以前的劳动密集型商品，又出口一些资本密集型商品，外商直接投资促进我国贸易结构趋向高级化。

3. 欧盟FDI对我国出口商品结构的影响

国内许多文献已经证明欧盟对华直接投资对中欧之间的贸易具有促进作用或二者之间存在长期稳定的关系。裘元伦（1999）[④] 在研究了欧盟对华经济合作的特点和贡献，分析了中欧经济往来存在的问题，认为中欧问题主要集中在对反倾销指控和裁定、出口数量限制、对中国入世要求和市场准入等方面。裴长洪（1999）[⑤] 在研究中欧贸易发展的基础上，分析了欧盟跨国公司对华投资绩效。李晓光（2002）[⑥] 对欧盟对华直接投资进行了比较全面的分阶段分析，认为欧盟对华投资虽然存在行业过度集中、投资国别过度集中，但是投资个体规模大、技术水平比较先进，无论在规模

---

① 孙纲：《外商直接投资与我国出口贸易关系的实证研究》，载《对外经济贸易大学学报（国际商务版）》2010年第2期，第62～70页。

② 赵培华：《外商直接投资对我国出口商品结构的影响》，载《合作经济与科技》2012年第23期，第84～86页。

③ 胡方、连东伟、徐芸：《外国直接投资对中国出口贸易结构的影响》，载《对外经济贸易大学学报（国际商务版）》2013年第1期，第19～26页。

④ 裘元伦：《欧盟对华长期政策与中欧经贸关系》，载《世界经济》1999年第8期，第3～14页。

⑤ 裴长洪：《欧盟对华贸易投资与经济合作》，载《国际经济评论》1999年第Z3期，第61～63页。

⑥ 李晓光：《欧盟在华直接投资的实证分析》，载《经济纵横》2002年第7期，第12～13页。

和技术等方面均领先于其他国家和地区的对华投资。他还进一步提出我国应创造更好的国内环境，引进欧盟的除贸易以外的金融、咨询等第三产业，利用政策支持欧盟对华企业的并购行为。杜晓蓉（2003）①利用相关统计数据对欧盟企业跨国并购的投资热潮与在中国的投资现状进行分析对比研究，认为中国具有吸引欧盟企业来华投资兼并收购的有利条件，我国应出台相应政策，鼓励欧盟企业以跨国并购的方式进入中国市场，欧盟企业并购中国企业是我国吸引欧盟投资的新途径，我国可以通过利用欧盟资本提高引资的规模和质量。肖颖琳（2003）②主要从中国吸引外资战略选择的角度，研究了欧盟对华直接投资的进程和动因，认为中国吸引欧盟对华直接投资具有重要战略意义。王坷（2003）③则主要分析了欧盟东扩后，中国和欧盟“新 10 国”之间在引进外国直接投资的行业分布和行业结构的相似性，认为中国和东欧 10 国吸引外资几乎都集中于制造业、金融、交通运输、基础设施等行业，而且在工资水平、经济发展程度等也存在相似性，因此在利用外资方面具有竞争性，在对外贸易方面存在转移效应。李钢（2004）④通过定量和定性方面的研究，比较全面地分析了欧盟东扩所带来的新的商业机遇，并且预测了中欧贸易投资的发展趋势。姚站琪（2007）⑤运用比较分析方法，研究了欧美、日、韩、中国台湾等国家和地区在中国大陆的直接投资状况，认为市场因素是欧盟对华直接投资最主要因素，占领中国市场是欧盟对华直接投资的主要目的，因此欧盟会持续增加在华直接投资的数量，即使在中欧双方劳动力成本趋于接近的情况下也会如此。

实证方面的研究文献也有很多。李俊、崔艳新、赵囡囡（2007）⑥利用主成分因素法和多因素回归方法分析了欧盟对华直接投资，认为以投资带动流入的国际生产转移方式是导致中欧贸易顺差的主要原因。陈妍（2007）⑦主要选取 1986～2006 年的统计数据，运用时间序列分析方法，

① 杜晓蓉：《论欧盟企业对华并购投资》，四川大学硕士论文，2003 年。

② 肖颖琳：《欧盟对华直接投资：进程、动因及战略意义》，浙江大学硕士论文，2003 年。

③ 王珂：《欧盟东扩对中欧和我国外商直接投资的影响及应对措施》，载《现代财经（天津财经学院学报）》2003 年第 12 期，第 25～27 页。

④ 李钢：《欧盟东扩后中国与新入盟国家的经贸关系》，载《红旗文稿》2004 年第 9 期，第 35～39 页。

⑤ 姚战琪：《不同外国资本跨国公司在华投资的动机、行为与表现》，载《财贸经济》2007 年第 5 期，第 18～24 页。

⑥ 李俊、崔艳新、赵囡囡：《中国—欧盟贸易差额现状及其原因的实证分析》，载《国际贸易问题》2007 年第 11 期，第 25～30 页。

⑦ 陈妍：《欧盟在华 FDI 对中欧贸易影响的实证研究》，浙江大学硕士论文，2007 年。

在协整分析和格兰杰因果检验的基础上，利用误差修正模型研究了欧盟在华FDI和中欧贸易总量的短期关系，得出欧盟在华直接投资对中国向欧盟的出口有促进作用，而对来自欧盟的进口的影响不显著的结论。王悦和陈明伟（2007）[①] 运用实证分析得出研究结论，表明欧盟对华直接投资对中国向欧盟的出口以及欧盟对华直接投资对中国向欧盟的进口都呈现出显著的协整关系，从长期看这种关系也比较稳定。王洪庆（2007）[②] 运用实证分析方法对欧盟在华直接投资对中国与欧盟贸易的影响进行了分析，结论认为影响中欧贸易的主要因素是中国和欧盟各成员国的经济实力，欧盟在华FDI对中国与欧盟各成员国的进出口贸易的影响较小。

对于欧盟东扩对中欧贸易的影响，陈欣（2007）[③] 分别测算了欧盟新11国和欧盟原15国与中国的出口相似性指数、贸易互补性指数和贸易强度指数等，认为，中国与欧盟原15国的互补性下降、竞争性增强，与欧盟新11国的竞争性与互补性并存并且逐年改善。这表明中国对欧出口虽然有难度，但是伴随欧盟新11国的经济发展，中欧贸易大有潜力。沈滢（2008）[④] 搜集了1985～2006年欧盟在华直接投资和中欧双方贸易发展数据，利用邹氏检验对欧盟对华直接投资产生的贸易效应进行了研究，构建了直接投资与出口商品结构的模型以及直接投资的技术溢出效应模型进行实证研究，结果显示欧盟对华直接投资存在阶段性动态变化的贸易效应，在一定程度上优化了我国向欧盟出口的商品结构，但是对我国国内企业的技术溢出效应并不显著。王俊（2009）[⑤]、贾姗（2009）[⑥] 采用1984～2007年数据运用协整分析和Granger因果关系检验等方法，考察欧盟对华直接投资与中欧出口商品结构之间的关系。欧盟对华直接投资的增加与中国对欧盟出口商品结构优化之间从长期来看存在必然联系，短期来看欧盟对华直接投资首先是促进了中国劳动密集型产品向欧盟的出口，对于资本密集型产品出口增长的促进明显小于劳动密集型产品对欧盟的出口。

---

① 王悦、陈明伟：《欧盟对华直接投资对中欧双边贸易影响的协整分析》，载《经济经纬》2007年第2期，第60～63页。

② 王洪庆：《欧盟在华直接投资对中国与欧盟贸易的影响》，载《国际贸易问题》2007年第4期，第87～91页。

③ 陈欣：《欧盟东扩对中欧贸易影响的实证分析》，浙江大学硕士论文，2007年。

④ 沈滢：《欧盟对华直接投资对中欧贸易影响的实证分析》，浙江大学硕士论文，2008年。

⑤ 王俊：《欧盟在华直接投资与中欧双边贸易关系的实证分析》，山东大学硕士论文，2009年。

⑥ 贾姗：《欧盟对华FDI与中国对欧盟出口商品结构的关系研究》，湖南大学硕士论文，2009年。

钱亚男和王永（2011）[①] 用 Johansen 模型研究了欧盟 FDI 对我国出口商品结构的影响，认为由于欧盟在华直接投资不断增大了对制造业投资，尤其是对资本技术密集型行业投资，使我国向欧盟出口的产品中工业制成品尤其是资本密集型产品的种类和出口数量不断增加，因此对我国出口商品结构有显著优化作用。同年，王岩和王海燕（2011）[②] 搜集整理了 1986～2009 年的经济发展数据，利用协整检验和 Granger 因果关系检验等方法，实证分析了欧盟对华直接投资与中国贸易发展和中欧贸易发展的关系。研究表明，欧盟在华直接投资增长促进了中国对外贸易的增长，使中国与欧盟之间贸易规模不断扩大。胡晓、王涛生（2011）[③] 运用数据对欧盟在华直接投资对我国劳动密集型和资本密集型产品的带动作用进行了分析，研究了我国低、中、高技术密集型产品对欧盟出口的不同，认为欧盟在华直接投资优化了中国向欧盟出口的商品结构，产生了积极影响。文瑞（2012）[④] 利用 UNCOMTRADE 数据库提供数据，测算了从 2003～2011 年中欧双方进出口状况。研究表明，欧盟向中国出口的产品主要为资本、技术密集型，这类产品占欧盟向我国出口比重的 70% 以上，而初级产品和劳动密集型产品所占份额较少。但是其中，自 2003 年以来，欧盟对华出口的初级产品呈平稳上升趋势，占总出口比重由最初的 5.47% 增长为 2011 年的 10.66%，而劳动密集型产品则呈下降趋势，这说明欧盟在高技术产品上具有明显的比较优势，而在劳动密集型尤其是初级产品出口方面具有比较劣势。

3.1.3 FDI 对进口商品结构的影响

1. FDI 对进口商品结构的一般影响

由一国的要素禀赋、对外经济贸易战略、经济发展状况和国际环境决定的对外贸易结构，代表了该国在国际分工中的地位。里昂惕夫（Leon-

---

① 钱亚楠、王永：《欧盟 FDI 对我国出口商品结构影响的实证分析》，载《特区经济》2011 年第 1 期，第 121～122 页。

② 王岩、王海燕：《欧盟对华直接投资与中国对外贸易关系研究》，载《东北财经大学学报》2011 年第 2 期，第 62～68 页。

③ 胡晓、王涛生：《欧盟在华直接投资与中国对欧盟出口商品结构》，载《商业研究》2011 年第 1 期，第 195～199 页。

④ 文瑞：《中欧贸易失衡问题研究》，东北财经大学硕士论文，2012 年。

tief, 1953）作为研究贸易结构效应的最早学者，依据自己的研究结果，提出了著名的“里昂惕夫之谜”。“里昂惕夫之谜”不仅在美国存在，在其他国家也存在。巴拉萨（Balassa, 1977）[①] 认为，比较优势并不是静态的，它随着经济社会的发展而不断地变化，并且比较优势是可以通过某些手段加以创造的。

梅而兹（Marc J. Melitz, 2003）[②] 通过研究发现，由于存在着企业内部不同产品间的资源再分配（Andrew B. Bernard, Stephan J. Redding & Peter K. Schott, 2011）[③] 和对进口投入品的使用，贸易通过提高企业的生产率水平促进了总生产率的提高。梅里和约瑟夫（Mary Amiti & Jozef Konings, 2007）[④] 运用理论模型研究了贸易的静态效益和动态效益。静态效益是指外国的投入品提高了该国的生产力水平，动态效益是指外国投入品增加了该国的可生产的产品种类，降低了该国的创新成本。金伯格等（Pinelopi K. Goldberg, Amit K. Khandelwal, Nina Pavcnik & Petia Topalova, GKPT, 2009）[⑤] 的研究则表明来自不同国家的进口投入品使得国内市场上出现了新的产品种类。哈耶兹等（W. Hejazi & A. E. Safarian, 2001）[⑥] 使用引力模型验证了20世纪80年代美国的贸易和FDI之间的关系。其结果显示，美国的出口受FDI的影响较大，而进口对外国直接投资的影响较大；研究还发现与服务业的对外直接投资只对出口具有创造效应不同，制造业的对外直接投资对于出口和进口都具有创造效应。

布鲁诺和弗兰克（Bruno Van Potte Isberghe & Frank Lichtenberg, 2001）[⑦] 基于改进的C－H模型，从进口、引进外资和对外投资三个角

① Bela Balassa. Revealed Comparative Advantage Revisited: An Analysis of Relative Export Shares of the Industrial Countries, 1953－1971 [J]. *The Manchester School of Economic & Social Studies*, 1977 (4): 327－44.

② Marc J. Melitz. The Impact of Trade on Intra－Industry Relations and Aggregate Industry Productivity [J]. *Econometric Society*, 2003, 71 (6): 1695－1725.

③ Andrew B. Bernard, Stephan J. Redding, Peter K. Schott. Multi－Product Firms and Trade Liberalization [J]. *The Quarterly Journal of Economics*, 2011, 126 (3): 1271－1318.

④ Mary Amiti, Jozef Konings. Trade Liberalization, Intermediate Inputs, and Productivity: Evidence from Indonesia [J]. *American Economic Review*, *American Economic Association*, 2007, 97 (5): 1611－1638.

⑤ Pinelopi K. Goldberg, Amit K. Khandelwal, Nina Pavcnik, Petia Topalova. Multi-product Firms and Product Turnover in the Developing World: Evidence from India [J]. *Society for Economic Dynamics*, 2009, number 176, pa17.

⑥ W. Hejazi, A. E. Safarian. The Complementarity Between U. S. Foreign Direct Investment Stock and Trade [J]. *Atlantic Economic Journal*, 2001: 420－437.

⑦ Bruno Van Potte Isberghe, Frank Lichtenberg. Does Foreign Direct Investment Transfer Technology across Borders [J]. *The Review of Economics and Statistics*, 2001 (3): 490－497.

度，论述了外国 R&D 对本国全要素生产率的增长的作用。他们选取 20 世纪 70～90 年代的数据为样本对欧盟 11 国、美国和日本进行了分析，其结论是作为国际技术外溢的重要渠道，进口和对外直接投资都起到了非常重要的作用，而外来投资对东道国的技术进步却没有明显的推动作用。里旺恩（Gwanghoon Lee，2006）① 选取 1981～2000 年 OECD 16 个国家的数据进行实证分析，研究了中间产品多种直接渠道的技术外溢现象。研究表明：外来直接投资和非实体的直接渠道的技术外溢作用明显，而 FDI 和中间产品进口的技术外溢作用并不明显。

蒋殿春和张宇（2006）② 通过对 FDI 的技术外溢效应及其影响因素进行了检验以后认为，不同行业的 FDI 的技术外溢效益具有很大的不同。内外资之间的技术差异水平差距越大，则技术外溢的效果越不理想。黄凌云、范艳霞和许林（2007）③ 采用面板数据实证对国际贸易和外商直接投资产生的技术溢出对经济增长的影响分别进行了研究，并且分析了中国几个典型的贸易伙伴国技术溢出对我国技术进步的作用，结果显示：与 FDI 相比，研发的资本存量对产出的促进作用更明显。FDI 对一国的技术水平的进步可能产生副作用，外国研发溢出虽然通过国际贸易促进了我国的全要素增长率，但是要求必须有一定的本国研发水平与其相结合。

2. FDI 对我国进口商品结构的影响

FDI 对进出口商品结构也有影响。王中华（2001）④ 认为外资企业一方面从海外进口原材料和中间产品，并以机器设备等实物形式对我国进行投资，使我国的商品进口量增加；另一方面，外商投资企业所生产的产品对我国的进口又有较强的替代作用。

李平和钱利（2005）⑤ 认为，进口贸易和外国直接投资是国际技术溢出的两条主要渠道。他们在对 CH 模型进行改进的基础上，考察了进口贸易和外国直接投资的技术溢出效应，使用面板数据就国际技术溢出对我国

---

① Gwanghoon Lee. The Effectiveness of International Knowledge Spillover Channels [J]. *European Economic Review*, 2006 (50): 2075－2088.

② 蒋殿春、张宇：《行业特征与外商直接投资的技术溢出效应：基于高新技术产业的经验分析》，载《世界经济》2006 年第 10 期，第 21～31 页。

③ 黄凌云、范艳霞、许林：《国际贸易与 FDI 的技术溢出》，载《重庆大学学报（自然科学版）》2007 年第 12 期，第 126～132 页。

④ 王中华：《外商直接投资对我国进出口贸易的影响及对策》，载《经济纵横》2001 年第 4 期，第 69～71 页。

⑤ 李平、钱利：《进口贸易与外国直接投资的技术溢出效应——对中国各地区技术进步的实证研究》，载《财贸研究》2005 年第 6 期，第 40～45 页。

东、中、西部技术进步的影响进行了实证检验。结果显示，进口和 FDI 产生的技术溢出虽然促进了 FTP 的提高，但是地区的产异性较大。孙晓飞（2006）[①] 通过 FDI 与我国的进出口商品进行检验，认为无论是初级产品还是工业制成品的出口，对外直接投资对其都有促进作用，而对外直接投资对其进口则有抑制作用。邓海滨、廖近中（2006）[②] 应用扩展后的“创新驱动模型”，实证分析了我国通过进口贸易渠道从 G－7 国家所获得的技术外溢效应，研究发现：我国对于高新技术的接受能力较弱，受此限制，虽然进口贸易存在技术外溢效应，但其效果仍不明显。

蔡虹和孙顺成（2008）[③] 运用不同的实证分析方法，验证了进口贸易的溢出效应促进了我国的经济产出增长。李蕊（2008）[④] 对我国 30 个省（自治区、直辖市）1998～2005 年的面板数据进行实证分析，研究了我国各地区的内资工业企业自主创新能力和外商直接投资的关系。它以专利申请量作为企业自主创新能力的指标，其结果显示，不同来源地的 FDI 对我国企业的自主创新能力的溢出效应存在着较大的差异：与其他外资相比，港澳台商外资对我国企业的自主研发、创新能力的提升效果不明显。王英和刘思峰（2008）[⑤] 评估了中国 1985～2005 年通过 FDI、对外直接投资、进出口贸易等途径的外国研发资本存量溢出效应，并运用国际 R&D 溢出回归框架对各种途径的溢出效应对于我国全要素生产率的影响进行了实证分析。岳金贵（2008）[⑥] 采用 LP 模型，以我国 29 个省、自治区和直辖市 1990～2004 年数据为样本，就国内科技投入、进口贸易和 FDI 传导的技术溢出对各地区 FTP 的影响进行了实证检验。结论是与进口贸易和 FDI 相比，国内科技投入是提高 FTP 的主要因素，虽然进口贸易和 FDI 也有助于提高 FTP，但是区域差异较大。

林文文与王朝晖（2009）[⑦] 实证分析了山东省 GDP、FDI 以及进出口

---

① 孙晓飞：《FDI 对中国出口商品结构影响的实证分析》，华东师范大学硕士论文，2006 年。

② 邓海滨、廖进中：《中国进口贸易技术外溢效应的实证分析》，载《当代经济管理》2006 年第 6 期，第 22～26 页。

③ 蔡虹、孙顺成：《进口贸易技术溢出的经济效应研究》，载《西安交通大学学报（社会科学版）》2008 年第 1 期，第 25～30 页。

④ 李蕊：《FDI 与中国工业自主创新：基于地区面板数据的实证分析》，载《世界经济研究》2008 年第 2 期，第 15～21 页。

⑤ 王英、刘思峰：《国际技术外溢渠道的实证研究》，载《数量经济技术经济研究》2008 年第 4 期，第 153～160 页。

⑥ 岳金桂：《基于进口贸易和 FDI 传导的技术溢出效应》，载《水利经济》2008 年第 3 期，第 7～10 页。

⑦ 林文文、王朝晖：《FDI、对外贸易和经济增长关系的动态分析——对山东省 1984～2007 年数据的实证研究》，载《山东经济》2009 年第 2 期，第 17～18 页。

之间的关系。分析结果显示，山东省的上述四个要素之间存在着长期稳定的动态关系。这说明山东省的对外贸易、对外投资与经济发展之间已经形成了良好的互动关系。分析结果还显示，FDI 对山东省的经济增长影响不大，而经济增长对 FDI 的影响较大，进口对经济增长的影响不是很大，出口对经济增长的影响则处在一个较稳定的水平上。王文爽（2009）[①] 首先通过对历史的统计资料的理论分析，认为近年来我国利用 FDI 的总量、商品的进出口总额都在逐渐增加，进出口商品结构在不断改善，外资在我国的行业分布和产业分布在不断优化；其次，她用计量经济学的模型对我国进出口商品结构和利用外商直接投资进行了分析，研究了 FDI 对我国各大类出口商品的影响，发现 FDI 对我国的贸易结构的改善起了很大作用（其中 FDI 对工业制成品的进口影响系数大于初级产品）；最后，除了初级产品的出口之外，FDI 与中国其他商品的进出口之间有着长期的稳定关系。俞毅、万炼（2009）[②] 利用 VAR 模型来研究 FDI 同我国进出口商品结构之间的关系。其分析结果说明，FDI 与我国进出口商品结构有着长期均衡关系，对外直接投资和初级产品、工业制成品的出口存在着相互替代的关系，外直接投资和初级产品、工业制成品的进口存在着相互补充的关系，进出口商品结构中的变量构成了影响对外直接投资短期变化的因素，但是并不存在短期因果关系。李杏和陈鲁克（M. W. Luke Chan）（2009）[③] 运用现代计量经济学方法，分析了外资和对外贸易对中国技术进步的影响。研究发现，无论从长期还是短期来看，对外贸易增长都能够促进技术进步，FDI 和技术进步间则具有相互作用；而从长期来看，FDI 和进出口之间则没有稳定关系。

王彧琳（2011）[④] 也通过建立 VAR 模型分析了 FDI 和对外贸易的关系。她选取 1990～2010 年我国对外直接投资流出量、初级产品和工业制成品进出口额的数据，分别对对外投资与初级产品进口和出口、工业制成品进口和出口的关系进行实证检验；而后进一步选取占进出口比重较大的产品贸易数据，检验对外投资和具体商品的进出口关系。其结论是：对外

---

① 王文爽：《我国利用 FDI 对贸易结构的影响》，天津财经大学硕士论文，2009 年。

② 俞毅、万炼：《我国进出口商品结构与对外直接投资的相关性研究——基于 VAR 模型的分析框架》，载《国际贸易问题》2009 年第 6 期，第 25～30 页。

③ 李杏、M. W. Luke Chan：《外商直接投资与对外贸易技术溢出效应比较——基于面板因果关系的研究》，载《国际贸易问题》2009 年第 2 期，第 70～77 页。

④ 王彧琳：《基于 VAR 模型我国对外直接投资和进出口商品结构关系研究》，沈阳工业大学硕士论文，2011 年。

直接投资能够促进出口，但是对进口有抑制作用。但是总的来说，我国的FDI对贸易的促进作用占主导地位。

宋蕾（2012）① 选取1985～2009年FDI与中国对外贸易商品结构的发展变化以及之间的关系进行描述，认为随着我国对外贸易额和利用FDI总量的增长，进出口商品结构有了一定程度的改善。然后她实证分析了实际利用外资对我国对外贸易的影响，研究表明FDI有利于促进我国的产业结构优化，既提高了出口结构，又提高了进口结构。

3. 欧盟FDI对我国进口商品结构的影响

近年来，国内学者对来自欧盟外商直接投资对我国进口商品的影响进行了研究。叶文佳、于津平（2008）② 利用面板数据回归分析，认为欧盟对华FDI对中欧贸易促进作用显著，投资流量对进口促进作用显著。邵玲、谢建国（2008）③ 认为欧盟对华FDI对我国垂直型产业内贸易具有较强促进作用。

周慧（2011）④ 通过分析1984～2007年外国直接投资对我国贸易条件的影响，认为虽然来自美国、欧盟的FDI技术含量较高，有利于改善我国的出口商品结构，但是来自欧美的FDI需要进口大量的高价值的中间产品，这可能导致我国的贸易条件恶化。因此，来自欧美的FDI对我国的贸易条件的影响不明显。郑征（2012）⑤ 认为中欧贸易受到了欧债危机的强烈冲击，他选取欧元兑人民币汇率、欧盟实际GDP及中欧贸易额2009年10月至2012年3月的数据，通过实证研究发现中国对欧盟出口的出口业务长期受到欧元汇率和欧盟实际GDP的冲击，相反的，则有利于中国对欧盟的进口业务。方差分解证明了中欧进出口贸易长期受到欧盟实际GDP的影响，其中，进口业务受到的影响比出口业务要大。胡晓君（2012）⑥ 指出，近年来，我国已经取代了美国成为欧盟的第一大贸易伙伴，与劳动密集型产品不同，在资本、技术密集型产业中，中欧之间呈现较明显的垂

---

① 宋蕾：《FDI对中国对外贸易商品结构的影响研究》，北京邮电大学硕士论文，2012年。

② 叶文佳、于津平：《欧盟对中国FDI与中欧贸易关系的实证研究》，载《世界经济与政治论坛》2008年第4期，第21～28页。

③ 邵玲、谢建国：《中欧制成品产业内贸易影响因素实证分析》，载《国际贸易问题》2008年第4期，第43～48页。

④ 周慧：《不同来源地FDI对中国价格贸易条件的影响研究》，载《黑龙江对外经贸》2011年第3期，第33～45页。

⑤ 郑征：《欧债危机对中欧贸易影响研究》，载《金融纵横》2012年第8期，第8～12页。

⑥ 胡晓君：《中欧产业内贸易与中欧贸易发展》，外交学院硕士论文，2012年。

直型特征。高静（2013）[①]结合欧盟对华直接投资与中欧贸易现状分析欧盟对华直接投资对中国的贸易效应，认为欧盟的对华投资对于促进中欧贸易额增长、中国对欧盟的进出口都有很大的帮助。中国来自欧盟的进口额与欧盟对华投资额增长率趋于一致。于延良（2013）[②]通过对欧债危机后中欧贸易结构的演变研究发现，欧元区国家的对外贸易受财政政策的影响较大，货币发行量也是影响其对外贸易的重要因素，出口国的经济规模对中欧资本密集品的影响更大。

3.2 对现有研究的简单述评

3.2.1 理论分析述评

学者们的理论研究为我们的研究提供了重要的理论借鉴，但是在研究中发现学者们的前期研究在两方面有一定的局限：一是基于传统的国际贸易理论框架进行的概括总结，不仅假设投资是水平的，还假定国家具有相似性质、规模经济和运输成本，他们的研究对象主要是以发达国家之间的投资和贸易为主，因此上述理论在指导对发展中国家进行投资方面存在一定的局限性；二是在理论模型分析中的投资是一个泛指的概念，主要研究的是国际资本移动，并没有把国际直接投资单独作为考虑的变量纳入理论模型的研究中，笔者在文献的梳理中发现，正是由于国外著名学者在这方面理论模型研究的缺少，致使国内外学术界对投资和贸易关系方面主要研究直接投资和贸易规模，极少研究直接投资和贸易结构。

3.2.2 实证方面的分析评述

国内外学者对于欧盟对华直接投资的研究侧重于欧盟对华直接投资的现状和特点，对投资涉及的地区和行业进行了细致研究，并结合国际直接

① 高静：《欧盟对华直接投资对中欧贸易规模的影响研究》，山东财经大学硕士论文，2013 年。

② 于延良：《欧债危机后中欧贸易结构的演变及影响因素分析》，吉林大学硕士论文，2013 年。

投资的相关理论，比较了其他国家或地区对华直接投资的特点，以此分析欧盟对华直接投资的制约因素以及存在的主要问题，并对我国如何吸引欧盟直接投资给出了相应政策建议。另外也有不少学者注意到了欧盟东扩后对我国吸收欧盟直接投资的影响，由于新入盟的中东欧国家在吸引外资的行业分布上与我国有一定的相似处，过多的欧资及区域外资金流入中东欧国家将对我国吸收欧盟直接投资带来不利影响。至于欧盟对华直接投资对中国经济的影响，大部分学者也是从较宏观的层面进行的分析，比如对中国资本的直接与间接影响、中国产业结构的调整与升级、促进中国企业提高研发能力等方面论述了欧盟直接投资对中国经济的影响。延伸到欧盟对华直接投资对中欧贸易的影响方面，学者们的研究普遍支持了欧盟对华直接投资对中国的贸易起促进作用的结论，尤其是对出口方面的促进作用较显著。

第 4 章

中欧相互直接投资的动因及状况

4.1　欧盟对中国直接投资动因

首先，欧盟经过半个世纪的发展已经成长为世界上最大的区域一体化经济体，许多企业已经发展成为行业的佼佼者，急切需要扩展新的市场，尤其是海外市场；其次是欧盟长期面向发达国家的市场，欧盟本身对中国的直接投资就少（占其对外直接投资总额的 2%），因此欧盟需要面向广大的发展中国家；最后，由于中国历经 40 年的改革开放，一跃成为仅次于美国的世界第二大经济体。中国产业体系发展迅速，与欧盟的产业具有很强的互补性。因此，综合来看，欧盟对中国直接投资的动因可以归为三个方面的因素：欧洲企业的需求、欧盟本身的需要、中国经济发展因素。

4.1.1　企业角度的分析

跨国公司对外直接投资的首要动机是追逐高利润的回报。一个企业首要法则就是生存下去，而追求利润是实现生存的途径之一。伴随着中国市场的逐渐放开，欧洲众多品牌在中国的知名度越来越高，比如，大众汽车集团下属的大众汽车、奥迪汽车，法国化妆品牌兰蔻，均在中国市场占据重要的一席之地。众多的消费者带来的当然是巨大的营业额和丰厚的利润。

许多欧盟跨国企业都将未来的发展重心往亚洲倾斜，尤其中国，其市场之大更是引来众多国外投资者的青睐。随着中国成为欧盟第二大贸易伙伴国，中国已经逐渐成为欧盟众多跨国公司的主要利润来源地，欧盟企业在华的投资利润回报明显要高于在其他国家和地区的投资回报。

这些欧盟公司在中国直接投资开设企业、进行投资的目的，一是为了从中国广大的市场中分一杯羹；二是为了充分利用区位优势，降低中间环节的交易成本；三是本地化生产的一个巨大的优势就是可以避免因出口对象国的一些进口限制造成的不必要的麻烦；四是由于中国拥有大量优质且相对廉价的劳动力（包括拥有精湛技术的蓝领工人和具有高素质、强管理能力的白领和金领），这将极大的降低企业生产成本和管理成本，提升企业在华的竞争力。

4.1.2 欧盟本身的考虑

欧盟对华的直接投资与欧盟的经济发展水平总体呈现正相关关系。随着欧盟经济水平的上升，其对华直接投资实际金额亦有大幅提升。2004 年欧盟的扩张，吸收了 10 个东欧国家，由于这些国家在地域上、传统文化习俗上与原欧盟成员国更为接近，多少会吸收原欧盟成员国的一部分对外直接投资，但是影响不会太大。欧盟的扩大使得其自身的经济体量也随之增大，对于对外直接投资的需求也随之上升，这无疑会促进对华的直接投资。

另外，较宽松的技术转让限制也是促使欧盟扩大对华直接投资的另一个因素。在中国所引进的外资技术转让中，有大约40%来源于欧盟，这不仅源于欧盟对中国市场的重视，更在于欧盟较之美、日更为宽松的技术转让限制。随着 2008 年全球金融危机、2010 年欧盟债务危机的连续爆发，众多的欧盟企业经营惨淡、利润大幅下滑，进一步促使欧盟放宽对华的技术转让限制。这也是为何越来越多的中国企业走向欧洲开展收购。例如，吉利收购沃尔沃。

4.1.3 中国经济发展因素

资金技术接受国经济发展状况一直是接受对外投资的重要衡量因素。作为衡量经济发展重要指标的 GDP，中国一直保持着较高速的增长。之前保持着 2 位数的高速增长，而后转方式，虽然变成个位数的增长，但是在全球也是首屈一指的。东道国这样的经济发展状况，对欧盟投资者来说吸引力是巨大的。

在过去 40 年间，中国的经济发展始终保持着良好势头。尤其是 2001

年中国加入WTO以来，增长速度明显上升。中国经济的飞速发展也带动了三大产业的发展，从而对外资的吸引力度也逐渐增强，欧盟自然也不例外，希望加强与中国的经济合作，通过对华直接投资的方式分享中国经济增长的硕果。入世后，中国进出口关税的降低及非关税壁垒的取消，欧盟在华企业的进口原材料、零部件成本均大幅降低，这在某种程度上也刺激了欧盟对华的直接投资。中国服务业的逐步放开，中国市场对于欧盟成熟的跨国公司产生的吸引力也越来越大。根据跨国公司内部化理论，当存在市场不完全限制时，企业会通过对外直接投资，以内部市场代替原来的外部市场，以降低不必要的成本和低效率状况。相对其他国家，欧盟在服务业这一领域具有很大的优势，因此中国放开服务业的管制为欧盟成熟的跨国公司提供了很大的投资机会和空间。

4.2 欧盟对华直接投资状况

4.2.1 欧盟对外直接投资分析

欧盟一直以来都是全球对外直接投资规模最大的经济体，也是全球引进外商直接投资规模最大的经济体。据联合国贸发会议（UNCTAD）统计，在1988~2012年，欧盟对外直接投资占全球对外直接投资总额的比重基本上都在40%之上，有些年份甚至超过了60%，但是由于受欧债危机的影响，欧盟对外直接投资额从2012年起占全球的比重不断下降，然而其依然是全球对外直接投资的重要来源地，比重份额依然很大（见图4－1）。

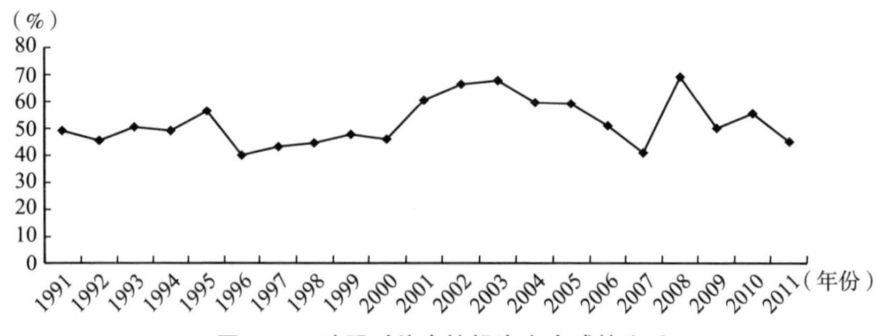

图4－1 欧盟对外直接投资占全球的比重

资料来源：UNCTAD：《世界投资报告》（1991~2012年）。

4.2.2　欧盟对华直接投资分析

从 1992 年以来，欧盟对华直接投资一直呈稳步上升趋势。

图 4－2 显示，尽管受全球性金融危机和经济大萧条的影响，欧盟对华直接投资额在 2006～2008 年也出现过下降，2009 年之后欧盟对华投资也逐渐稳步上升。2010 年增长至 55.69 亿美元，2011 年和 2012 年有一定滑落，但总体仍维持在 60 亿美元左右，远远高于危机前的水平。

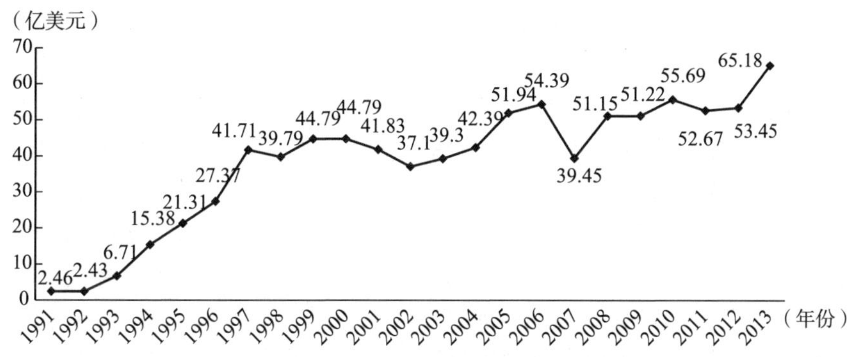

图 4－2　欧盟对华直接投资额变化情况

资料来源：UNCTAD：《世界投资报告》（1991～2013 年）；中国商务部，《中国外资统计(2013)》。

4.2.3　欧盟对华直接投资的特点

主要从欧盟对华直接投资的地区分布、来源国分布、产业分布等方面，进一步分析欧盟对华直接投资的主要特点。

1. 欧盟对华直接投资的地区分布

欧盟对华直接投资的地区分布不平衡，长期以来主要集中于东部沿海地区，对其他区域的投资很少。主要投向了江苏、上海、北京、广东，在这四个地区的直接投资额占欧盟对华直接投资总额的比重在大多数年份都超过了 6%，其合计一般占 48% 以上。加上天津、山东、浙江、辽宁等省份，接近 80%，相比之下，其他省份投资数额少。

2. 欧盟对华直接投资的来源国分布

欧盟的整体经济发展水平虽然较高，但各成员国之间仍存在明显的差异，这种差异也表现在对外直接投资上。因此，欧盟各成员国对华直接投资必然有多有少。由于2007年1月1日之后，新加入的成员国投资额非常小，表4-1仅统计了2007~2011年欧盟原15国的对华直接投资情况。

由表4-1可以看出，2007~2011年，对华直接投资额长期排在前五位的欧盟国家是英国、德国、荷兰、法国和意大利。其中，德国对华直接投资数额最大，发展也最为稳定，历年平均占欧盟15国对华直接投资总额的比重在20%左右。值得关注的是，荷兰国土面积不大，人口也不多，但是对华直接投资总额长期稳定占比在16%左右，十分接近德国的投资水平，属于欧盟对华投资额较多的国家，荷兰是欧盟国土面积较小国家中对华投资最有代表性的国家。法国对华直接投资额占欧盟15国对华直接投资总额的比重平均稳定在15%左右，其中2010年陡然上升至22.58%。英国对华直接投资额占欧盟15国对华直接投资总额的比重平均在15%左右，但其重要的特点是自2007年占21.65%以后，呈现逐年下降的态势，至2010年仅占11.8%，这一现象值得我们关注。意大利对华直接投资额占欧盟15国对华直接投资总额的比重一直在10%以下，而且近两年有一定幅度的下降。值得关注的是卢森堡，近年对华投资发展很快，2011年接近10%。需说明的是，欧盟新成员对华投资数额很少，近几年受金融危机和欧债危机的影响，经济发展比较低迷，纷纷出台各种政策加强与中国的经济和贸易往来，注重吸引中国企业到中东欧国家进行投资，我国的一些企业如华为、中兴通讯、长虹等纷纷在中东欧国家投资设厂，而中东欧国家来华投资的企业很少。

表4-1　2007~2011欧盟15国对华投资金额及占比　单位：万美元

国家	2007年		2008年		2009年		2010年		2011年	
	投资额	占比（%）	投资额	占比（%）	投资额	占比（%）	投资额	占比（%）	投资额	占比（%）
德国	73397	19.12	90049	18.03	121657	24.00	88840	16.20	112896	21.71
荷兰	61666	16.07	86216	17.26	74128	14.63	91449	16.68	76137	14.64
法国	45601	11.88	58775	11.77	65365	12.90	123820	22.58	76853	14.78
英国	83094	21.65	91401	18.30	67902	13.40	71032	12.95	58152	11.18

续表

国家	2007 年		2008 年		2009 年		2010 年		2011 年	
	投资额	占比（%）	投资额	占比（%）	投资额	占比（%）	投资额	占比（%）	投资额	占比（%）
意大利	34792	9.06	49326	9.88	35168	6.94	39609	7.22	38779	7.46
西班牙	21324	5.56	20890	4.18	30285	5.98	25449	4.64	27070	5.21
丹麦	12514	3.26	29376	5.88	31552	6.23	36537	6.66	18021	3.47
瑞典	12636	3.29	13917	2.79	32712	6.45	16105	2.94	17502	3.37
卢森堡	8246	2.15	13283	2.66	16060	3.17	24550	4.48	51450	9.89
爱尔兰	6103	1.59	19829	3.97	10125	2.00	6638	1.21	13091	2.52
奥地利	8234	2.15	13255	2.65	8857	1.75	12531	2.29	10478	2.01
芬兰	5589	1.46	5410	1.08	5294	1.04	6452	1.18	5949	1.14
比利时	9584	2.50	5586	1.12	5660	1.12	3838	0.70	12101	2.33
葡萄牙	823	0.21	829	0.17	1175	0.23	1058	0.19	1334	0.26
希腊	235	0.06	1309	0.26	897	0.18	451	0.08	215	0.04

资料来源：《中国统计年鉴》（2008～2012 年）。

由表 4－2 可以看出，2011～2015 年，也就是欧债危机爆发后的 5 年时间里，对华直接投资额长期排在前五位的欧盟国家有德国、法国、荷兰、英国、卢森堡和意大利。其中，德国对华直接投资数额最大，发展也最为稳定，历年平均占欧盟十五国对华直接投资总额的比重在 20% 左右。荷兰在欧洲债务危机爆发后的投资也明显增大，虽然和德国总的投资额相差比较大，但是考虑到荷兰属地少人寡的情况，其也算是欧盟成员国中经济发展比较好的国家了。法国对华直接投资额在欧债危机前和欧债危机后变化不是很大，占比约 15%。英国虽然作为老牌资本主义国家，但是其对华直接投资额占欧盟十五国对华直接投资总额的比重平均在 15% 左右，其投资占比总体上呈下降趋势。意大利对华直接投资额占欧盟十五国对华直接投资总额的比重一直在 10% 以下，伴随着欧洲债务危机的发生，其对华直接投资额和占比都是下降的。卢森堡在欧洲债务危机前对华直接投资发展相当快，但是随着债务危机爆发，其对外直接投资额波动起伏较大。欧洲对华直接投资来源国大部分集中在上边提到的五个国家。由此可见，欧盟对华投资的总额和每个来源国投资总额与欧盟整个经济发展状况有关也与个别国家的发展状况有关。随着中国开放程度的逐步加大以及欧盟政策的倾斜，中欧之间的贸易投资额将进一步增大。

表4-2　　2011~2015欧盟15国对华投资金额及占比　　单位：万美元

国家	2011年		2012年		2013年		2014年		2015年	
	投资额	占比（%）	投资额	占比（%）	投资额	占比（%）	投资额	占比（%）	投资额	占比（%）
德国	112896	21.71	146995	24.54	207844	31.69	207056	33.78	155636	22.79
荷兰	76137	14.64	114358	19.09	127477	19.44	63873	10.42	75179	11.01
法国	76853	14.78	66050	11.03	75189	11.46	71207	11.62	122390	17.92
英国	58152	11.18	40960	6.84	42194	6.43	73534	12.00	49648	7.27
意大利	38779	7.46	24576	4.10	31685	4.83	37200	6.07	24519	3.59
西班牙	27070	5.21	34717	5.80	31197	4.76	12829	2.09	63011	9.23
丹麦	18021	3.47	13048	2.18	36960	5.64	29054	4.74	10466	1.53
瑞典	17502	3.37	87280	14.57	20852	3.18	36194	5.91	52721	7.72
卢森堡	51450	9.89	22702	3.79	43256	6.60	12829	2.09	63011	9.23
爱尔兰	13091	2.52	11192	1.87	4324	0.66	40400	6.59	45157	6.61
奥地利	10478	2.01	22256	3.72	21341	3.25	10625	1.73	7842	1.15
芬兰	5949	1.14	10891	1.82	8961	1.37	6722	1.10	5432	7.95
比利时	12101	2.33	3821	0.64	3451	0.53	10823	1.77	7629	1.12
葡萄牙	1334	0.26	48	0.008	948	0.14	444	0.07	202	0.03
希腊	215	0.04	140	0.02	158	0.02	147	0.02	7	0.001

资料来源：《中国统计年鉴》（2012~2016年）。

3. 欧盟对华直接投资的产业分布

从表4-3来看，欧盟制造业无论从在华设立的分支机构的占比还是从对华直接的总额来看，都在85%左右，说明欧盟对华投资主要投向了制造业。

表4-3　　1979~2012年欧盟对华直接投资的产业分布情况

产业、部门	分支机构数		投资额	
	数量（个）	占比（%）	金额（亿美元）	占比（%）
农、牧、渔	9	1.91	0.95	2.10
采矿业	4	0.85	0.39	0.86
制造业	406	86.38	37.58	83.47

续表

产业、部门	分支机构数		投资额	
	数量（个）	占比（%）	金额（亿美元）	占比（%）
食品	42	8.94	3.46	7.69
纺织和服装	34	7.23	1.84	4.10
纸制品和木制品	17	3.62	1.92	4.27
化工、橡胶和塑料制品	85	18.09	8.92	19.82
皮革制品	19	4.04	0.23	0.52
非金属矿	39	2.20	3.61	8.02
碱金属	11	2.34	1.60	3.56
金属制品、机器、设备工业	61	12.98	4.85	10.76
电气、电子工业	52	11.06	4.84	10.75
运输机械工业	27	5.74	5.97	13.27
玩具、测量设备及相关行业	19	4.04	0.31	0.71
服务和贸易	51	10.85	6.10	13.57
运输和通讯	20	4.26	3.16	7.03
建筑业	8	1.70	0.52	1.16
金融、保险和固定资产	10	2.13	1.68	3.73
其他服务业	13	2.77	0.74	1.65
总计	470	100	45.02	100

资料来源：MOFTEC database of FIEs in China（1983－2012）。

欧盟制造业对华投资占绝对主导地位的原因主要与众多汽车公司在中国的投资有关。德国的大众（Volkswagen）、梅赛德斯－奔驰（Mercedes－Benz），瑞典的沃尔沃（Volvo），法国的标致（Peugeot）、雪铁龙（Citron）和雷诺（Renault），意大利的菲亚特（Fiat）等国家的汽车厂商早已进军中国市场，在中国投资设厂。其次是投向了化工、橡胶和塑料制品工业，占比接近20%；有接近14%分布在贸易和服务；运输机械工业、金属制品、机器和设备工业占近30%。其他如食品工业，有色金属工业和纺织和服装工业的投资占比都在10%以下，因此欧盟对华投资基本属于技术和资本密集型投资。

4. 欧盟对华直接投资同其他经济体的比较

自 2004 年开始，欧盟对华投资就一直超过美国成为我国的第三大投资来源，2004 ~2006 年是欧盟对华投资的一个高潮阶段，投资占比在 7% 左右。在 2006 ~2011 年欧盟在华投资占比一直超过美国和日本，是我国的第二大投资来源。这一方面体现了中国吸引境外直接投资的能力继续增强；另一方面也反映出在国际金融危机和全球经济衰退的背景下，欧盟在对华直接投资战略上采取了与美日两国不同的政策取向。但是 2012 年欧盟对华投资退居日本之后，位居我国投资来源地的第三位。这与欧债危机的影响有关（见表 4 -4）。

表 4 -4　重要经济体对华直接投资情况

年份	欧盟		美国		日本		中国香港	
	投资额（万美元）	占比（%）	投资额（万美元）	占比（%）	投资额（万美元）	占比（%）	投资额（万美元）	占比（%）
1992	24297	2. 21	51105	4. 64	70983	6. 45	750707	68. 20
1993	67124	2. 44	206312	7. 50	132410	4. 81	1727475	62. 78
1994	153769	4. 55	249080	7. 38	207529	6. 15	1966544	58. 24
1995	213131	5. 68	308301	8. 22	310846	8. 28	2006037	53. 47
1996	273706	6. 56	344333	8. 25	367935	8. 82	2067732	49. 56
1997	417115	9. 22	323915	7. 16	432647	9. 56	2063200	45. 59
1998	397869	8. 75	389844	8. 58	340036	7. 48	1850836	40. 71
1999	447906	11. 11	421586	10. 46	297308	7. 37	1636305	40. 58
2000	447946	11. 00	438389	10. 77	291585	7. 16	1549998	38. 07
2001	418270	8. 92	443322	9. 46	434842	9. 28	1671730	35. 66
2002	370982	7. 03	542392	10. 28	419009	7. 94	1786093	33. 86
2003	393031	7. 35	419851	7. 85	505419	9. 45	1770010	33. 08
2004	423904	6. 99	394095	6. 50	545157	8. 99	1899830	31. 33
2005	519378	7. 17	306123	4. 23	652977	9. 02	1794879	24. 79
2006	543947	7. 58	299995	4. 18	475941	6. 64	2130718	29. 71
2007	383838	4. 60	261623	3. 13	358922	4. 30	2770342	33. 17

续表

年份	欧盟		美国		日本		中国香港	
	投资额（万美元）	占比（%）	投资额（万美元）	占比（%）	投资额（万美元）	占比（%）	投资额（万美元）	占比（%）
2008	499451	4.61	294434	2.72	365235	3.37	4103640	37.89
2009	595200	6.61	357600	3.97	411700	4.57	5399300	60.0
2010	658900	6.23	405200	3.83	424200	4.01	6747400	63.8
2011	634800	5.47	299500	2.58	634800	5.47	7701100	66.4
2012	610700	5.47	313000	2.80	738000	6.61	7218900	63.8

资料来源：《中国外资统计》（1993～2012年）；2012年数据来源于中国商务部网站。

研究表明：欧盟原15国对华直接投资主要集中于制造业，其次分布在化工、橡胶和塑料制品、金属制品、机器和设备工业、电气等行业。欧盟国家向我国出口的这些行业的设备投资和技术类中间产品，是我国获取关键设备和先进技术的重要来源之一。欧盟对华投资企业多为资本密集型，单个项目投资金额较大，技术含量较高。2012年，欧盟对华直接投资的平均项目金额达360万美元，美国为228万美元，欧盟是美国的1.6倍；亚洲国家平均项目金额共481.33万美元。可见欧盟国家对华投资大多集中在一些高增长、对经济影响较大和带动链条较长的部门。在转让技术方面，欧资企业明显优于美资企业，更优于日资企业。欧盟的投资在增加我国国内资本的同时，能够通过技术转让、技术溢出等方式把先进的技术和管理经验带到我国，对我国进出口商品结构起到优化作用。

4.3　中国对欧盟直接投资状况

随着中国对外直接投资的迅速发展，投资范围的不断扩大，后危机时期的欧盟成为中国对外投资的重点地区。

4.3.1　投资规模

2003年中国对外直接投资净额为28.5亿美元，对欧洲投资额仅为

1.5 亿美元，仅占中国当年对外投资净额的 5.3%。另外，在中国对外直接投资净额流向的前十位国家中，欧盟未有一个国家位列其中；2003 年之后，中国对外投资迅速提升，于 2005 年突破 100 亿美元大关。2012 年中国对外直接投资净额为 878 亿美元，占世界流量的 6.3%，居世界第三位。截至 2015 年底，中国累计对欧盟直接投资 646.6 亿美元，中国对欧盟的投资流量为 54.8 亿美元，占流量总额的 5.9%，欧洲流量的 76%。

从图 4－3 中可以看出，中国对欧盟直接投资额呈上升趋势：2003～2008 年增长幅度小而平稳，平均增速为 55%。2008 年之前，中国每年对欧盟各成员国投资额均不足 10 亿美元。2008 年金融危机爆发后，受危机影响严重的国家采取货币贬值的政策，人民币被迫升值，虽然在一定程度上削弱了中国出口的竞争力，但给中国对外扩张提供了机遇。2008～2015 年中国对欧盟直接投资增速加快，平均增速为 65%，比前一阶段增长了 10 个百分点，反映了后危机时代中国企业对欧盟直接投资井喷式增长。

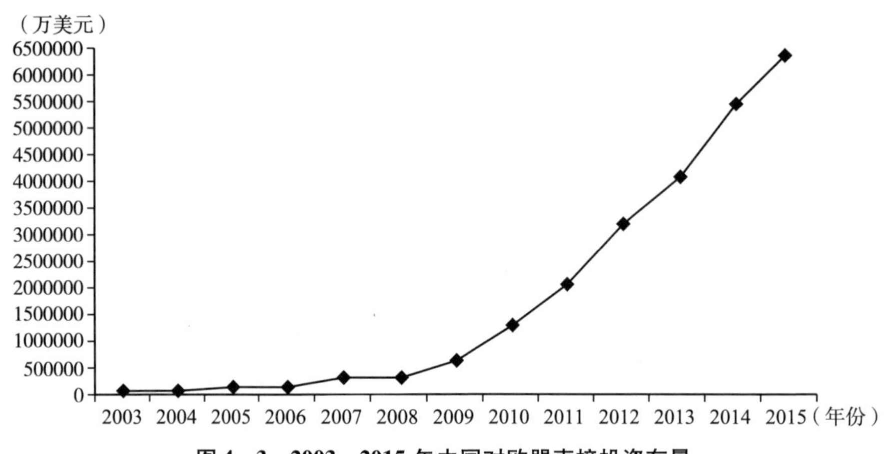

图 4－3　2003～2015 年中国对欧盟直接投资存量

资料来源：根据《中国对外直接投资公报》2004～2016 年数据整理。

4.3.2　投资地区

中国对欧盟各国投资分布不均匀，从存量上看，其投资西欧国家比例均高达 80% 以上，基本集中在英国、法国、德国和荷兰等原欧盟国家（见图 4－4）。对北欧国家的投资主要集中在瑞典，而东欧和南欧投资总比重不足 10%。2012 年末，中国对欧盟 90% 以上的投资存额（存量）集中在卢森堡、瑞典、德国、法国、荷兰和英国。其中，卢森堡因其避税地的原因吸收了中国对欧盟投资额的28.5%。总之，中国对欧投资总体上呈现从西北向东南递减，以荷兰为中心，环绕英国、法国、德国、瑞典等国家向欧盟其他国家辐射性投资的局势。

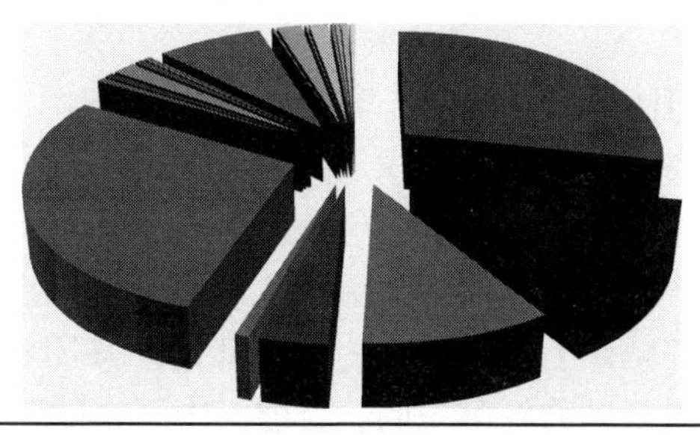

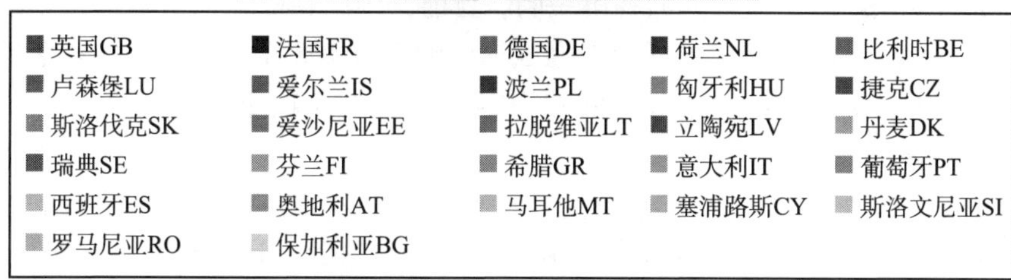

图4-4 2012年中国对欧盟27国投资存量分布情况

资料来源：世界银行 http：//data. worldbank. org. cn。

高效、全方位的覆盖欧盟统一大市场，需要选择适当的基点。这些基点需要具备高素质人才、高效的物流、完善的交通运输设施、创新环境和成本有效型的投资环境：（1）欧洲市场的门户——荷兰。荷兰物流网络发达，拥有欧洲第一大港口——鹿特丹港口，其年吞吐量占欧盟对外运输量的30%以上，中国对欧盟40%的投资是通过此港口进入欧洲的。（2）欧洲大市场的心脏——法国。法国是欧盟的第二大市场，在地理位置上有处于欧盟的中间地带，进入法国就等于进入了欧盟整个市场，这是吸引外商投资法国的重要原因之一。（3）欧洲大陆的桥梁——英国。英国拥有世界级的交通运输网络，提供了通向欧盟其他成员国的便利通道和通往世界其他地区的快速交通连接，因此，很多企业的总部均设在英国。另外，英国是欧洲经商最便利的国家，外国公司仅需要花费13天就可以在英国建立公司并开展相关业务，这远低于欧洲其他国家的平均水平（一般需要32天），故英国是世界创业障碍最少的国家之一。综上分析可以看出中国对欧盟投资布局具有一定的战略性。

总之，中国对欧盟投资较多的几个国家基本具有市场开放程度高、法律体系健全、基础设施完善、劳动力素质高、生产率高、极具竞争力的税收政策、创新能力高、在全球竞争力中排名较高等特点，吸引中国企业来欧盟投资。

4.3.3 投资方式

1. 并购模式

中国在欧盟的并购路上起步较晚，2001 年海尔集团收购盖蒂冰箱厂案是中国企业在欧盟展开并购的第一例。目前，中国在欧盟的并购数量不断增多。2008～2012 年，中国企业在欧洲收购项目 108 个，金额达 300 亿欧元。其中，中国在欧盟成员国的并购案数量达 48 例，占中国海外并购数目的 21%。

在并购主体上，中国的国有企业占了绝大多数。在 2008 年之后的五年里，中国在欧盟 78% 的投资是由国有企业实施的，且主要集中在金融、能源、交通和电信等行业。中国私营企业在欧并购中也有很大的进展。2008～2011 年，中国私营企业仅占中国在欧洲并购份额的 4%，2011～2013 年，其占比上升到 30%。另外，法国、英国、德国等国家成为中国在欧盟并购的首选目的国，主要集中在这些国家高科技和知识密集型产业的并购上。

在并购金额上，2010 年之后的连续两年中，欧洲均位居中国企业跨境并购的首位，且占中国对外并购交易的 1/3。其中，2011 年中国企业在欧洲的并购金额已超过 700 亿美元，同比增长了 9 倍。2012 年中国对欧盟成员国并购交易金额占中国对欧洲并购交易总额的 15%。其中，英国和德国是中国在欧盟并购投资金额最多的两个国家。由于遭受欧债危机较大的冲击，希腊、意大利和西班牙等多个国家开始出售或出租包括航空、地铁及国有能源公司等资产。另外，一些欧盟成员国开始对国有企业实施私有化，如希腊开始对制造业和基础设施等领域的国有企业实施私有化，葡萄牙对航空公司、铁路、邮政等企业实施私有化。这无疑给中国企业提供了良好的收购机遇。

2. 绿地投资模式

中国企业对外直接投资的另一种模式是绿地投资，它一般适用于拥有垄断性资源的投资企业或者经济落后、工业化程度较低的东道国。2004 年新加入欧盟的大多数成员国经济相对落后，工业不发达，中国的某些产业发展水平要优于这些国家，具有投资优势，以家电产业为例：中国是世界上的电器生产大国，有些指标并不比意大利、德国及荷兰等欧洲厂商差，故在欧盟市场上有一定的竞争优势。新加入欧盟的中东欧成员国基本不能生产家电，对家电有很大的市场需求。所以，有些制造企业在中东欧地区进行绿地投资。如长虹在捷克建立了家电研发机构和生产基地。另外，一些大型企业在欧盟发达地区进行绿地投资主要是为了获得核心技术。如海尔、宝钢、华为、中远、三一重工等都在德国进行绿地投资；中兴通讯在瑞典建立了其在欧洲首个研发中心；长安公司在意大利成立欧洲设计中心。

4.3.4　投资产业

目前，中国对欧盟国家投资已从租赁和商业服务业、制造业、采矿业发展到金融业、交通运输业、教育、信息传输、软件和信息技术服务业等多种行业，投资领域不断扩大（见表 4－5）。

表 4－5　2014 年中国对欧盟直接投资的主要行业

行业	流量（万美元）	比重（%）	存量（万美元）	比重（%）
租赁和商业服务业	423041	43.2	1490329	27.5
金融业	84812	8.7	1275714	16.2
制造业	128584	13.1	877439	16.2
采矿业	87278	8.9	510205	9.4
批发和零售业	76990	7.9	497150	9.2
交通运输、仓储和邮政业	4455	0.5	124716	2.3
科学研究和技术服务业	24318	2.5	95631	1.7
电力、热力、燃气及水的生产和供应业	3948	0.4	75212	1.4
农、林、牧、渔业	16757	1.7	40364	0.7

续表

行业	流量（万美元）	比重（%）	存量（万美元）	比重（%）
房地产业	99697	10.2	238398	4.4
住宿和餐饮业	2884	0.3	36493	0.7
建筑业	4074	0.4	101509	1.9
教育	100	—	9696	0.2
信息传输、软件和信息技术服务业	1535	0.2	15195	0.3
居民服务、修理和其他服务业	17645	1.8	26996	0.5
文化体育和娱乐业	2369	0.2	5648	0.1
其他	229	0.0	345	0.0
合计	978716	100.0	5421040	100.0

资料来源：《2015 年中国对外直接投资统计公报》。

从流量上看，2014 年，中国对欧盟投资的行业分布中，租赁和商业服务业投资额达 423041 万美元，占比高达 43.2%，主要分布在卢森堡、英国、荷兰、爱尔兰、波兰等国家。其次为制造业投资额 128584 万美元，占比 13.1%，主要分布在德国、法国、意大利、丹麦等国家。位居第三的是房地产业，投资额为 99697 万美元，占比为 10.2%，主要分布在英国、德国、卢森堡、意大利、法国、匈牙利、爱尔兰等。采矿业投资额为 87278 万美元，占比 8.9%，主要分布在荷兰、卢森堡、比利时等国家。金融业投资额为 84812 万美元，占比 8.7%，主要分布在英国、德国、法国、丹麦、匈牙利等国家。批发和零售业投资额达到 76990 万美元，占比重为 7.9%，主要分布在荷兰、德国、卢森堡、英国、比利时等国家。2014 年中国对欧盟投资的行业比重与 2013 年相比有所改变，其中，租赁和商务服务业投资比重由 2013 年 14.9% 的占比猛增加到 2014 年的 43.2% 的比重，由于租赁和商务服务业的投资比重占比太大，但从比重上来说金融业和制造业的比重是下降的，但是对金融业和制造业的投资力度一直在加大。

从存量上看，中国对欧盟投资前四大行业分别是租赁和商业服务业、金融业、制造业和采矿业，四大行业投资额占总投资额比重的 69.3%，相比 2013 年的 77.7% 的比重，显然是有所下降的，这也间接地说明了中国对欧盟各行业的直接投资不再局限于几个行业，转而寻求更加全面的投资，投资基本集中在原欧盟国家。另外，2014 年中国逐渐加大在教育行业和信息传输、软件和信息技术服务业的投资力度。

4.4　中国对欧盟国家直接投资动因

4.4.1　中国对欧盟投资动因理论分析

1. 市场寻求型

市场寻求型几乎是研究对外投资动因中必须考虑的一项，大多数文章在涉及市场寻求型时基本只考虑东道国市场的规模，看其国内消费水平。但事实上很多投资企业不仅关注东道国的市场规模，而且也关注东道国与周边国家的联系，实现以东道国为基点，进一步向其他国家辐射的一种销售局面。另外，通过海外投资来满足国内市场的要素市场需求，也是市场寻求型的间接表现。因此，本书将通过东道国市场规模、欧盟大市场和中国市场规模对市场寻求型动机进行分析。

（1）从东道国的规模来看，东道国市场规模往往成为企业投资所考虑的重要因素。目前，中国的服装、纺织、家电等行业面临产能过剩、国内市场日益饱和以及国际贸易壁垒日益增多的形势，使这些企业不得不寻求海外市场，扩大销售渠道。研究显示，中国企业主要投资于西欧地区的一些国家，2012 年欧盟成员国 GDP 规模排名靠前的国家有德国、法国、英国、意大利和西班牙，其 GDP 总量均超过 1 万亿美元。这表明这些国家具有较高的消费水平，市场潜力相对较大。

（2）从欧盟统一大市场来看，很多投资欧盟的企业的战略目标是通过投资目的国和欧盟成员国之间市场的便利性来占领欧洲大市场。欧盟作为世界第一大经济体，总人口超过 5 亿人，其中，欧盟人口排名前五位的国家分别是德国、法国、英国、意大利和西班牙，其均是中国对欧盟投资较多的国家。除人口优势外，欧盟 GDP 总量于 2012 年超过美国，消费规模超过日本的 3 倍。欧盟的市场规模相当可观。

（3）从中国市场规模来看，中国是人口大国，2012 年，中国 GDP 总量就超过 8 万亿美元，国外众多企业都把中国看作一个有诱惑力的市场。

虽然国内一些行业出现生产力过剩、国内市场日益饱和等现象，但仍有相关领域处于供不应求的局面，如石油等能源行业。从中国国内已探明的石油存储量来看，中国大部分油田资源将在50年后逐渐枯竭。所以，中国企业海外能源投资有利于缓解中国市场供需压力，保障国家能源安全。对外直接投资行为的最终目的是满足中国市场的需求，可以理解为间接的市场追求动因。

因此，中国企业投资欧盟的市场动因不仅局限在欧盟个别成员国及欧盟大市场，有时是利用欧盟平台更好地为中国市场服务，扩大在国内的市场占有率。因此，在进行市场导向型动因的实证分析时，将用东道国规模、东道国与其他欧盟成员国之间的贸易和中国对欧盟的进口三个指标来衡量中国对欧盟直接投资市场追求型动因。

2. 资源寻求型

自然资源寻求型是指跨国公司为了保证生产所需的自然资源供应的稳定而进行的投资，本书所指的资源主要是自然资源。

能源关系到一国的国民经济，是一国经济正常运转的基础。随着中国经济快速发展，其对能源的需求也在不断加大。自1992年以来，中国能源消费量已远远超过生产量，煤炭和石油消费量占据能源消费总量的80%以上，到2012年中国已成为世界最大能源消费国，国内能源已不足以维持经济的发展，因此寻求海外能源是中国亟待解决的问题，是中国对外直接投资的重要动机之一。

西方发达国家工业起步较早，工业的发展需要消耗大量能源和自然资源，因此，西方很多国家通过跨国投资寻求各自发展所需的资源，对全球资源进行控制与垄断。

在能源方面，石油作为传统能源，其在世界能源消费占比中大幅下降，但与天然气、水电、核电等清洁能源相比，仍占有绝对支配地位，具有重大的经济战略价值，是大多数国家首选的能源品种。石油资源在全球分布不均匀，其主要集中在非洲、中亚、中东、俄罗斯等地区。其中，中东地区石油剩余探明储量占世界的49%，而石油消费只占世界的6.1%；作为世界石油消费“三大中心”的北美、欧洲和亚太地区的总储量仅占世界的10%左右，却消费了世界石油产量的80%左右。这种能源分布与消费不合理的布局造成了石油资源的供求矛盾。另外，石油丰富的地区往往集中在经济欠发达国家，能源勘探技术及设备均比较落后，西方发达国家的石油公司凭借高勘探开采技术在国外进行能源投资，在全球范围内迅速占有或控制优质资源。例如美国的埃克森美孚公司在25个国家共有45个炼油厂，同时在全球拥有3.7万多座加油站，每年在150多个国家销售大约2800万吨石化产品。另外，罗马尼亚石油储量在欧洲排名第四，2013年其石油产量为386.73万吨，天然气860.2万吨。罗马尼亚重要的石化企业有Petrom公司、Rompetrol公司、Lukoil公司，多为外资控股。

在矿产资源方面，以铀矿为例。世界第一铀矿生产大国哈萨克斯坦铀储量占世界铀矿总产量的38%，非洲的纳米尼亚、马拉维、南非和尼日尔的铀矿产量占世界铀矿总产量的18.54%，居世界铀矿产量的前列。然而发达国家的矿业巨头早已垄断了世界80%以上铀矿。

因此，拥有丰富自然资源的国家并不一定掌控自然资源的话语权，研究中国对外直接投资寻求资源动机不仅要看被投资国能源与矿产资源是否相对充裕，而且要看其海外资源投资力度。海外资源投资力度越大，说明对全球资源控制能力越强。投资国以东道国为资源投资平台，通过并购等方式获得东道国能源型公司的股权，进而达到获取东道国以外国家能源与矿产资源的目的。

首先，从东道国资源的丰裕度来看，欧盟能源和矿产资源在各成员国的分布不均匀，有的国家自然资源比较贫乏，资源需求主要依赖进口，如比利时、卢森堡、奥地利等。有的国家资源较丰富，个别资源出口量位居世界前列，如英国北海大陆架油气资源丰富，海底石油藏量仅次于波斯湾和马拉开湾而位居世界第三位，石油蕴藏量约在10亿~40亿吨，天然气蕴藏量约在8600亿~25850亿立方米；波兰拥有丰富的矿产资源，铜、煤、银、硫黄的产量和出口量居世界前列，硬煤储量可供开采154年；瑞典是欧洲最大的铁矿砂出口国，已探明铁矿储量36.5亿吨，铀矿储量达25万~30万吨；罗马尼亚在康斯坦萨港以东200公里黑海里发现了较丰富的石油，天然气储量约1092亿立方米。

其次，从东道国海外能源和矿产投资力度来看，英国、荷兰、法国、丹麦、意大利、西班牙和罗马尼亚等国在采矿业和石油、天然气提取与开采方面的投资额较大，主要是因为这些国家均拥有世界排名前50的石油公司，如意大利埃尼集团、英国的BP公司和英国天然气公司、西班牙雷普索尔-YPF集团、荷兰的皇家壳牌集团、法国的道达尔公司等。其中，英国在石油和天然气能源方面的对外投资居欧盟之首，在2006~2008年每年对石油、天然气能源的海外投资均高达12亿欧元，对采矿业海外投资额每年均超过15亿欧元。资产并购是能源公司对外投资扩大经营规模的一种重要方式，中石化、中海油和中国石油天然气集团于2012年对外并购资产金额高达305亿美元。如2003年3月，中国海洋石油有限公司（中海油）以6.9亿美元收购英国天然气国际有限公司在哈萨克斯坦里海北部项目8.33%的权益；2011年中石化收购葡萄牙最大的综合能源公司Galp巴西公司及对应的荷兰服务公司30%的股权。

所以，一国对外投资寻求资源动机不仅来源于被投资国国内丰富的资源，而且还看重此国在海外资源的拥有与控制力，以此为出发点进一步扩大资源寻求范围。因此，在进行资源寻求型动因的实证分析时，将选取东道国资源丰裕度和海外能源投资力度两个指标衡量中国对欧盟直接投资的资源追求动因。

3. 战略资产寻求型

战略资产寻求型是指跨国公司为获取具有长期竞争优势的资产而进行投资，其中，本章主要涉及的是技术产权等方面的资产。

改革开放后，中国在经济快速发展过程中盲目追求GDP量的增长，造成对资源的过度消耗。因此，为了促进国民经济又好又快的发展，就要调整经济结构，转变发展方式，推动产业结构升级。创新能力是转变经济发展方式的中心环节，通过运用先进技术改造传统产业，全面提高产业技术水平。以技术寻求为主要动机的对外直接投资往往会产生反向技术溢出效应，其主要表现在技术落后企业可以通过对外投资获取东道国的特有技术，从而吸纳技术升级。因此，战略资产寻求型海外投资对中国的创新能力和产业结构升级具有重要意义。

中国企业可以通过两种方式来寻求欧盟战略性资产。一种方式是通过在被投资国家设立研发机构，利用当地的技术信息、人力资本、市场环境等有利条件自主研发或与其他企业合作开发新产品、新技术。这种方式对被投资国的科研创新能力有较高的要求。对于创新能力，欧盟将除克罗地亚外的其他27个成员国分为四类。瑞典、德国、丹麦、芬兰被称为“创新领先者”；荷兰、法国、英国、卢森堡、比利时、塞浦路斯、奥地利、爱沙尼亚、爱尔兰、斯洛文尼亚被称为“创新跟随者”；意大利、葡萄牙、西班牙、捷克、斯洛伐克、希腊、匈牙利、马耳他、立陶宛被称为“中等创新者”；剩余的成员国被称为“适度创新者”。其中，“创新领先者”在知识产权、研发能力、人力资源等方面的实力雄厚，瑞典和德国表现尤为突出。瑞典是全球最具创新能力的国家之一，在研发体系、知识资产等方面占有优势，大幅领先欧盟平均水平。瑞典在信息通讯、环保、清洁能源等领域研发实力强，人均拥有发明专利和专利申请位于世界前列。近年，瑞典研发投资约占 GDP 的 4%，是全球研发投入最大的国家之一。其中，企业 R&D 投入占 GDP 的比重为 2.7%，企业人均 R&D 投入仅次于美国，位于世界第二；德国在知识资产、创新者方面占有优势，汽车工业方面尤为突出，已拥有 3600 多项专利，处于世界领先水平。2012 年，德国汽车企业研发投入约 161.6 亿欧元，同比增加 2.1%，占整个工业研发投入的 1/3。中国每 5 辆售出新车中，就有 1 辆是德国品牌。德国第二大研发投入领域是位于汽车产业下游的电子电气工业，其每年的研发投入约占德国工业总研发投入的 1/5，年投入超过 100 亿欧元。另外，在化工方面，德国容纳了 43.7 万高素质的就业人员，由 58 所大学的化工系、68 所化工研究机构等提供化学研究，保持了德国在化工方面的优势。

另一种方式是通过兼并和收购海外企业，直接获取现有技术和人力资源等要素，为投资国所使用，以吉利并购沃尔沃为例进行说明。2010 年 3 月，吉利并购了沃尔沃 100% 的股权。这一成功的并购，让吉利获得了沃尔沃的制造设施、知识产权以及海外经销网络，大大提升了吉利在汽车产业上的竞争力。这次并购对我国汽车产业具有重大意义，其不仅能推动我国自主创新能力、提高技术水平，而且解决了我国汽车行业知识产权方面的问题，有利于我国汽车产品在欧美等市场的扩张。在我国权威机构公布的中国企业投资欧盟的问卷调查结果中也显示中国企业投资欧盟的一个原因是利用当地的知识产权和研发资源，说明战略资产寻求型是中国对欧盟投资的重要动因。

4. 效率寻求型

效率寻求型是指跨国公司为提高生产经营效率而进行的投资，其中，本书的效率寻求型主要涉及劳动力成本。

根据欧盟统计年鉴数据显示，在欧盟除克罗地亚外的其他 27 个成员国中，保加利亚的工资水平最低，每小时 3.7 欧元；而中国大陆每小时工资为 0.8 美元（约合人民币 5 元），欧盟劳动力成本远超过中国工资水平。另外，除了丹麦、德国、意大利、塞浦路斯、奥地利、芬兰和瑞典七个国家外，欧盟其他成员国均通过立法形式规定了最低工资水平。各成员国制定的最低工资水平并不相同，制定最低工资水准最低的国家是保加利亚，每月最低支付174欧元，最高的国家是卢森堡，每月最低支付1921欧元。因此，低工资水平并不是中国投资欧盟的主要动机。

4.4.2 中国对欧盟直接投资动因的定量分析

通过利用欧盟27个成员国的面板数据对中国对欧盟直接投资动因进行实证研究，所选用的数据主要来自于欧盟统计局、中国统计年鉴、中国对外直接投资统计公报等（所选的研究对象是除克罗地亚外的其他27个欧盟成员国）。由于克罗地亚于2012年加入欧盟，鉴于时间较晚，故将其舍去；所选用数据的时间是从2003～2012年，主要原因是欧盟27个成员国加入欧盟的时间不同：欧盟原15国于1995年以前纷纷加入欧盟，欧盟在此之后又不断东扩，分别于2004年和2007年新增了12个成员国。为了确保面板数据量，本章选取2003～2012年的数据作为实证样本。

1. 基于基本因素的实证分析

中国对欧盟直接投资动因的定性分析为选取影响投资动因的基本因素做了很好的理论说明，这里的基本因素主要是指不包含宏观方面的因素。

（1）模型设定。本章使用2003～2012年中国对欧盟27个成员国投资存量作为被解释变量，根据中国对欧盟直接投资动因的定性分析选取的解释变量如下：

一是，市场寻求型变量。

第一个变量选取欧盟27国人均GDP（PGDP）作为东道国市场规模的代理变量。在这里不选GDP作为其衡量标准的原因是GDP相对人均GDP的误差要大一些。当东道国人口数量较多时，GDP不能准确地衡量一国实际的市场规模；第二个变量选取各成员国在欧盟27国内部的进出口贸易额（TREU）作为欧盟市场规模的代理变量。选取这个变量主要是因为欧盟大市场的流通性较强，这意味着中国在东道国投资活动可以较容易渗透到其他成员国中。所以，中国企业在欧盟国家进行投资时，可能看重的不只是东道国的市场规模，而且是以东道国为基点的整个欧盟市场；第三个变量选取中国对欧盟成员国的进口额（IM）作为向中国市场提供服务的代理变量。很多文章在研究市场追求型的投资动因时往往只局限在国外市场，而忽略了向本国市场进行的反转性投资。

二是，资源寻求型的变量。

第一个变量选取欧盟各国原料与矿产出口额在各国总出口额的比重（RAW）作为衡量欧盟各成员国资源禀赋的代理变量，反映欧盟各国资源丰裕度；第二个变量选取欧盟各国海外矿产和能源投资额（ORAW）作为衡量欧盟对全球资源控制力度的代理变量。这表明中国对欧盟投资的资源寻求动机并不局限在本国资源，而可能凭借东道国对国际资源的垄断或控制力，兼并或收购东道国知名能源企业扩大对全球资源的寻求范围。

三是，战略资产寻求型的变量。

有超过1/3的中国企业投资欧盟的动机是为了获取欧盟的研发资源和知识产权。本书将选取欧盟各国研发支出占GDP的比例（R&D）作为测度欧盟国家技术发展水平的代理变量，反映欧盟国家的科技水平。

四是，效率寻求型的变量。

人均国民收入（PGNI）是衡量效率追求型的较好的指标，其原因主要有两个方面：首先，人均国民收入反映劳动力素质与技能水平，高素质劳动力的工作效率较高；其次，人均国民收入高表明劳动力成本也相对较高。

具体变量解释及数据来源如表4-6所示。

表4-6　　变量说明及数据来源

变量	变量说明	数据来源
OFDI	中国对欧盟各国直接投资存量	2012年中国对外直接投资统计公报
PGDP	欧盟各国人均GDP	世界发展指数
IM	中国对欧盟各国的进口额	2013年中国统计年鉴
TREU	欧盟成员国内部贸易额	Eurostat
RAW	欧盟各国矿产和原材料出口额占各国贸易出口总额的比重	Eurostat
ORAW	欧盟各国海外矿产和能源投资额	Eurostat
R&D	欧盟各国研发支出占GDP的比例	世界发展指数
PGNI	欧盟各国人均国民收入	世界发展指数
EX	中国对欧盟各国的出口额	2013年中国统计年鉴

最终确定中国对欧盟直接投资动因的模型为：

$$OFDI_{i,t} = \beta_0 + \beta_1 PGDP_{i,t} + \beta_2 IM_{i,t} + \beta_3 TREU_{i,t} + \beta_4 RAW_{i,t} + \beta_5 ORAW_{i,t} + \beta_6 R\&D_{i,t} + \beta_7 PGNI_{i,t} + \beta_8 EX_{i,t} + u_{i,t} \quad (4-1)$$

（2）模型检验。由于涉及27个国家10年的观测数据，本章采用面板数据模型进行分析。为了避免出现虚拟回归问题，要对面板数据做平稳性检验和协整检验来选取影响中国对欧盟直接投资的因素。

①变量平稳性检验。在做协整检验之前，首先要检验模型中所有变量的平稳性与单整性。为了提高准确性，本章采取ADF、PP两种方法对模型所有变量及其一阶差分进行平稳性检验。从表4－7中看，所有变量的原始数据均不平稳，在进行一阶差分后，所有变量均为平稳序列，即模型中的变量均为平稳I（1）序列。

表4－7　变量平稳性检验

变量	模型设定	ADF	置信概率	PP	置信概率	检验结果
OFDI	C，N，1	10.366	1.0000	8.472	1.0000	不平稳
PGDP	C，N，1	64.573	0.1537	139.482	0.0000	不平稳
IM	C，N，1	22.621	0.9999	23.811	0.9999	不平稳
TREU	C，N，1	61.455	0.2265	75.409	0.0287	不平稳
RAW	C，N，1	57.947	0.3319	58.282	0.3208	不平稳
ORAW	C，N，1	69.981	0.0129	41.426	0.6640	不平稳
R&D	C，N，1	41.053	0.9026	29.142	0.9977	不平稳
PGNI	C，N，1	53.101	0.5091	103.917	0.0001	不平稳
EX	C，N，1	33.086	0.9889	50.198	0.6218	不平稳
Δ(OFDI)	C，N，1	89.921	0.0016	110.0672	0.0000	平稳
Δ(PGDP)	C，N，1	88.040	0.0024	86.105	0.0036	平稳
Δ(IM)	C，N，1	120.520	0.0000	140.002	0.0000	平稳
Δ(TREU)	C，N，1	157.417	0.0000	189.146	0.0000	平稳
Δ(RAW)	C，N，1	177.526	0.0000	210.861	0.0000	平稳
Δ(ORAW)	C，N，1	136.487	0.0000	105.441	0.0000	平稳
Δ(R&D)	C，N，1	107.096	0.0000	127.354	0.0000	平稳
Δ(PGNI)	C，N，1	97.052	0.0003	114.313	0.0000	平稳
Δ(EX)	C，N，1	155.481	0.0000	183.558	0.0000	平稳

注：（c，t，k）分别表示单位根检验方程中包括截距项、趋势项和滞后阶数。N表示无截距项或趋势项，数字表示滞后期。

②变量的协整性检验。对变量进行平稳性检验后得出各变量之间是同阶单整，下面将根据 Engle and Granger（EG）两步法，对 OFDI 与影响中国对东盟直接投资的因素进行协整分析，检验变量间是否存在长期均衡的关系（见表4－8）。因此，首先要对已建立的面板数据模型进行回归。

表4－8　　中国对欧盟直接投资的决定性因素

检验结果／解释变量	OFDI	
	固定效应	随机效应
C	126.470（2.5890***）	106.071（3.3429***）
PGDP	11.6346（7.0454***）	8.2957（6.9160***）
IM	0.4699（0.6502）	1.2218（1.9120*）
TREU	－0.8513（－3.5021***）	－0.3440（－3.7538***）
RAW	0.0643（0.6834）	0.0280（0.3836）
ORAW	－0.8656（－4.9687***）	1.2218（1.9120***）
R&D	－1.4724（－0.5664）	－1.0876（－1.1262）
PGNI	－13.7330（－4.7557***）	－11.5374（－4.9487***）
EX	8.2301（5.3495***）	6.7413（6.0895***）
Adjusted R^2	0.4807	0.3179
Hausman Stat	33.5157 > χ20.01（8）	

注：***、*分别表示在1%、10%显著性水平下拒绝原假设，回归利用 Eviews 6.0 实现。

比较随机效应模型和固定效应模型，Hauseman 检验可以在统计意义上拒绝其中一个模型。Hauseman 统计量的值是 33.5157，伴随概率为 0.0000，拒绝随机模型的原假设，应建立个体固定效应模型。

经过 Hauseman 检验，模型确定为固定效应模型。在固定效应模型与 OLS 模型估计对比中，可以直接根据固定效应估计的 F 值来判断个体效应是否显著，从而在个体固定效应模型和混合回归模型中做出选择。设：

H_0：模型中不同个体的截距项相同（混合模型）

H_1：模型中不同个体的截距不同（个体固定效应模型）

F 统计量定义为：

$$F=\frac{(SSEr-SSEu)/[(NT-k-1)-(NT-N-k)]}{SSEu/(NT-N-k)}=\frac{(SSEr-SSEu)/(N-1)}{SSEu/(NT-N-k)}$$

其中，$SSEr$ 表示混合估计模型中的残差平方和，$SSEu$ 表示个体固定效应模型的残差平方和。通过计算得出 F 统计量的值为 7.7354，查 F 分布表对比可知，F 值大于 1% 置信水平下的同分布临界值，应拒绝原假设。因此，比较上述两种模型，建立个体固定效应模型更为合理。故本章确定的模型为：

$$\begin{aligned} OFDI_{i,t} = {} & 126.470 + 11.6346PGDP_{i,t} + 0.4699IM_{i,t} - 0.8513TREU_{i,t} \\ & + 0.0643RAW_{i,t} - 0.8656ORAW_{i,t} - 1.4724R\&D_{i,t} \\ & - 13.7330PGNI_{i,t} + 8.2301EX_{i,t} + u_{i,t} \end{aligned}$$

进而有：

$$\begin{aligned} u_{i,t} = {} & OFDI_{i,t} - 126.470 - 11.6346PGDP_{i,t} - 0.4699M_{i,t} + 0.8513TREU_{i,t} \\ & - 0.0643RAW_{i,t} + 0.8656ORAW_{i,t} + 1.4724R\&D_{i,t} \\ & + 13.7330PGNI_{i,t} - 8.2301EX_{i,t} \end{aligned}$$

根据 EG 两步法要求，若所得残差 $u_{i,t}$ 具有平稳性，则说明该模型所含变量间存在协整关系，即该方程在长期上是有效的。本章采取 ADF 和 PP 两种方法对残差 $u_{i,t}$ 进行单位根检验，检验结果如表 4-9 所示。

表 4-9　　残差单位根检验

变量	模型设定	ADF 值	置信概率	PP 值	置信概率	检验结果
$u_{i,t}$	C，N，0	103.294	0.0001	108.752	0.0000	平稳

检验结果显示残差是平稳的，表明模型变量之间存在长期稳定的“均衡”关系，即长期内 $PGDP_{i,t}$、$TREU_{i,t}$、$ORAW_{i,t}t$、$PGNI_{i,t}$、$EX_{i,t}$对 $OFDI_{i,t}$ 影响是显著的，而 $IM_{i,t}$、$R\&D_{i,t}$、RAW_i 对 $OFDI_{i,t}$影响不显著。也就是说长期内欧盟成员国的经济规模与人均国民收入、成员国内部的贸易额、东道国海外资源投资额和中国对欧盟国家贸易出口额对中国投资欧盟具有显著影响。而中国对欧盟的进口额、技术水平和自然资源的禀赋不能成为中国对欧盟国家投资的主要原因。

（3）回归结果分析。通过对 2003～2012 年欧盟 27 国的面板数据按公式（4-1）进行最小二乘方法进行回归得到欧盟 27 国为整体考察的固定效应估计结果，研究结论如下：

①市场寻求型变量分析。市场寻求型的四个影响变量中除了 IM 对欧盟直接投资的影响不明显外，其他三个变量影响均显著。

第一，中国对欧盟直接投资与东道国人均 GDP 呈正相关关系，并且通过1%的显著性检验，这表明该变量对于被解释变量的影响程度较强，与前面报告的问卷调查中显示的投资动机是一致的。从边际消费倾向角度上看，人均国民收入增加会导致居民消费水平的增加。人均国民收入越高表明该国的消费力越强，市场需求和潜力越大，这必然会吸引中国加大对东道国的直接投资。中国企业在欧盟的投资主要集中在德国、法国、意大利、荷兰和英国等国家，而这些国家每年的人均国民收入均位居欧盟国家前列，可见市场存在较大需求和潜力。

第二，中国对欧盟进口额对中国对欧盟投资动因影响不突出，其原因可能是中国对欧盟的进口额不足以完全解释中国企业投资欧盟逆向服务中国市场的动机，投资企业可能以非贸易形式服务中国市场。比如，随着中国对外直接投资净额不断增加，客户国际化动机使得中资银行业纷纷在境外设立分支机构以便为国内客户提供更好、更全面、更国际化的服务。

第三，欧盟成员国内部贸易活动对中国对欧盟 FDI 的影响是显著的，但产生的作用效果与预期大不相同，成员国在欧盟内部贸易活动与中国对欧投资额呈负相关关系。欧盟统一大市场中最鲜明的特征之一是商品、资本、人员、服务自由流通，这意味着进入东道国后不仅可以利用东道国市场，还可以通过便利的流动性扩展东道国周围市场。流动性的大小也取决于东道国交通和通信网络的发达程度。为了能进入整个欧洲市场，投资法国将是一个很好的选择。因为法国的交通设施相当完善，仅需几个小时就可以到达其他成员国①。另外，产生这种实证结果也可能是因为东道国的地理位置，与其他成员国间的经贸关系及文化相似度等也会影响一国在区域内的活动。

第四，中国对欧盟出口额对中国投资欧盟有明显的促进作用。出口推动对外直接投资的原因有两个：一是，出口产品在海外有较大的市场占有率且发展为知名的品牌时，表明国外市场具有很大的发展空间。在了解国外市场的基础上将出口转为对外投资。二是，随着中国对外贸易规模的扩大和出口竞争不断增强，外国政府对中国的出口贸易所设置的壁垒越来越多，如欧盟对中国铝箔、铸铁搪瓷浴盆、光伏玻璃、大口径无缝钢管等很多出口商品进行反倾销调查。中国出口企业为了避开贸易保护障碍进而选择进行对外投资。

②资源寻求型变量分析。资源寻求型的两个变量中自然资源禀赋 RAW

---

①　亚历山大·卡泰伯：《从欧债危机到中欧全新战略合作关系》，载《人民日报（海外版）》2012年9月20日。

对中国投资的影响是正的，但没有通过显著性检验。正如前面分析中所述，欧盟国家中大部分是发达国家，工业起步比较早，对能源的需求很大，很多能源依赖进口。虽然国内某些矿产和能源较为丰富，但成员国在天然气、电力、水利等战略领域对外国投资存在限制，并建立了严格的跨境审查机制，如意大利要求对通信、能源等重要战略活动建立资产评估制度。这些限制措施阻碍了中国企业对能源产业方面的投资。中国作为世界能源消费第一大国，对资源的寻求大部分集中在非洲和拉美等地区，故中国对寻求欧盟能源方面动机较弱。

另外，欧盟海外能源投资活动 ORAW 对中国投资影响显著，两者呈负相关关系，在世界 50 家最大的石油公司排名中，欧盟公司占据了 7 个名额，这些大型跨国公司在海外大范围的投资建厂，如皇家壳牌石油公司在全球 140 多个国家和地区拥有分公司或业务。中国通过收购和兼并相关能源公司时，投资资金可能没有直接流入欧盟国家，而是流入这些公司的海外分支机构。除此之外，一些重大的能源项目一般由很多大型跨国公司控制，故并购过程较为复杂，往往造成并购失败。在中石化和中海油收购英国天然气公司在哈萨克斯坦里海北部项目的案例中，由于该项目是由英国天然气国际公司、埃克森－美孚、壳牌、道达尔等知名石油公司共同持有的，所以，在英国天然气国际公司放弃该项目的股权时，其他石油公司使用优先购买权来购买此股份，从而使得中国两家石油公司最终未能成功收购里海项目。

③战略资产寻求型变量分析。各国研发支出水平对中国对欧盟直接投资影响不显著，其原因可能是中国 R&D 投入水平要落后于欧盟主要投资成员国（英国、法国、德国、荷兰、瑞典等国），即中国与这些国家之间存在技术差距。

从图 4－5 中看，2003～2012 年，中国在 R&D 投入水平有不断上升的趋势，但在 2008 年之前，中国整体的 R&D 投入水平均在主要投资国 R&D 投入水平之下，与瑞典、德国和法国三个国家的差距尤为突出。2008 年之后，随着中国创新能力的不断积累与提高，中国与荷兰、英国在 R&D 投入上的差距在缩短，并且在 2010 年超过英国 R&D 投入水平。但与瑞典、德国、法国的 R&D 投入水平相比，仍然存在很大的差距。过大的技术差距意味着我国企业技术积累差，学习模仿先进技术能力不足，阻碍了我国对外直接投资战略寻求型动机的实现。与欧盟各国大多数企业相比，我国企业竞争力不强，还处于自主创新能力较低的模仿阶段，对外直接投资企业对先进技术的吸收能力不足，对外直接投资发挥良好的传导机制作用的一个必要条件是技术差距和吸收能力达到一个良好的水平，只有满足以上条件，我国才能实现技术进步。所以，造成中国对欧盟直接投资战略寻求型动因不明显的原因与两国之间的技术差距有很大的关系。

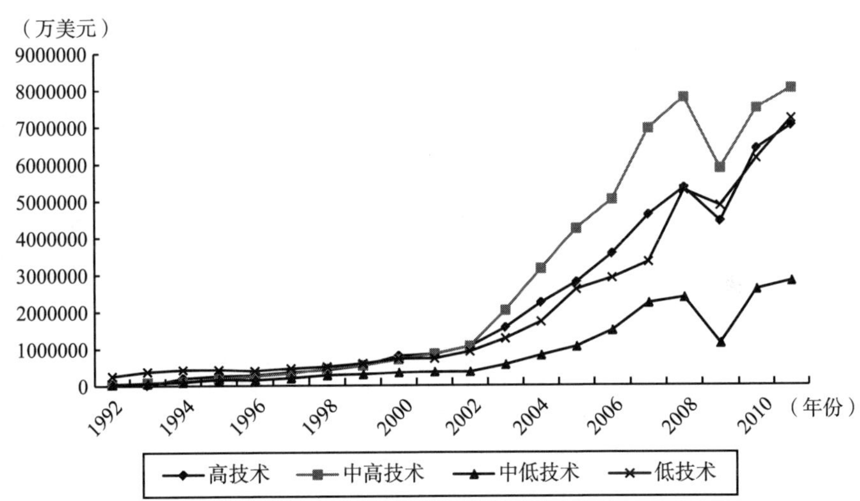

图4－5　1992～2010年中国与欧盟主要投资国R&D投入状况

资料来源：根据世界银行中世界发展指标整理得来。

④效率追求型变量分析。中国对欧盟投资与欧盟国家人均国民收入负相关，且非常显著。欧盟成员国中最低的劳动成本也均高于中国国内劳动力成本，这是中国企业进入欧盟市场的一个很大的投资阻力。

2. 基于基本因素和欧债危机的实证分析

中国对欧洲的投资要晚于对其他发达经济体的投资，且进展不大。虽然中国于2000年开始实施“走出去”战略，鼓励中国企业对外直接投资，但这一状况在之后的5年里也没有发生很大改善。在2003～2009年，中国对欧盟直接投资额在中国对外投资流量的平均占有率不足3%，而在2010年欧债危机爆发后的3年里，这一占有率增长为8.6%。金融危机和欧债危机的相继爆发为中国对外投资提供了机遇，掀起了对欧洲投资的热潮，那么欧债危机对于中国对欧盟直接投资动因是否会产生影响，本部分通过引进虚拟变量将对此问题进行研究。

为了检测 2010 年欧债危机对中国对欧盟投资动因的影响，本章引入一个虚拟变量 $D10_t = 1(t \geqslant 2010)$ 以期能检测出 2010 年之后，中国在对欧盟直接投资的动机方面有没有发生改变，其模型如下所示：

$$OFDI_{i,t} = C + \beta_1 PGDP_{i,t} + \beta_2 IM_{i,t} + \beta_3 TREU_{i,t} + \beta_4 RAW_{i,t} + \beta_5 ORAW_{i,t} + \beta_6 R\&D_{i,t} + \beta_7 PGNI_{i,t} + \beta_8 EX_{i,t} + \beta_9 IM_{i,t} \times D10_t + \beta_{10} RAW_{i,t} \times D10_t + \beta_{11} R\&D_{i,t} \times D10_t + u_{i,t}$$

模型检测结果与不加入虚拟变量检测结果对比如表 4 - 10 所示。

表 4 - 10　　模型检测结果与不加入虚拟变量检测结果对比

检验结果 / 解释变量	OFDI
C	257.073（4.5639***）
PGDP	12.9738（8.3482***）
IM	-3.1290（-2.5018**）
TREU	-0.4024（-1.7508*）
RAW	-0.0506（-0.4136）
ORAW	-0.7191（-4.4468***）
R&D	-6.0923（-2.4094**）
PGNI	-18.1623（-6.2734***）
EX	4.6124（3.0732***）
IM × D10	3.7011（3.1596***）
RAW × D10	0.0744（0.7589）
R&D × D10	3.2068（4.0269***）
Adjusted R^2	0.7596

注：“***”“**”“*”表明分别在 1%、5% 和 10% 的显著性水平下拒绝原假设。

在引入虚拟变量欧债危机的影响 D10 变量后，模型二的拟合优度要比模型一的拟合优度有所改善。除了中国对欧盟进口额 IM、欧盟自然资源禀赋 RAW 和技术水平 R&D 三个变量外，模型一的其他变量在模型二中的符号和显著性基本没有变化，即欧债危机对市场寻求型动机和效率寻求型动机没有太大影响，因此在这里不过多解释。本小节主要分析一下欧债危机是否对资源寻求型和战略资产寻求型产生影响。

从回归的结果看，当东道国资源禀赋与欧债危机虚拟变量的交叉相乘项进行回归时，RAW × D10 与中国对欧投资活动之间是正相关关系，但没有通过显著性检验。这说明在欧债危机爆发前后，寻求自然资源仍不是中国对欧盟直接投资的主要动因。但引入虚拟变量后，东道国自然资源禀赋对中国投资的效果却是正的，这意味着欧债危机对资源寻求型动机是产生一定影响的，其原因可能是欧债危机的爆发对希腊、葡萄牙、西班牙、爱尔兰、意大利的财政方面造成很大冲击，危机的影响同时也波及德国、法国等其他国家，到目前为止，欧盟的债务占 GDP 的比例从危机前的 60% 增加到 90% 。在迫于国家企业面临过重的财务负担的压力下，各国陆续出台财政紧缩计划，采取吸引外商投资等措施推动经济发展。而欧盟各成员国吸收外商投资的政策措施主要体现在产业开放上，如希腊石油、天然气、铁路的私有化；葡萄牙国家电网公司和电力公司的私有化，都给中国企业与欧盟企业在资源投资合作方面提供了新机遇。

另外，当东道国技术水平与欧债危机虚拟变量的交叉相乘项进行回归时，R&D × D10 的系数显著为正，这表明欧债危机为中国向欧盟进行战略性资产投资提供了机遇，企业加大了对欧盟高技术水平产业的投资力度。东道国技术水平对中国投资的影响从危机前的不显著到危机后的显著，其原因可能是因为 2010 年之后中国在 R&D 投入水平与欧盟主要投资国之间的差距缩短了很多，这有利于提高中国企业模仿和学习国外的先进技术的能力；另外一个原因可能是欧债危机使得欧盟很多企业陷入资金缺乏的困境，一些高新技术价值被低估，这为中国企业技术提升，产业升级提供难能可贵的机会。很多中国企业通过收购与整合欧盟高科技企业获取先进的生产技术。例如，由于受到金融危机和欧债危机的影响，2011 年德国普茨迈斯特收入跌到了 5.6 亿欧元左右。2012 年，三一重工股份有限公司收购了德国普茨迈斯特控股有限公司的全部股权。此次收购，三一重工不仅获取了知名品牌，更重要的是获得了普茨迈斯特在液压系统、涂装机焊接等领域的国际领先技术，这将有助于推动三一重工的业务发展，提升三一重工的整体效益、国际影响力，加速国际化进程。

欧洲在遭遇金融危机、债券危机等一系列打击后，欧盟经济整体陷入了低谷，虽然近几年开始好转，但欧洲整体仍然没有彻底摆脱主权债务的泥潭，失业率仍居高不下，经济恢复缓慢，欧洲贸易保护主义的倾向加强。而且我国出口贸易对欧盟市场的依赖度较高，这都严重阻碍了我国对欧的出口贸易。为了摆脱欧盟的出口限制，规避未来更多的贸易摩擦，进一步扩展欧盟地区的市场，越来越多的中国企业开始直接投资欧盟，通过当地本土生产，开拓当地本土销售渠道，在欧盟地区完成产业链的布局，实现“中国制造”向“欧盟制造”的转变。

第 5 章

中欧贸易的互补性与竞争性研究

5.1　中国与欧盟原 15 国贸易的互补性研究

5.1.1　进出口总额

由表 5 - 1 和图 5 - 1 看出，从 1992 ~ 2011 年这 10 年中，除去 2009 年受到金融危机的影响导致当年贸易额较上一年有所下降之外，我国同欧盟原 15 国的贸易额整体呈上升趋势，从 1997 年开始，对欧盟的贸易由逆差转为顺差，且顺差逐年扩大，2008 年我国对欧盟原 15 国的出口额是进口额的 2. 06 倍，也就是说该年我国对欧盟 15 国的顺差额比进口额还要多。

表 5 - 1　　我国同欧盟原 15 国 1992 ~ 2011 年进出口情况

年份	出口（万美元）	进口（万美元）	进出口（万美元）	顺差（万美元）
1992	797909	1085316	1883225	-287407
1993	1223640	1572055	2795695	-348415
1994	1538636	1857931	3396567	-319295
1995	1909580	2125402	4034982	-215822
1996	1983059	1986806	3969865	-3747
1997	2382799	1919994	4302793	462805
1998	2814788	2071531	4886319	743257

续表

年份	出口（万美元）	进口（万美元）	进出口（万美元）	顺差（万美元）
1999	3021693	2545678	5567371	476015
2000	3819236	3084497	6903733	734739
2001	4089600	3571211	7660811	518389
2002	4820826	3852950	8673776	967876
2003	7205489	5301380	12506870	1904109
2004	9982720	6821000	16803720	3161720
2005	13483157	7172689	20655846	6310468
2006	16902013	8733622	25635635	8168391
2007	22131875	10598157	32730032	11533718
2008	26087939	12656641	38744579	13431298
2009	20926267	12143110	33069377	8783157
2010	27548568	15885217	43433785	11663351
2011	31480029	19804031	51284061	11675998

资料来源:《中国统计年鉴》(1993~2012 年)。

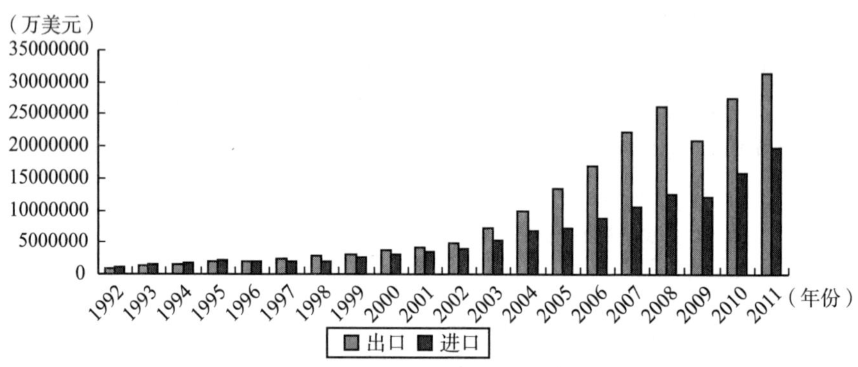

图 5-1 1992~2011 年中国对欧盟原 15 国进出口总额情况

资料来源：根据《中国统计年鉴》整理。

5.1.2 出口额

在欧盟原 15 个国家中，根据 2011 年我国对欧盟原 15 国的出口额排序，筛选 5 年数据得出表 5-2。

表 5－2　　我国对欧盟原 15 国的出口额　　单位：万美元

序号	国家	1992 年	1997 年	2002 年	2007 年	2011 年
1	德国	244799	649693	1137185	4871429	7640005
2	荷兰	120033	440598	910756	4141783	5949949
3	英国	92284	381520	805943	3165627	4412166
4	意大利	109525	223891	482744	2116961	3369281
5	法国	76351	232998	407186	2032739	2999885
6	西班牙	32912	124541	257805	1652846	1972125
7	比利时	53952	136112	287585	1267938	1897361
8	芬兰	9263	27074	115364	656417	664037
9	瑞典	21525	52849	91002	454885	656686
10	丹麦	15205	37228	91698	458985	644659
11	希腊	8235	24804	73185	325297	394937
12	葡萄牙	4400	16616	30088	182632	280143
13	奥地利	6954	19985	48142	155203	222682
14	爱尔兰	2324	12780	77013	443835	216609
15	卢森堡	147	2110	5130	205297	159505

资料来源：《中国统计年鉴》（1993～2012 年）。

根据表 5－2 可知，1992～2011 年，欧盟原 15 国当中，常年稳居我国出口前三名的国家分明是德国、荷兰和英国，另外对意大利、法国、西班牙和比利时的出口也是非常可观的。2001～2011 年这 10 年，虽然期间经受了金融危机的考验，但是我国对德国的出口额年均增长率达 24.3%，对荷兰的年均增长率达 25%，对英国的年均增长率达 21.5%。可以看出，在我国对欧盟原 15 国的出口贸易中，对荷兰的出口增长率是最快的。

5.1.3　进口额

同样的，根据 2011 年我国同欧盟原 15 国的进口额排序，筛选 5 年数据得出表 5－3。

表 5－3　　我国从欧盟 15 国的进口额　　单位：万美元

序号	年份	1992 年	1997 年	2002 年	2007 年	2011 年
1	德国	401504	618126	1641642	4538293	9274397
2	法国	149551	324667	425312	1334105	2206330
3	意大利	174806	245212	431947	1021080	1757666
4	英国	101363	197846	333596	777552	1455681
5	比利时	45869	91828	202205	497314	1013115
6	荷兰	50821	107260	157157	492456	866030
7	西班牙	35508	55525	90018	442995	755155
8	瑞典	47575	129749	179103	414184	711688
9	奥地利	32143	25512	89292	245229	476136
10	芬兰	25230	68704	151277	379433	454082
11	爱尔兰	2141	6766	68946	192533	369944
12	丹麦	13925	34662	63680	182299	281345
13	葡萄牙	2293	4468	8271	38464	116179
14	希腊	1442	6661	5506	17045	35361
15	卢森堡	1145	3008	4998	25175	30923

资料来源：《中国统计年鉴》1993 年、1998 年、2003 年、2008 年、2012 年。

从表 5－3 可以看出，对我国出口最多的前三名欧盟国家分别为德国、法国、意大利。中德之间的贸易关系是中国和欧盟国家贸易关系中最稳固的。德国的支柱产业是汽车产业，而中国对德国汽车的需求又很大，因此德国是我国汽车主要进口国之一。德国制造业在 GDP 中占比相对较高，且制造业在发达国家中也保持了高水平竞争力，特别是大型民用飞机、汽车等机电产品领域仍然具有较高的附加值。随着我国同德国在新能源方面的合作加强，同德国的贸易关系仍有较大发展空间。

由图 5－2 可以看出，我国从德国的进口额远远高于另外两个国家。在这过去的 10 年中，无论是出口还是进口，德国始终是欧盟中跟我国贸易额最大的国家。

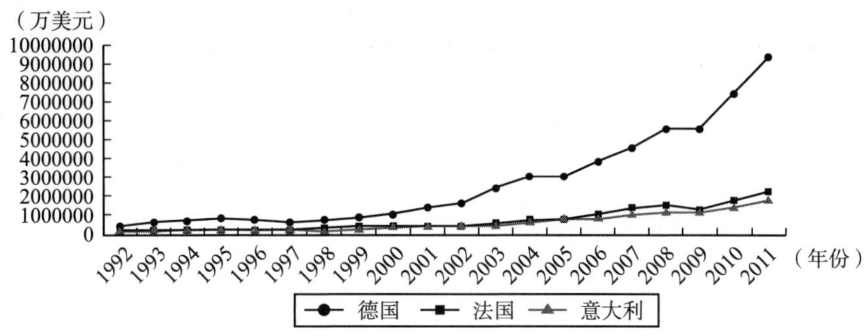

图5-2 我国从德国、法国、意大利进口额趋势

5.2 中国与欧盟原15国贸易的竞争性研究

中国与欧盟原15国贸易的竞争性用贸易竞争力指数来测算。贸易竞争力指数，也称TC（Trade Competitiveness）指数，是对国际竞争力分析时常用的测度指标，它表示某国进出口贸易的差额在其进出口贸易总额中所占的比重，即TC指数=(出口额-进口额)/(出口额+进口额)。该指标作为一个与贸易总额的相对值，剔除了经济膨胀、通货膨胀等宏观因素方面波动的影响，即无论进出口的绝对量是多少，该指标均在-1~1。其值越接近于0表示竞争力越接近于平均水平；该指数为-1时表示该产业只进口不出口，越接近于-1表示竞争力越薄弱；该指数为1时表示该产业只出口不进口，越接近于1则表示竞争力越大（见表5-4）。

表5-4 我国与欧盟15国历年来贸易竞争力指数

年份	2001	2002	2003	2004	2005	2006	2007	2008	2009	2010	2011
比利时	0.19	0.17	0.17	0.25	0.32	0.39	0.44	0.47	0.30	0.29	0.30
丹麦	0.18	0.18	0.22	0.23	0.40	0.47	0.43	0.36	0.30	0.32	0.39
英国	0.32	0.41	0.50	0.52	0.55	0.58	0.61	0.58	0.60	0.55	0.50
德国	-0.17	-0.18	-0.16	-0.12	0.03	0.03	0.04	0.03	-0.05	-0.04	-0.10
法国	-0.05	-0.02	0.09	0.13	0.13	0.10	0.21	0.20	0.25	0.24	0.15
爱尔兰	-0.07	0.06	0.19	0.29	0.38	0.43	0.39	0.22	-0.24	-0.26	-0.26
意大利	0.03	0.06	0.13	0.18	0.26	0.30	0.35	0.39	0.30	0.38	0.31

续表

年份	2001	2002	2003	2004	2005	2006	2007	2008	2009	2010	2011
卢森堡	-0.20	0.01	0.46	0.75	0.86	0.85	0.78	0.85	0.87	0.59	0.68
荷兰	0.67	0.71	0.75	0.72	0.80	0.79	0.79	0.79	0.75	0.77	0.75
希腊	0.84	0.86	0.87	0.88	0.91	0.91	0.90	0.91	0.88	0.82	0.84
葡萄牙	0.57	0.57	0.35	0.35	0.48	0.59	0.65	0.71	0.60	0.54	0.41
西班牙	0.52	0.48	0.48	0.52	0.60	0.59	0.58	0.59	0.53	0.49	0.45
奥地利	-0.30	-0.30	-0.24	-0.32	-0.29	-0.32	-0.22	-0.28	-0.41	-0.39	-0.36
芬兰	-0.45	-0.13	-0.03	-0.10	0.16	0.23	0.27	0.35	0.16	0.16	0.19
瑞典	-0.40	-0.33	-0.30	-0.28	-0.10	-0.03	0.05	0.01	-0.14	-0.02	-0.04

资料来源：根据《中国统计年鉴》整理得出。

由表5-4可以看出：

（1）从2001~2011年，我国对欧盟15国的贸易竞争力指数基本呈上升趋势。对比2001年和2008年的数据，对每个国家的TC指数都有不同程度的增长，其中对卢森堡的TC指数由-0.20增长至0.85，增长幅度最大。这说明我国在同欧盟原15国的贸易当中，顺差逐渐扩大，贸易竞争力逐步增强。2009年受到经济危机的影响，对大部分国家的TC指数均有不同程度的下降。

（2）在欧盟15国当中，我国对希腊的TC指数是最高的，在这11年当中最低也有0.82，其中还有4年在0.9之上，说明我国对希腊的贸易竞争力非常强，基本以出口为主，进口较少。这跟希腊的国情密切相关，由于希腊本身不重视工业发展，旅游业是其主要产业，因此货物贸易方面会出现这种情况。另外我国TC指数也比较高的国家还有荷兰和卢森堡，说明希腊、荷兰和卢森堡多年来一直是我国重要的出口目标市场国，这三个国家对我国商品有较大的市场需求，与我国的贸易互补性较强。

（3）2001年以来，我国对奥地利和瑞典的贸易竞争力指数基本上是负的，其中在2007年和2008年对瑞典的TC指数变成正的，但是数额非常接近0，经济危机之后TC指数再度为负，但是仍然接近0，说明在我国对瑞典的贸易中，近6年都是处于进出口基本平衡的状态。而对奥地利的TC指数数年来都徘徊在-0.3，2009年还一度达到了-0.41，说明我国对奥地利的贸易中，进口远大于出口，贸易竞争力较弱。

（4）在对德国的TC指数中，11年当中7年为负4年为正，其中为正数的4年即经济危机前的2005年、2006年、2007年和2008年，这段时间整个世界经济环境平稳安定，加上北京奥运会的经济效应，这是中国经济迅猛发展的4年。然而TC指数为正的情形随着经济危机的影响消失了，说明我国通过努力一度达到比德国竞争力还强的状态，但是德国作为制造业大国，贸易竞争力仍不容小觑。

5.3 中国与欧盟原15国的进出口商品结构统计

5.3.1 出口结构状况统计分析

按照OECD产业分类整理的高技术产品、中高技术产品、中低技术产品、低技术产品出口状况（见表5-5）。

表5-5 我国对欧盟原15国各类商品出口情况汇总 单位：万美元

年份	高技术产品		中高技术产品		中低技术产品		低技术产品	
	出口额	占比（%）	出口额	占比（%）	出口额	占比（%）	出口额	占比（%）
1992	32264	4.04	41088	5.15	48218	6.04	256481	32.14
1993	150077	12.26	84014	6.87	61743	5.05	374442	30.60
1994	197778	12.85	111378	7.24	99998	6.50	427631	27.79
1995	256331	13.42	186315	9.76	165429	8.66	432116	22.63
1996	276181	13.93	257236	12.97	153537	7.74	400659	20.20
1997	357471	15.00	331899	13.93	202817	8.51	467334	19.61
1998	425399	15.11	461118	16.38	278126	9.88	514117	18.26
1999	541062	17.91	549235	18.18	303724	10.05	598220	19.80
2000	806309	21.11	712906	18.67	353286	9.25	728515	19.07
2001	853035	20.86	860138	21.03	370712	9.06	729321	17.83
2002	1061593	22.02	1067194	22.14	374551	7.77	919271	19.07
2003	1565174	21.72	2031554	28.19	568264	7.89	1269790	17.62
2004	2239605	22.43	3156882	31.62	821221	8.23	1722027	17.25

续表

年份	高技术产品		中高技术产品		中低技术产品		低技术产品	
	出口额	占比（%）	出口额	占比（%）	出口额	占比（%）	出口额	占比（%）
2005	2787666	20.68	4244177	31.48	1054173	7.82	2592982	19.23
2006	3558311	21.05	5031110	29.77	1491014	8.82	2903747	17.18
2007	4612987	20.84	6949155	31.40	2229176	10.07	3335804	15.07
2008	5340792	20.47	7784374	29.84	2379158	9.12	5280242	20.24
2009	4442408	21.23	5871199	28.06	1144314	5.47	4863538	23.24
2010	6399712	23.23	7496676	27.21	2596097	9.42	6133403	22.26
2011	7021088	22.30	8038515	25.54	2820649	8.96	7210672	22.91

资料来源：根据 UN COMTRADE（联合国贸易数据库）整理。

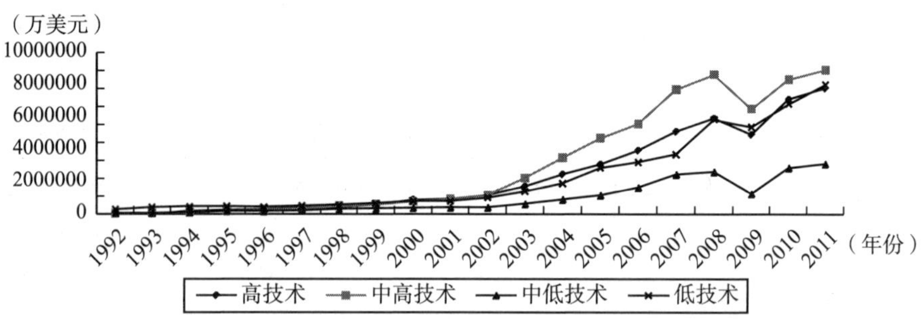

图 5-3　1992～2011 年中国对欧盟原 15 国不同技术水平产品出口走势

资料来源：根据 UN COMTRADE（联合国贸易数据库）整理。

从图 5-3 可以看出，2000 年之前，在对欧盟原 15 国的出口产品中，低技术产品的出口量高于或持平于其他产品。2001 年之后，四种技术水平的产品出口量均明显增长，其中中高技术水平产品增长速度最快，出口量也最大，其次是高技术产品，而低技术产品虽然也有迅猛增长，但是地位却已经逊于中高技术产品和高技术产品。虽然受 2009 年金融危机的影响，四类产品都有一定程度的下降，但 2010 年的回弹趋势强劲。

从图 5-4 看出，在 1992 年，中国对欧盟原 15 个国家的出口产品中，中低技术和低技术产品之和高达 80%。而 2002 年，中低技术和低技术产品之和降低至 38%。可见在这 10 年间，我国对欧盟原 15 国的出口产品，由低技术、中低技术的产品逐渐向高技术、中高技术产品转换。而 2011

年同 2002 年相比，占比没有很大改善。为了便于与第 5 章计量部分相对应，需要具体看一下中高技术和中低技术产品种类出口结构情况进行进一步详细分析。

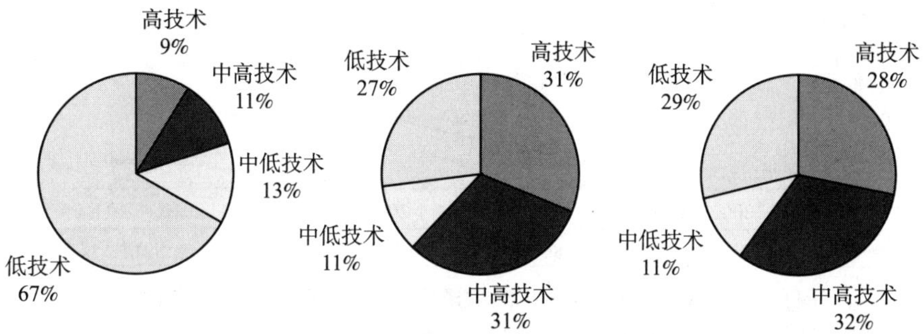

图 5－4　1992 年、2002 年、2011 年中国对欧盟原 15 国不同技术水平产品出口占比

资料来源：根据 UN COMTRADE（联合国贸易数据库）整理。

表 5－6 汇集了我国对欧盟原 15 国出口的七章商品，这七章商品按照 OECD 的分类标准，属于中高及高技术产品。

表 5－6　中国对欧盟原 15 国不同商品的出口情况　单位：万美元

年份	30 药品	84 核反应堆	86 铁道及电车	87 车辆及零件	90 精密仪器	85 机电设备	88 航空航天
2001	10661	49084	55473	3732	98414	657166	838643
2002	15055	56024	64855	4152	112470	833846	1042386
2003	16540	79386	92790	7397	130148	1729230	1541236
2004	19968	138512	142838	8330	186074	2689457	2216307
2005	24242	145532	233190	13738	261034	3604420	2749686
2006	28888	146458	302199	16444	386163	4196290	3512979
2007	38806	262326	422494	40613	412798	5851537	4533568
2008	56601	294828	508630	50484	467344	6513572	5233706
2009	87805	231120	383861	30788	397220	5008997	4323815
2010	143396	170463	502790	28133	511209	6312214	6228182
2011	140839	165578	522282	49492	600164	6847421	6632829

资料来源：根据 UN COMTRADE 整理。

由表5－6可以看出，85章机电设备及88章航空航天的出口额较其他章节的商品高出很多，且增长幅度也是最大的。为了方便观察，以表5－6数据为基础做折线图，除去这两章产品，得出图5－5。

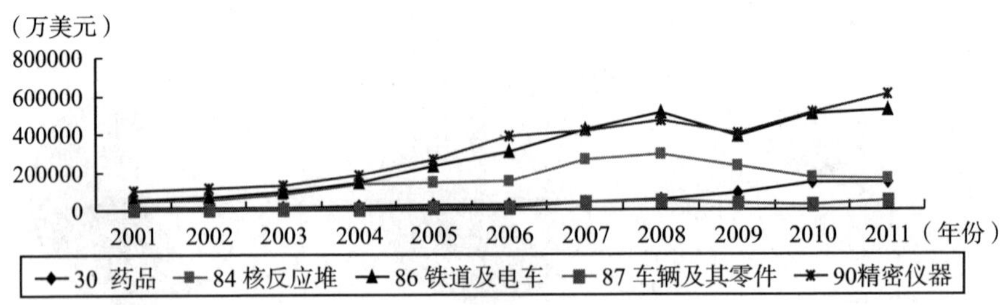

图5－5　2001～2011年中国对欧盟原15国中高技术产品出口情况

资料来源：根据UN COMTRADE（联合国贸易数据库）整理。

由图5－5可以看出，除去第85和88章产品之后，我国对欧盟原15国出口额较多的产品是90精密仪器和86铁道及电车，再其次是84核反应堆，接下来是30药品，而87车辆及其零件排在中高技术产品里出口额最低的位置。同样为了与计量结果相对应，我们看一下中国向欧盟的中低技术产品及低技术产品出口情况（见表5－7、图5－6）。

表5－7　中国对欧盟原15国中低技术产品出口分类情况　单位：万美元

年份	食品类（16～24）	木材、纸制品（40～49）	衣物纤维（50～63）	金属（72～83）
2001	51970	60497	420679	276957
2002	56400	64674	566920	304367
2003	72559	79877	727098	47258
2004	73759	122240	976361	625966
2005	109028	178480	1642617	893091
2006	106000	256374	2012031	1474349
2007	104756	490248	2708538	2212856
2008	134986	550687	3499238	2358723
2009	132719	456361	3262380	1124171

续表

年份	食品类 (16~24)	木材、纸制品 (40~49)	衣物纤维 (50~63)	金属 (72~83)
2010	187211	393701	4051324	1816261
2011	222701	455326	4804528	2121332

资料来源：根据 UNCOMTRADE 数据库统计。

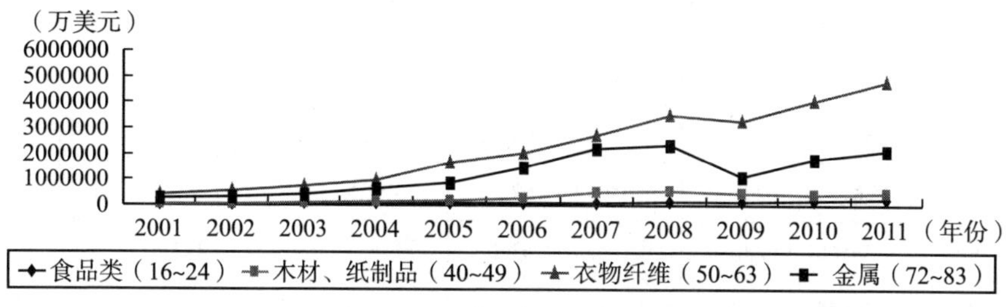

图5-6 我国对欧盟原15国中低及低技术产品出口情况

由表5-7和图5-6可以看出，首先，在我国对欧盟原15国出口最多的是中低及低技术产品，即衣物、纤维等纺织品。我国一向是纺织品出口大国，在对欧盟原15国的出口数据当中也能体现这一点。其次是属于金属这类的产品，具体包括黑色金属、有色金属、贱金属及各类金属制品，从图5-6可以看出，受金融危机的影响，2009年我国对欧盟原15国的金属类商品的出口额有大幅度的下降，2010年缓慢回升，但是与此同时的50~63的纺织品大类回弹速度强劲。再其次的是40~49木材及纸制品等，最后是16~24的食品类，是我们所挑选的商品类别中，出口欧盟最少的中低技术类产品。这是因为欧盟对进口食品类商品的标准要求很多而且也很完善，不仅有欧盟标准，还有各自的国家标准，甚至超市也有自己的标准，欧盟的各种标准是其市场准入、产品检验、质量体系认证、合同执行和贸易仲裁等的重要依据。只有符合这些标准的产品才能进入欧盟市场，我国很多食品类产品还达不到欧盟的标准要求。

5.3.2 进口结构状况统计分析（见表5-8）

由图5-7可以看出，1992~2011年这20年中，我国从欧盟原15国中进口的中高技术产品一直是四种类型中最多的，增长速度也是最快的，其次是高技术产品。因此，综合来看，我国从欧盟原 15 国进口的产品中，高技术和中高技术产品占主要地位。

表 5 – 8　　我国从欧盟原 15 国各类商品进口情况汇总　　单位：万美元

年份	高技术产品		中高技术产品		中低技术产品		低技术产品	
	进口额	占比（%）	进口额	占比（%）	进口额	占比（%）	进口额	占比（%）
1992	179916	20.58	540405	61.82	82354	9.42	71497	8.18
1993	237761	17.95	811700	61.28	203926	15.40	71120	5.37
1994	315019	20.53	985553	64.23	155755	10.15	78043	5.09
1995	387853	22.70	1064682	62.31	149525	8.75	106570	6.24
1996	365687	22.56	1022650	63.08	111443	6.87	121qi395	7.49
1997	488551	31.66	826125	53.53	107968	7.00	120695	7.82
1998	627626	36.82	851068	49.92	101060	5.93	125055	7.34
1999	824349	38.73	966057	45.39	119535	5.62	218549	10.27
2000	998504	39.10	1097002	42.96	168656	6.60	289469	11.34
2001	1043930	34.12	1468962	48.01	233206	7.62	313609	10.25
2002	800731	24.98	1816795	56.67	283258	8.84	305005	9.51
2003	1064427	23.86	2620248	58.73	432749	9.70	344171	7.71
2004	1471441	25.65	3281188	57.21	550742	9.60	432291	7.54
2005	1614031	27.39	3108171	52.74	724489	12.29	447114	7.59
2006	2099258	29.96	3765863	53.74	832356	11.88	309959	4.42
2007	2431431	26.35	4501305	48.78	1098727	11.91	1196499	12.97
2008	2739512	27.73	5022240	50.84	1254656	12.70	861357	8.72
2009	2654929	26.46	5316188	52.98	1281871	12.77	782240	7.79
2010	2596439	19.84	7848667	59.96	1552190	11.86	1092294	8.34
2011	3491650	21.25	9549214	58.12	1811945	11.03	1577487	9.60

资料来源：根据 UN COMTRADE（联合国贸易数据库）整理。

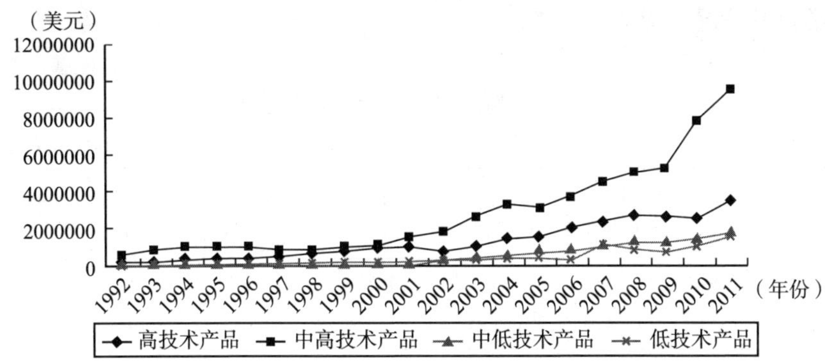

图5－7　1992～2011年中国对欧盟原15国不同技术水平产品的进口情况

资料来源：根据UN COMTRADE（联合国贸易数据库）整理。

我们同样也可以用饼状图看一下不同年份不同技术水平的产品在进口中所占的比重（见图5－8）。

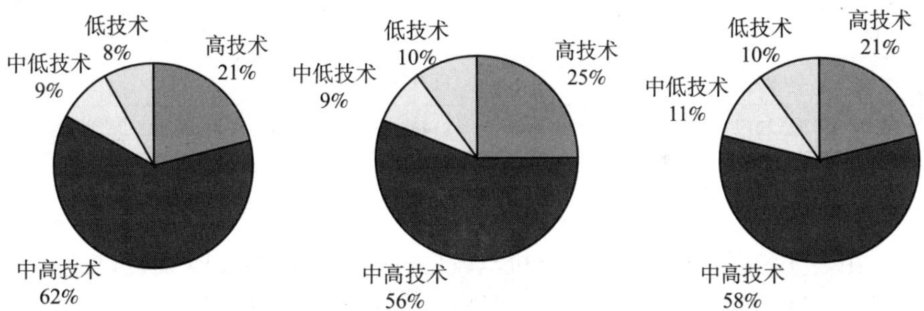

图5－8　1992年、2002年、2011年中国对欧盟原15国不同技术水平产品进口占比

资料来源：根据UN COMTRADE（联合国贸易数据库）整理。

从图5－8可以看出，1992年，我国从欧盟原15国进口的不同技术水平的产品中，中低技术和中高技术仅占17%，2002年增长到19%，2011年增长到21%。也就是说，我国从欧盟原15国进口的中高技术产品和高技术产品所占比重有轻微下降，说明我国对这类产品的进口需求有逐步降低的趋势，从侧面反映了随着各国对我国的直接投资的增加，带动了我国各种所有制形式的企业的科技水平的逐步提高，我国越来越多的企业能够生产具有中高技术含量的中间产品，逐步替代了该种产品自外国的进口。

同样，为了给第5章的计量研究提供分析依据，我们需进一步分析我国自欧盟四大种类商品的具体进口状况。首先看一下中高技术进口包含的种类及其情况（见表5-9）。

表5-9 中国从欧盟原15国中高技术产品及高技术产品进口情况

单位：万美元

年份	30 药品	85 机电设备	88 航空航天	84 核反应堆	86 铁道及电车	87 车辆及零件	90 精密仪器
2001	58913	1057808	919252	19619	203818	65766	187718
2002	66626	1309598	686087	33056	257038	48018	217103
2003	61975	1763685	854407	39777	513628	148045	303159
2004	91084	2338271	1172796	26584	512951	207561	403382
2005	110558	2257705	1208462	32251	399561	295012	418654
2006	139870	2526672	1440922	46742	693933	518465	498515
2007	202644	2946997	1733818	109700	872469	494969	572140
2008	304354	3121615	1887268	101465	1073578	547890	725583
2009	373407	3408911	1821595	96822	1073105	459927	737350
2010	430999	4105053	1577499	117178	2196621	587941	1429814
2011	625221	5134041	2200840	114450	3045795	665589	1254928

资料来源：根据UN COMTRADE整理。

由表5-9可以看出，85章机电设备是我国对欧盟原15国进口最多的商品，其次是88章航空航天，这跟出口方面是一致的，排在前两名都是这两类产品。同样，除去这两章产品，做折线图如图5-9所示。

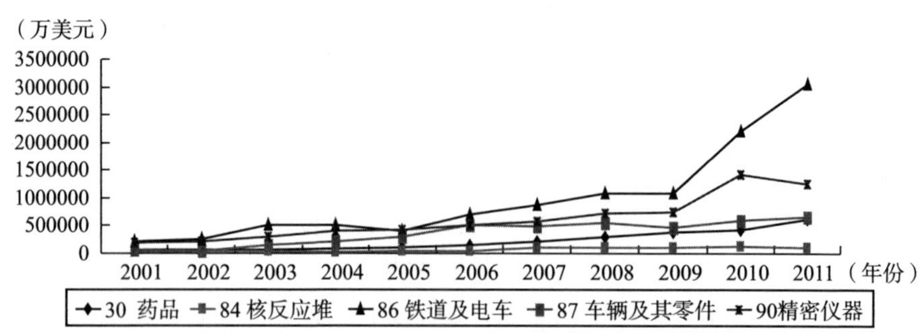

图5-9 我国从欧盟原15国中高技术产品进口情况

由图5－9可以看出，铁道及电车在2008年之后进口量激增，这跟我国为加快国内交通运转速度，新建了很多动车高铁是密切相关的。其次是90精密仪器，接下来是87车辆及其零件，30药品，最后是84核反应堆。同样的原因，我们统计了中低技术产品及低技术产品进口情况（见表5－10、图5－10）。

表5－10 中国从欧盟原15国中低技术产品及低技术产品进口情况

单位：万美元

年份	食品类（16～24）	木材、纸制品（40～49）	衣物纤维（50～63）	金属（72～83）
2001	27904	120602	109081	229269
2002	27803	132611	75933	265344
2003	32646	143527	99720	410300
2004	42656	182199	123061	530578
2005	40073	201672	141660	716848
2006	76009	267480	155413	818966
2007	104756	308434	189089	1082377
2008	134986	372289	208388	1234195
2009	132719	321102	198308	1261707
2010	187496	398826	243764	1513704
2011	322549	466929	336451	1772632

资料来源：根据UN COMTRADE数据库整理。

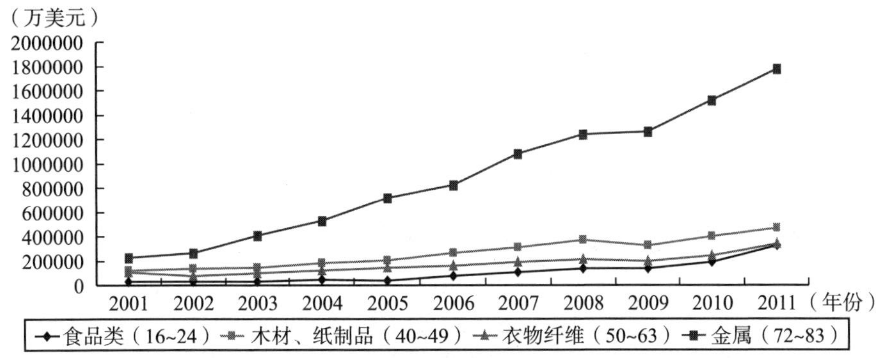

图5－10 2001～2011年我国从欧盟原15国中低技术产品进口情况

资料来源：根据UN COMTRADE（联合国贸易数据库）整理。

由图5－10和表5－10可以看出，我国从欧盟原15国进口最多的中低技术产品是72～83章金属类产品，而且远远高于其他三类商品。其次是40～49章木材及纸制品，50～63章衣物等纺织品紧随其后，最后是16～24章食品类。

5.3.3 进出口对比统计分析

首先看高技术产品进出口对比（见图5－11）。

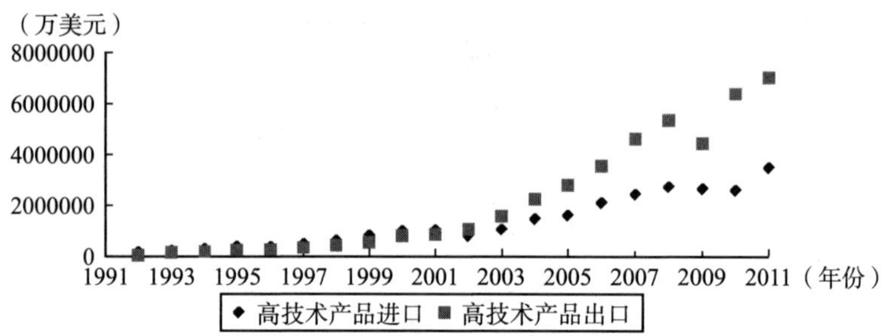

图5－11　1992～2011年中国对欧盟原15国高技术产品的进出口对比

资料来源：根据UN COMTRADE（联合国贸易数据库）整理。

由图5－11可以看出，首先，1992年以来，我国对欧盟原15个国家的高技术产品的进出口量一直呈持续上升的阶段，除2009年受金融危机的影响有一定幅度的下降，后又迅速回弹。其次，1992～2001年，我国对欧盟原15个国家高技术产品的进口一直高于出口，而自2002年起，高技术产品的出口开始高于进口，且顺差有日渐增长的趋势。

其次，看中高技术产品进出口对比（见图5－12）。

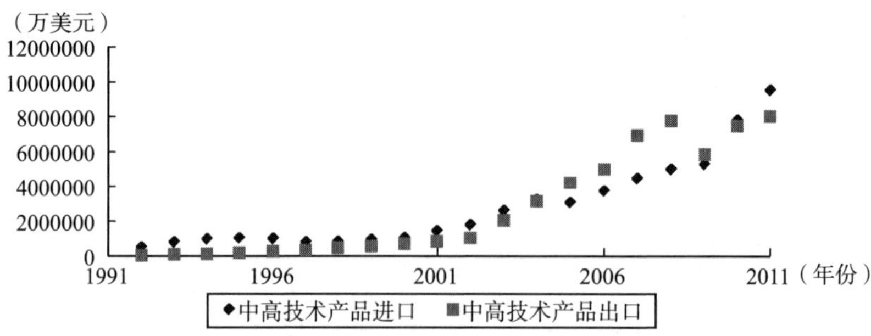

图5－12　1992～2011年中国对欧盟原15国中高技术产品的进出口对比

资料来源：根据UN COMTRADE（联合国贸易数据库）整理。

从图5－12可以看出，1992～2004年中，对欧盟原15国中高技术产品的进口一直高于出口，但逆差逐年减少，直至2005年，中高技术的出口首次超过进口，顺差量持续扩大一直保持到2008年。2009年受金融危机的影响，进出口都明显下降，但仍存在顺差，金融危机过后的2010年和2011年顺差优势再次消失，出口低于进口。说明我国中高技术产业受金融危机的影响较深，还没有完全恢复竞争力。

再次，看看中低技术产品的进出口（见图5－13）。

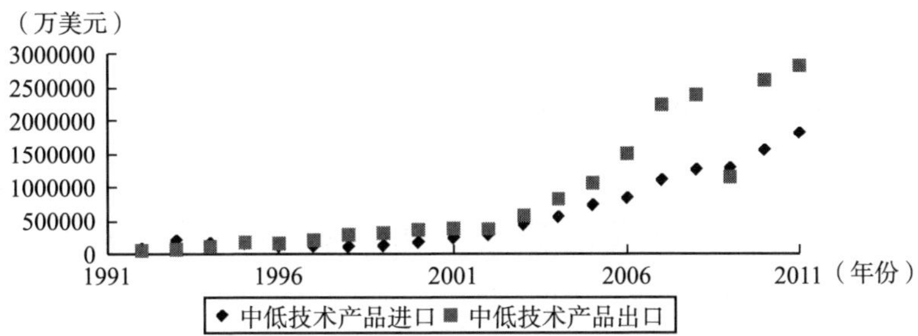

图5－13　1992～2011年中国对欧盟原15国中低技术产品的进出口对比

资料来源：根据UN COMTRADE（联合国贸易数据库）整理。

从图5－13可以首先注意到的一点是，我国对欧盟原15国中低技术产品的顺差相比中高技术和高技术产品出现得都要早，在1995年，该类产品的出口便超过了进口，由此也可以看出，我国改革开放后，劳动力要素密集的中低技术产品在同欧盟的贸易当中具有较强的比较优势。另外值得注意的一点是，2009年受金融危机的影响，中低技术产品的进出口都大幅度下降，而且是自1995年以来第一次出现逆差，这说明我国中低技术产业受危机的影响较大，产业不稳定性极高。我国中小企业是出口中低技术产品的主力军，这些企业往往缺乏规避风险的措施和能力，如果金融支持和政府引导措施再跟不上，一旦有经济危机的发生，便会造成大量中小企业倒闭的问题。中小企业的发展，不仅关乎我国对外经济的竞争力，而且关乎就业和民生，因此这是急需我们思考和解决的问题。

最后，看低技术产品的进出口对比（见图5－14）。

由图5－14可以看出，1992年以来，我国对欧盟原15国低技术产品的出口量一直高于进口量，且顺差非常大，远远高于其他三类产品的顺差程度。这说明同欧盟原15国的贸易当中，我国需要从这些国家进口的低技术产品非常少，比较优势特别显著。

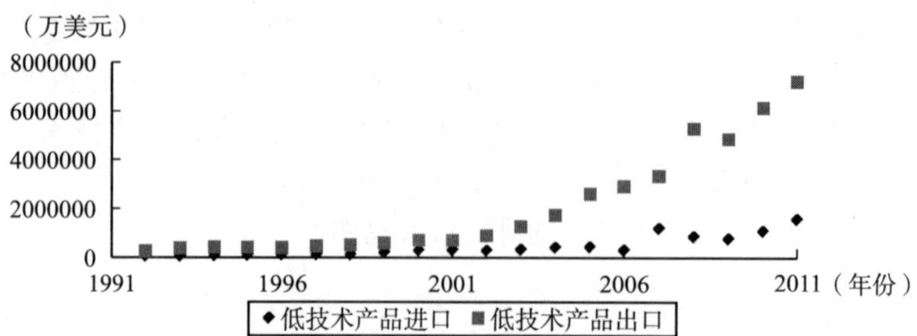

图 5-14 1992~2011 年中国对欧盟原 15 国低技术产品的进出口对比

资料来源：根据 UN COMTRADE（联合国贸易数据库）整理。

5.4 中国与中东欧成员国贸易的互补性研究

由于我国统计年鉴对外贸易里无塞浦路斯的进出口统计数据，克罗地亚 2013 年 7 月 1 日刚刚加入欧盟，在此不予统计。因此，欧盟新晋 13 国我们只分析除塞浦路斯和克罗地亚之外的 11 国的数据。

5.4.1 进出口总额情况（见表 5-11）

表 5-11 我国同欧盟新 11 国 1992~2011 年进出口情况 单位：万美元

年份	出口	进口	进出口总额	顺差
1992	29063	40946	70009	-11883
1993	68453	114679	183132	-46226
1994	95028	66857	161885	28171
1995	120024	47092	167116	72932
1996	121291	35253	156544	86038
1997	151913	19204	171117	132709
1998	184238	13807	198045	170431
1999	191064	38880	229944	152184
2000	268932	46569	315501	222363

续表

年份	出口	进口	进出口总额	顺差
2001	349750	69864	419614	279886
2002	448605	125464	574069	323141
2003	669375	193908	863283	475468
2004	853402	227567	1080969	625835
2005	1039612	223197	1262809	816415
2006	2047761	329207	2376968	1718554
2007	2316189	494549	2810738	1821639
2008	3114327	605704	3720031	2508622
2009	2573013	624547	3197561	1948466
2010	3438569	950087	4388656	2488482
2011	4005083	1309122	5314205	2695960

资料来源:《中国统计年鉴》。

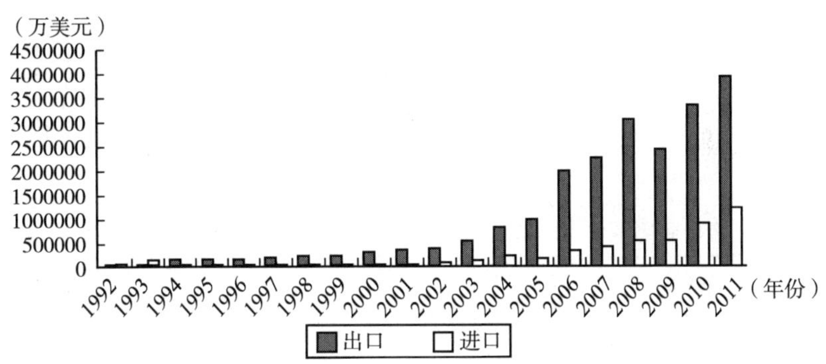

图5-15　1992~2011年我国对欧盟新11国进出口总况

资料来源:《中国统计年鉴》整理得出。

由图5-15可以明显看出，自1994年起，我国同欧盟新11国的贸易就开始出现了顺差，一直持续到现在，且顺差额自2001年以来有了非常大的提升。虽然说我国同新11国与原15国的贸易额有很大差距，但是同新11国的贸易额增长速度非常快。2011年我国对欧盟原15国的出口额是3148亿美元，是2001年408亿美元的7.7倍；而2011年我国对新11国的出口额是400亿美元，是2001年35亿美元的11.5倍。所以说，我国同新 11 国的货物贸易还有很大发展空间。随着我国对这些国家的逐渐熟悉以及产品的适应性慢慢增强，相信我国同新 11 国的贸易会在不久的将来又有一个新的增长高峰。

5.4.2 出口额情况

在这新 11 个国家中，根据 2011 年我国对他们的出口额排序，筛选 5 年数据得出表 5－12。

表 5－12　　中国对欧盟新 11 国国家出口量排序

序号	国家	1992 年	1997 年	2002 年	2007 年	2011 年
1	波兰	11924	67369	116462	655293	1093955
2	捷克		24993	80733	413478	766941
3	匈牙利	4500	29662	144883	501496	680602
4	罗马尼亚	7760	17623	36196	208423	345378
5	斯洛伐克		2765	9173	147060	251260
6	马耳他	1572	1758	11564	32748	232959
7	斯洛文尼亚		1853	9544	69293	167537
8	立陶宛	438	1394	9823	80214	133510
9	爱沙尼亚	742	802	13716	58465	113085
10	拉脱维亚	146	556	6751	68454	119295
11	保加利亚	1981	3138	9760	81265	100562

资料来源：根据 UN COMTRADE 数据库整理。

从表 5－12 可以看出，在这 11 个国家当中，我国对波兰的出口额这些年一直处于榜首，是新 11 国中唯一出口额过百亿的国家。其次是捷克和匈牙利。我国对匈牙利的出口额也是于 2001 年突破 10 亿美元，2001～2008 年，年平均增长率也达 31%，增长迅速。而捷克，2003 年我国对其出口额为 13.5 亿美元，2001～2008 年，我国对其出口年平均增长率高达 41.6%，未来出口潜力巨大。

5.4.3　进口额情况

同样根据2011年我国从欧盟新11国的进口额排序，筛选5年数据得出表5－13。

表5－13　中国对新入盟国家进口量排序

序号	国家	1992年	1997年	2002年	2007年	2011年
1	斯洛伐克		606	3787	73531	345735
2	匈牙利	1889	2572	16883	121008	245222
3	捷克		2851	15461	83080	231793
4	波兰	9020	3202	21865	111225	204798
5	罗马尼亚	21146	7246	39094	28147	94625
6	马耳他	5	32	17961	37598	85173
7	保加利亚	5839	1659	2148	15800	45928
8	爱沙尼亚	1977	265	3605	8986	20542
9	斯洛文尼亚		387	2955	11055	20204
10	立陶宛	785	264	1181	1969	8761
11	拉脱维亚	285	120	524	2150	6344

资料来源：根据UN COMTRADE数据库整理。

由表5－13可以看出，从我国进口的主要欧盟新成员国有斯洛伐克、匈牙利、捷克和波兰。2011年，进口额最多的是斯洛伐克，而在此之前，我们可以看到，该国的进口额并不是太多。根据匈牙利、波兰、捷克和斯洛伐克的进口数据，我们得出图5－16。

如图5－16所示，在2010年之前，我国对斯洛伐克的进口额低于前三个国家，到2010年才首次超过其他国家。斯洛伐克是个小国，国内资源有限，经济的对外开放水平高，经济的增长在很大程度上依赖对外贸易，故对外贸易在斯国民经济中占有显著地位。斯洛伐克与中国贸易保持强劲增长势头，根据斯方的统计，2003年同比增长83%，达到7亿美元，比2000年增长了3倍。而2010年对中国的出口额相比于2009年增长了99.5%，几乎翻了一番。斯洛伐克政府十分重视和中国的贸易往来，中国已成为斯在亚洲对外贸易政策的优先考虑对象。

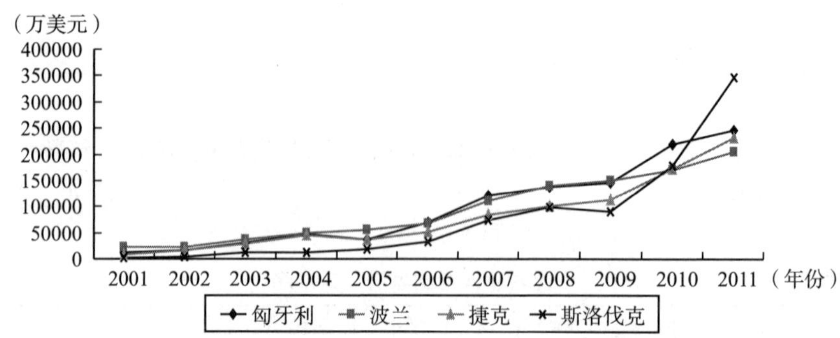

图5－16 我国对匈牙利、波兰、捷克、斯洛伐克的进口折线图

5.5 中国与中东欧成员国贸易的竞争性研究

同样用贸易竞争力指数来测算中国对欧盟新成员国贸易竞争状况（见表5－14）。

表5－14 中国对欧盟新成员国贸易竞争力指数统计

国家	2001年	2002年	2003年	2004年	2005年	2006年	2007年	2008年	2009年	2010年	2011年
匈牙利	0.78	0.79	0.77	0.70	0.74	0.65	0.61	0.63	0.57	0.50	0.47
斯洛文尼亚	0.72	0.53	0.62	0.66	0.65	0.65	0.72	0.76	0.72	0.77	0.78
马耳他	0.06	-0.22	-0.29	0.04	0.12	0.15	-0.07	0.41	0.52	0.53	0.46
波兰	0.64	0.68	0.64	0.58	0.65	0.71	0.71	0.73	0.67	0.70	0.68
罗马尼亚	0.41	-0.04	0.04	0.53	0.65	0.93	0.76	0.78	0.69	0.60	0.57
保加利亚	0.52	0.64	0.48	0.67	0.66	0.91	0.67	0.68	0.62	0.34	0.37
捷克	0.70	0.68	0.62	0.51	0.64	0.64	0.67	0.69	0.63	0.61	0.54
斯洛伐克	0.65	0.42	0.06	0.11	0.26	0.26	0.33	0.33	0.22	0.04	-0.16
爱沙尼亚	0.92	0.58	0.64	0.81	0.69	0.23	0.73	0.74	0.64	0.58	0.69
拉脱维亚	0.81	0.86	0.70	0.80	0.94	0.94	0.94	0.96	0.89	0.91	0.90
立陶宛	0.86	0.79	0.82	0.91	0.94	0.95	0.95	0.95	0.89	0.92	0.88

由表5－14可以看出，我国对欧盟新晋国家的TC指数基本为正，说明我国对这些国家以出口为主。

5.6 中国与欧盟新11国进出口商品结构对比

5.6.1 出口结构状况（见表5-15）

表5-15　　中国对欧盟新11国不同技术水平产品出口额及占比情况

年份	高技术产品		中高技术产品		中低技术产品		低技术产品	
	出口额（万美元）	占比（%）	出口额（万美元）	占比（%）	出口额（万美元）	占比（%）	出口额（万美元）	占比（%）
1992	1099	8.33	1411	10.70	1661	12.60	9015	68.37
1993	3822	8.15	4483	9.56	5427	11.58	33147	70.71
1994	5045	8.28	1281	2.10	3557	5.84	51042	83.78
1995	7482	9.16	2367	2.90	3454	4.23	68350	83.71
1996	8120	9.93	3017	3.69	4271	5.22	66378	81.16
1997	6837	5.95	22296	19.39	9585	8.33	76280	66.33
1998	9629	6.84	32606	23.16	9729	6.91	88816	63.09
1999	15269	9.67	42290	26.78	10583	6.70	89798	56.86
2000	37365	16.48	57407	25.32	14269	6.29	117674	51.90
2001	65727	22.87	70395	24.49	11850	4.12	139440	48.52
2002	83701	23.01	82467	22.67	31266	8.60	166282	45.72
2003	170494	33.05	87315	16.92	35815	6.94	222290	43.09
2004	242509	27.10	374436	41.84	66153	7.39	211922	23.68
2005	273897	33.68	244319	30.04	92937	11.43	202198	24.86
2006	374120	31.90	423122	36.08	103387	8.82	272186	23.21
2007	635571	39.39	519031	32.17	193432	11.99	265532	16.46
2008	804731	37.24	790138	36.57	215401	9.97	350519	16.22
2009	751535	43.13	593127	34.04	110067	6.32	287607	16.51
2010	964219	38.45	788197	31.43	329084	13.12	426319	17.00
2011	1033948	35.46	882536	30.27	409739	14.05	589743	20.22

从图 5－17 纵轴的数据可以看出，我国对欧盟新 11 国的产品出口额远远低于同欧盟原 15 国的出口额，但是同欧盟新 11 国的出口额也呈稳步上升趋势，未来还有很大发展空间。另外，从图 5－17 可以看出低技术产品在 2003 年之前，一直高于其他三类产品，2004 年，中高技术和高技术产品才纷纷超过了低技术产品，并且这两类产品的出口量从此之后呈急速上升阶段，远远高于中低技术和低技术产品的出口量。

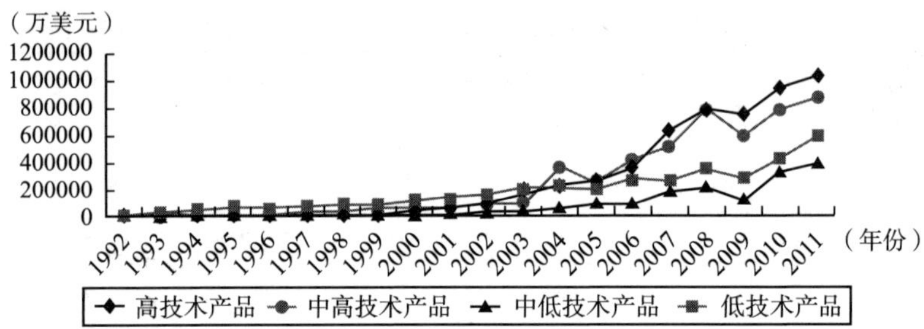

图 5－17　1992～2011 年中国对欧盟新 11 国不同技术水平产品的出口情况

资料来源：根据 UN COMTRADE（联合国贸易数据库）整理。

5.6.2　进口结构状况（见表 5－16）

表 5－16　　中国从欧盟新 11 国不同技术水平产品进口额及占比情况

年份	高技术产品		中高技术产品		中低技术产品		低技术产品	
	进口额（万美元）	占比（%）	进口额（万美元）	占比（%）	进口额（万美元）	占比（%）	进口额（万美元）	占比（%）
1992	6747	15.53	20517	47.22	15662	36.05	524	1.20
1993	1356	1.84	10727	14.59	56107	76.31	5333	7.25
1994	5116	10.33	8462	17.09	33857	68.40	2065	4.17
1995	4122	14.86	11345	40.90	11275	40.64	999	3.60
1996	908	4.16	8001	36.63	10790	49.40	2143	9.81
1997	1845	13.29	5880	42.36	2183	15.73	3972	28.61
1998	1490	15.23	1993	20.38	3361	34.36	2939	30.04
1999	3137	14.39	6299	28.89	9097	41.71	3274	15.01
2000	6045	21.47	8898	31.60	6714	23.84	6503	23.09

续表

年份	高技术产品		中高技术产品		中低技术产品		低技术产品	
	进口额（万美元）	占比（%）	进口额（万美元）	占比（%）	进口额（万美元）	占比（%）	进口额（万美元）	占比（%）
2001	14316	28.76	14081	28.29	14823	29.78	6550	13.16
2002	47620	47.61	18638	18.63	24058	24.05	9708	9.71
2003	52337	35.77	29997	20.50	52990	36.22	10989	7.51
2004	54655	33.62	44202	27.19	51047	31.40	12676	7.80
2005	57177	37.92	40933	27.15	38293	25.40	14366	9.53
2006	104485	42.70	86221	35.24	39788	16.26	14179	5.80
2007	99609	27.24	175256	47.93	61801	16.90	28968	7.92
2008	105559	22.32	246559	52.14	81442	17.22	39277	8.31
2009	104588	22.81	231586	50.51	86232	18.81	36079	7.87
2010	157604	22.57	382610	54.79	109923	15.74	48216	6.90
2011	207088	20.65	573505	57.17	143639	14.32	78855	7.86

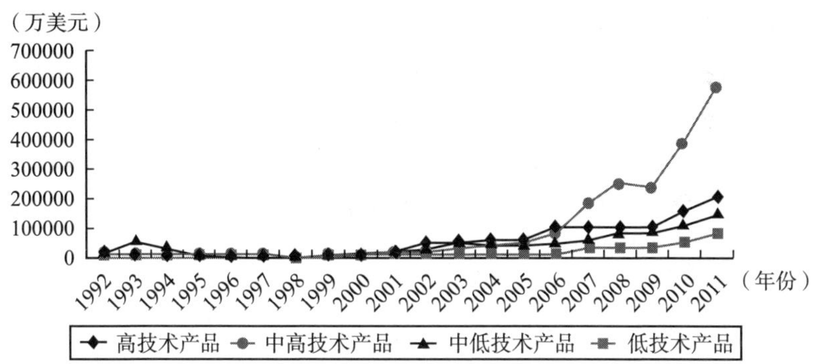

图5－18　1992～2011年中国从欧盟新11国不同技术水平产品的进口情况

资料来源：根据UN COMTRADE（联合国贸易数据库）整理。

由图5－18可以看出，我国对欧盟新11国的进口额也是从2001年开始有了很大增长。2009年受到金融危机的影响有所下降，2010年又恢复到了很高的进口量，2011年也是，所以中高技术产品在2007年之后有迅猛增长的趋势，但受到金融危机的影响有短暂下滑，不过回弹速度相当快，回弹力量也比较大。

5.6.3 进出口结构对比

由于数据的缺乏性，对新 11 国没有足够的数据进行计量研究。因此本章只做统计学分析。

第一，分析高技术产品进出口对比情况（见图 5－19）。

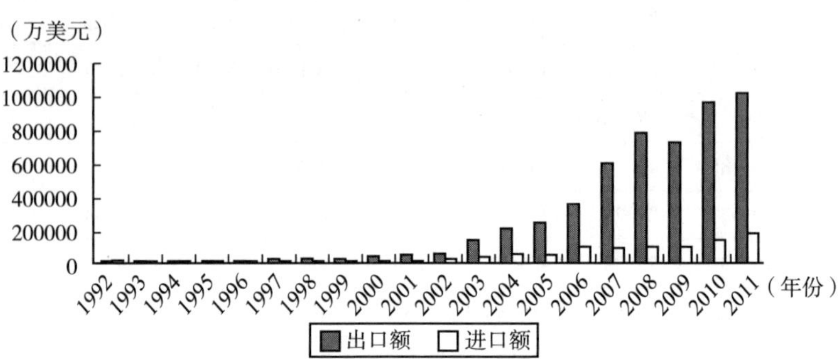

图 5－19　1992～2011 年中国与欧盟新 11 国高技术产品进出口对比

资料来源：根据 UN COMTRADE（联合国贸易数据库）整理。

由图 5－19 以及相关分析可以看出，2000 年之前关于高技术产品我国同欧盟新 11 国的进出口量都很低，2001 年之后逐年稳步增长，且增长幅度很大。此外，在对新 11 国的高技术产品的贸易中，过去的 10 年里我国拥有很大顺差，说明我国高新技术产品在新 11 国有很大的市场潜力。

第二，看看中高技术产品的进出口对比（见图 5－20）。

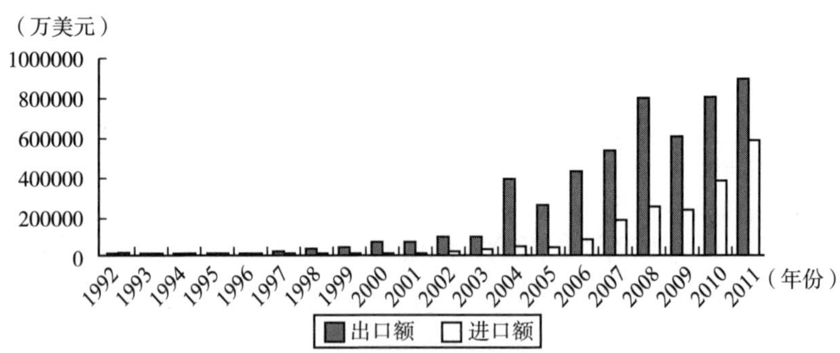

图 5－20　1992～2011 年中国与欧盟新 11 国中高技术产品进出口对比

资料来源：根据 UN COMTRADE（联合国贸易数据库）整理。

由图5－20可以看出，我国对欧盟新11国中高技术产品的顺差是从1997年开始显现的，进出口总额从2004年有了突飞猛进的进步，而2004年也是塞浦路斯、爱沙尼亚、拉脱维亚、立陶宛、波兰、捷克、斯洛伐克、匈牙利、马耳他、斯洛文尼亚10个国家正式加入欧盟的时间，从2003～2004年我国对其中高技术产品的出口额翻了三番还多。从2004～2011年虽然进出口总额总体是增长的趋势，但也出现过一定浮动，不过总体上我国对欧盟新成员国中高技术产品的贸易依然保持顺差趋势。

第三，看看中低技术产品的进出口对比（见图5－21）。

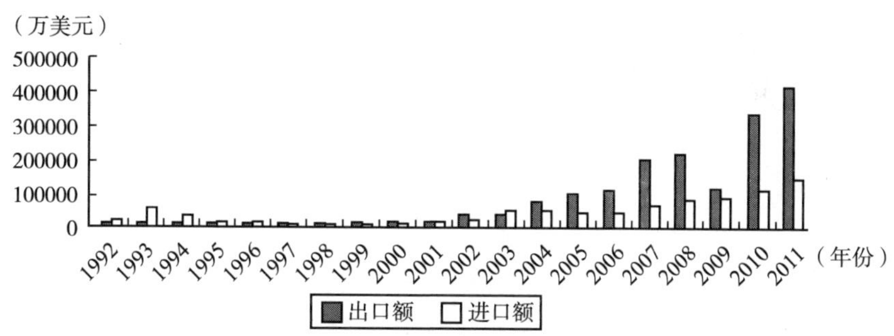

图5－21　1992～2011年中国与欧盟新11国中低技术产品进出口对比

资料来源：根据UN COMTRADE（联合国贸易数据库）整理。

由图5－21可以看出2001年我国加入WTO之后，我国对欧盟新11国中低技术产品进出口逐步发展并且出口超过了进口。与欧盟原15国中低技术产品进出口对比图中相似的一点是，2009年受到金融危机的影响，我国对欧盟新11国中低技术产品的出口减少了几乎50%，这说明我国大量生产中低技术产品的中小企业防范和经受经济风险的能力差，需要引起我们的关注。

第四，看看低技术产品进出口对比（见图5－22）。

从我国对欧盟新11国的低技术产品的进出口对比图中可以看出，我国对欧盟新10国的低技术产品的出口额一直远远高于进口额，如此大的贸易顺差，也造成了我国同欧盟之间的贸易摩擦。

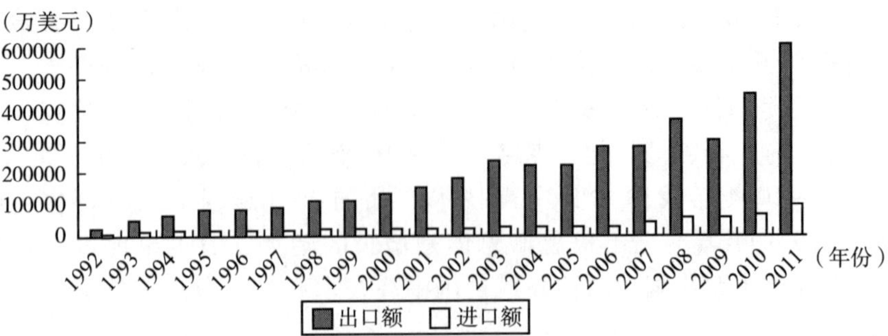

图 5-22　1992～2011 年中国与欧盟新 11 国低技术产品进出口对比

资料来源：根据 UN COMTRADE（联合国贸易数据库）整理。

第 6 章

FDI 对东道国出口和进口商品结构的影响机理

6.1 FDI 对东道国出口商品结构影响的理论模型

根据赫克歇尔、俄林及萨缪尔森的要素禀赋论的基本结论可知，一国要素禀赋比例的变化会引起本国产品生产成本的变化，从而带来比较优势的变化。本章分别讨论封闭状态下及开放条件下本国要素比例变化对出口结构和进口商品结构的影响。其中，在开放条件下分别对吸引外资和引进技术两种情形进行讨论。吸引外商直接投资的进入，会改变东道国（本章指发展中国家）市场上封闭条件下的资本、劳动等要素供给比例的变化，从而引起资本、劳动等的使用成本发生变化，最终会导致本国的比较优势产品发生动态的升级。同样，引进国外的先进技术也会改变本国的要素禀赋结构，从而对东道国进出口结构产生影响。因为第 3 章的统计研究显示出：欧盟对华直接投资的主要特点是直接投资带动的高新技术的输入，也就是说我国在引进欧盟直接投资的同时引进了大量的先进技术，尤其是欧盟原 15 国对华直接投资主要是集中于我国的中高技术产业，说明其投资倾向于资本技术密集型产业，因此本章在借鉴学者们研究的基础上，把直接投资和技术进步纳入理论模型进行变量分析，构建外国直接投资与东道国进出口贸易结构变化的理论模型。本章以多恩布什、费舍尔和萨缪尔森（Dornbush，Fischer and Samuelson，1980）的模型（简称 DFS 模型）为基础并作进一步扩展。本章构建的理论模型与 DFS 模型的主要区别是：进一步扩展了 DFS 模型，并分别讨论了外商直接投资对东道国进出口商品结构的影响以及技术引进对东道国进出口商品结构的影响，最后比较了引进外资和引进技术对东道国出口结构影响的差异。

6.2 FDI对东道国出口商品结构的影响机理

在理论分析框架构建之前，本章作如下基本的理论假设：世界上有两类国家，分别是发达国家和发展中国家，不存在技术进步，货物连续，要素市场与产品市场能达到出清状态，生产要素只有资本与劳动力，并且同类产品、生产要素在各国是同质的，两国从事的是完全专业化的分工。假设本国为发展中国家，外国为发达国家。

6.2.1 在封闭条件下的情形

在封闭条件下，对于某一商品 z，（$z\in[0,1]$），它带给代表性消费者的效用为：$U_i=q(z)^{\alpha}$，α 为消费者在商品 z 上的支出份额，因此有：$\int_0^1\alpha(z)dz=1$。于是，多种产品给消费者带来的总的效用为：

$$U=\prod_{z=0}^{1}q(z)^{\alpha} \tag{6-1}$$

（6-1）式中，q 代表消费者对于商品 z 的需求量。对（6-1）式取自然对数，可得：

$$\ln U=\sum_{z=0}^{1}\alpha(z)\ln q(z)=\int_0^1\alpha(z)\ln q(z)dz \tag{6-2}$$

根据上述假定，可以得出商品 z 的生产函数为：

$$f(z)=f(L,K) \tag{6-3}$$

设某一单位产品的生产成本为 c，则有：

$$c=c(w,r,z)=\min\left(\frac{wL+rK}{f(z)}\right) \tag{6-4}$$

于是，单位商品所需要的劳动数量、资本数量分别为：

$$a_L(w,r)=\partial c(w,r)/\partial w,\ a_K(w,r)=\partial c(w,r)/\partial r \tag{6-5}$$

根据（6-5）式可知，单位产品资本劳动投入比为$\dfrac{a_K(w,r)}{a_L(w,r)}$

对于每一种商品 z，市场出清条件下，供求平衡时企业平均利润为零，

即由商品 z 的销售收入等于其要素支出额，即存在：

$$p(z)q(z) = \alpha(z)(wL + rK) \tag{6-6}$$

对于所有商品，则有：

$$\int_{z=0}^{1} p(z)q(z)dz = \int_{z=0}^{1} \{\alpha(z)[w(z)L(z) + r(z)K(z)]\} dz \tag{6-7}$$

均衡时，由零利润条件可知，$p(z) = c(w(z), r(z))$　　(6-8)

将（6-8）式代入到（6-6）式，可得：

$$q(z) = \alpha(z)(wL + rK)/c(w, r) \tag{6-9}$$

要素市场均衡时，对于所有商品，其资本、劳动要素的投入比例为：

$$\frac{L}{K} = \frac{\int_{z=0}^{1} a_L(w, r)q(z)dz}{\int_{z=0}^{1} a_K(w, r)q(z)dz} \tag{6-10}$$

6.2.2　在开放条件下的情形

在开放条件下，一个国家会从事优势产品的专业化生产，劣势产品会通过进口满足本国消费者的需要。因此，对于任一商品 z，它只能在生产成本更低的国家生产，不可能在两个要素禀赋差异较大的国家都生产。于是，任一产品的均衡价格由生产成本更低的那个国家来决定。即：

$$p(z) = \min[c(w, r), c(w^*, r^*)] \tag{6-11}$$

其中，w^*、r^* 分别表示外国的工资及资本利率。

根据本章假定，本国是一个发展中国家，其劳动力要素相对丰裕，因此本国的工资、利率之比要小于国外的工资、利率之比，即有：$w/r < w^*/r^*$；同样道理，对于国外来说，其利率、工资之比要小于本国的利率、工资之比，即有：$r^*/w^* < r/w$。因为各商品 z 是连续的，所以对于 $z \in [0, 1]$，本国与外国的单位成本线是一条连续的直线。设本国所有产品的单位成本线为 CC，国外所有产品的单位成本线为 C^*C^*。假设本国在区段为 $z \in [0, z^*]$ 的产品生产上具有成本上的优势，国外在区段为 $z \in [z^*, 1]$ 的产品生产上具有比较优势，则可以把这种状况反映在一个平面图上，如图 6-1 所示。

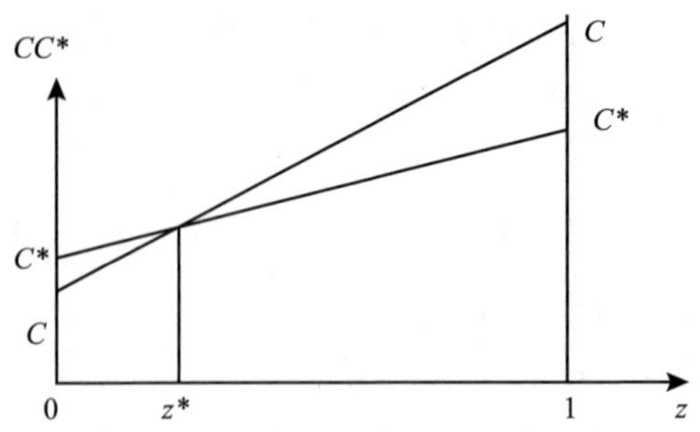

图6－1 本国、外国的单位成本曲线

由图6－1可知，在两条单位成本曲线交叉点，两国关于产品 z^* 的生产成本相同。在交叉点左侧，本国生产劳动密集型产品有优势；在交叉点右侧，外国生产资本密集型产品有优势。

根据（6－9）式可知，外国的产出为：

$$q^*(z)=\alpha(z)(wL^*+rK^*)/c(w,r) \quad (6-12)$$

（6－9）式与（6－12）式相加，可得本国与外国的总产出为：

$$Q(z)=q(z)+q^*(z)=\alpha(z)[(wL+rK)+(wL^*+rK^*)]/c(w,r),\ z\in[0,1] \quad (6-13)$$

由（6－13）式可知，开放条件下经过专业化分工之后，本国的产出为：

$$q(z)=\alpha(z)[(wL+rK)+(wL^*+rK^*)]/c(w,r),\ z\in[0,z^*]$$

外国的产出为：

$$q^*(z)=\alpha(z)[(wL+rK)+(wL^*+rK^*)]/c(w,r),\ z\in[z^*,1]$$

于是，在本国，劳动力、资本的相对需求会发生一定程度的变化，此时本国劳动与资本的比率变为：

$$D_L=\frac{\int_{z=0}^{z^*}a_L(w,r)q(z)dz}{\int_{z=0}^{z^*}a_K(w,r)q(z)dz} \quad (6-14)$$

当本国生产产品 z 对劳动产生的相对需求与本国劳动力要素的相对禀赋相等时，本国劳动市场达到均衡状态，即有：

$$\frac{L}{K}=\frac{\int_{z=0}^{z^*}a_L(w,r)q(z)dz}{\int_{z=0}^{z^*}a_K(w,r)q(z)dz} \quad (6-15)$$

这时，本国的劳动力与资本的相对报酬也会同时确定。见图 3－2 所示。

在外国，劳动力、资本的相对需求为：

$$D_L^* = \frac{\int_{z=z^*}^{1} a_L(w^*, r^*) q^*(z) dz}{\int_{z=z^*}^{1} a_K(w^*, r^*) q^*(z) dz} \tag{6-16}$$

外国劳动力市场达到均衡时，外国生产产品 z 对劳动产生的相对需求与外国劳动力要素的相对禀赋相等，即有：

$$\frac{L^*}{K^*} = \frac{\int_{z=z^*}^{1} a_L(w^*, r^*) q^*(z) dz}{\int_{z=z^*}^{1} a_K(w^*, r^*) q^*(z) dz} \tag{6-17}$$

这时，外国的劳动力与资本的相对报酬也同时确定（见图 6－2）。

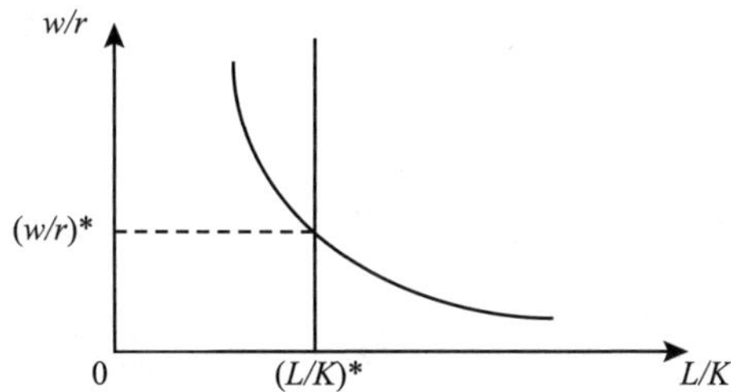

图 6－2　本国劳动力的相对需求与相对供给的均衡

两国达到贸易均衡时，进出口额相等，即本国向外国出口的劳动密集型产品金额恰好等于外国向本国出口的资本密集型产品金额。即满足：

$$\int_{z^*}^{1} \alpha(z)(wL + rK) dz = \int_{0}^{z^*} \alpha(z)(w^* L^* + r^* K^*) dz \tag{6-18}$$

（6－16）式等号左边是本国从外国进口的区段为 $z \in [z^*, 1]$ 的产品金额，（6－18）式等号右边是外国从本国进口的区段为 $z \in [0, z^*]$ 的产品金额。

6.2.3　纳入外资后的情形（假定不存在技术外溢）

假设本国吸引外商直接投资，投资量为 ΔK。外资的进入，改变了本国与外国的资本存量，本国的资本变量现在为 $K + \Delta K$，而外国的资本存量现在变为 $K^* - \Delta K$。此时，本国与外国的产出都会在封闭状态下发生了变化。本国现在的产出为：

$$q(z)=\alpha(z)\{[wL+r(K+\Delta K)]+[wL^{*}+r(K^{*}-\Delta K)]\}/c(w,r)$$

外国的产出现在为：

$$q(z)=\alpha(z)\{[wL+r(K+\Delta K)]+[wL^{*}+r(K^{*}-\Delta K)]\}/c(w^{*},r^{*})$$

在本国，由于外资的进入，改变了原来的劳动力与资本的相对比例，劳动力相对数量在减少，资本的相对数量在上升。现在的劳动与资本的比例为：

$$\frac{L}{K}=\frac{\int_{z=0}^{z^{*}}a_{L}(w,r)q(z)dz}{\int_{z=0}^{z^{*}}a_{K}(w,r)q(z)dz+\int_{z^{*}}^{z^{**}}a_{\Delta K}(w,r)q(z)dz} \tag{6-19}$$

其中，z^{**} 表示新的国内外分工点。此时，由于本国劳动力相对供给数量的减少，它的相对使用成本会增加；同样，本国资本相对数量的增加，会降低资本的使用成本。于是，本国原来的劳动密集型产品的比较优势会缩小。

图 6－3 表明，外资的进入最终会引起本国与外国分工点的变化。新的均衡点在原来的均衡点的右侧。这说明，外资的进入使本国具有比较优势的产品种类在增加，本国现在不仅可以生产原来的比较优势产品（劳动密集型产品）①，同时还能生产部分资本密集型产品，这会导致本国的出口商品结构升级。另外，外国现在的比较优势产品种类越来越少，它仍然

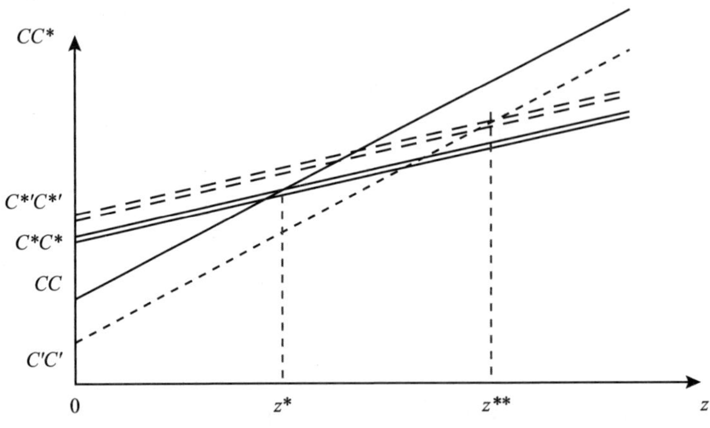

图 6－3 外资进入后两国分工均衡点的变化

① 需要指出的是，本国现在可以生产的比较优势产品种类虽然增多了，但是因为部分比较优势不明显的劳动密集型产品现在随着劳动力价格的上升，其优势在逐渐削弱，因此本国会适当缩减这类产品的生产规模，把腾出来的资源用在部分资本密集型产品的生产上。

只从事资本密集型产品的生产。因此，外国必然面临来自本国的产品竞争压力，这种压力会刺激外国加大研发力度，提高技术水平，从而开发出新的资本、技术密集型产品。从这种意义上来说，外资的进入会产生两种结果：第一，它会使吸引外资国的出口商品结构进行优化升级；第二，它会刺激对外投资国研发出新的产品。

6.3 FDI对东道国进口商品结构的影响机理

外资进入东道国后，它对东道国进口商品结构也会产生重要影响，这种影响可能比较复杂。在外资进入东道国初期，可能由于对东道国的产业政策以及产业技术水平并不十分了解，同时也为了防止核心技术的外溢，新进入企业往往从海外母公司进口核心零部件或技术含量较高的中间产品。这时东道国会因为外资的进入而增加对中间产品的进口。经过一段时间之后，外资会加深对东道国的政策以及产业技术水平的了解，为了节约生产成本和适应东道国当地市场的需求，外资一般会选择在东道国当地研发、制造中间产品，这会减少东道国对外来中间产品的进口。因此，外资的进入对东道国进口商品结构的影响主要取决于中间产品在何地被研发、生产。下面对这两种情形进行分析。

6.3.1 外资进入东道国初期

外资进入东道国初期，由于东道国无法提供最终产品生产所需的核心零部件，同时，外资担忧在东道国当地生产核心零部件会造成较先进技术的流失。因此这个阶段外资往往从国外母公司大量进口核心零部件等中间产品。下面对外资在进入初期主要从海外进口中间品的原因进行理论分析。

外资进入东道国市场后，与内资之间必然存在较明显的技术差距。设内外资技术差距为 G，此时技术差距与其他要素的结合会产生技术外溢。于是，可以把技术差距作为产品生产的一个变量纳入模型。东道国本国的生产：$q(z)=q(L,\ K,\ G)$，因为东道国内资企业此时可以无偿地获得技术，因此技术的使用成本为0。于是，有：

$$q(z)=\alpha(z)\{[wL+r(K+\Delta K)]+[wL^{*}+r(K^{*}-\Delta K)]+G\}/c(w,\ r)$$

而外资的产出为：

$$q(z)=\alpha(z)\{[wL+r(K+\Delta K)]+[wL^{*}+r(K^{*}-\Delta K)]\}/c(w^{*},\ r^{*})$$

由于存在技术外溢，这会导致内资企业的劳动力与资本的使用比例发生变化，劳动力的投入会减少，资本的使用比例会上升。此时，东道国劳动、资本的使用比例为：

$$\frac{L}{K}=\frac{\int_{z=0}^{z^*}a'_{L'}(w,\ r)q'(z)dz}{\int_{z=0}^{z^*}a'_K(w,\ r)q'(z)dz+\int_{z^*}^{z^{**}}a'_{\Delta K}(w,\ r)q'(z)dz} \tag{6-20}$$

显然上式数值小于（6－19）式，说明东道国因为技术外溢导致劳动力成本下降并且导致东道国要素使用效率提高了（从 a 下降到 a'），而外资的资本劳动比没有发生变化。这会加剧内外资之间的产品竞争。因此，这种情形下，外资为了避免技术外溢的发生，提升自己的竞争力，会从海外进口中间产品，在东道国从事非核心部件及最终产品的生产。外资从海外进口核心零部件很大程度上会避免技术外溢的发生，因此内资企业生产投入的劳动、资本比例不会发生变化。

由上述分析可知，在外资进入东道国初期，东道国对中间产品的进口是增加的。

6.3.2 外资进入东道国较长时间后的情形

外资进入东道国较长时间后，为了扩大规模，更充分地利用当地资源及优惠政策，会逐步考虑通过设立研发中心等形式在当地开展研发并生产部分核心零部件，同时把一些非核心业务转让给东道国内地企业。这种情形下虽然会产生技术外溢，但是由于外资一直在从事研发活动，所以其对核心技术垄断优势还是存在的。此时，内资企业受技术外溢的影响，生产规模会继续扩大，技术水平会继续提升，因此，产品生产所投入的劳动力会继续减少（从 a'_L下降到 a''_L），资本使用比例会继续提高（从 a'_K上升到 a''_K）。此时，东道国内资企业的劳动、资本投入比例为：

$$\frac{L}{K}=\frac{\int_{z=0}^{z^*}a''_{L''}(w,\ r)q''(z)dz}{\int_{z=0}^{z^*}a''_K(w,\ r)q''(z)dz+\int_{z^*}^{z^{**}}a''_{\Delta K}(w,\ r)q''(z)dz} \tag{6-21}$$

此时，外资企业由于在当地存在持续的研发活动，设其所研发的新技术为 T，其生产函数为：

$$q^*(z)=q(L,\ K,\ T) \tag{6-22}$$

由于外资研发活动的存在，其生产函数中要素投入比例一直在优化，劳动力使用率逐渐降低，资本及技术使用率其报酬逐渐提升。此时，劳动与资本的比率为：

$$\frac{L'^*}{K'^*} = \frac{\int_{z=z^*}^{1} a_L(w'^*, r'^*)q'^*(z)dz}{\int_{z=z^*}^{1} a_K(w'^*, r'^*)q'^*(z)dz}$$

外资企业在东道国设立研发中心之前，其利润函数为：

$$\pi^* = p^*q^* - a^*L^* - r^*K^* - C \qquad (6-23)$$

设研发投入是利润的固定比例（设为 &%），设研发投入为 R，则研发中心设立后外资企业的利润函数为：

$$\pi'^* = p'^*q'^* - a^*L^* - r^*K^* - C - \&\% \qquad (6-24)$$

研发活动的存在会带来巨大的研发成本，但这会通过制定产品垄断价格最终将成本转嫁给消费者。而外资技术优势的长期存在会使其长期保持垄断利润，因此，(6－24) 式会大于 (6－23) 式，否则外资会撤出。即有：

$$\pi'^* - \pi^* > 0 \qquad (6-25)$$

由上述分析可知，跨国公司进入当地较长时间后，随着其研发中心的设立及大量的研发投入，它会在当地生产大量的中间产品，从而逐步完成对中间产品的进口替代；另外，由于技术溢出效应的存在，生产相同或相似产品的内资企业的产品技术含量也会不断提高，从而带动整个行业技术水平的提升，这在一定程度上优化了一国的产业结构。

6.4 东道国引进外资和引进技术对出口结构影响的差异

根据本章上述讨论可知，外资的跨国界流动必然会引起对外投资国加大研发力度，提高技术水平，研发出新的产品。本部分首先分析外国在生产过程中纳入新的技术，而本国没有掌握此项技术时的情形；然后分析本国通过技术外溢也掌握了这项新技术后的情形。

6.4.1 外国纳入新技术，本国未掌握的情形

外国在生产过程中纳入新的技术后其生产函数会发生变化，此时，外国关于产品 z 的生产函数为：

$$f^*(z)=f^*(L, K, T)$$

上式中，T 为技术进步。设技术的使用成本为 φ。

此时，在国外市场上，对于一种新产品 z，市场出清条件下，供求平衡时企业平均利润为零，即由商品 z 的销售收入等于其要素使用成本，即存在：

$$P^*(z)q^*(z)=\alpha(z)(w^*L^*+r^*K^*+\varphi^*T^*)$$

外国此时的产出包括两部分，即原有的资本密集型产品的产出与新研发的技术密集型产品的产出。外国的产出现在为：

$$q^*(z)=\alpha(z)\{[wL+r(K+\Delta K)] + [wL^*+r(K^*-\Delta K)]+\varphi^*T^*\}/c(w^*, r^*)$$

在外国，劳动与资本要素的比例现在为：

$$\frac{L^*}{K^*-\Delta K}=\frac{\int_{z^{*\prime}}^{1}a_L(w^*, r^*)q_L^*(z)dz}{\int_{z^{*\prime}}^{1}a_K^*(w^*, r^*)q_K^*(z)dz-\int_{z^{*\prime}}^{z^{**\prime}}a_{\Delta K}^*(w^*, r^*)q_K^*(z)dz} \tag{6-26}$$

此时，在外国市场上对技术要素的需求为：

$$T^*(z)=\int_{a^{*\prime}}^{1}a_T^*q_T^*(z)dz$$

在外国市场上，新技术的使用会使单位产品的成本发生变化，资本及劳动要素的使用价格会因为技术的投入而上升，因此外国的单位产品成本线会在对外投资的基础上继续向上移动并且其斜率会发生一定程度的变化，根据本章的假设可知，外国的单位成本线会更加平坦。

外国在生产过程中加入了新技术的整个过程中，本国产品的生产投入并未发生变化，即本国的单位成本曲线与吸引外资后的状态完全一致。而本国此时的生产函数仍为：$f(z)=f(L, K)$。此时，两国新的分工均衡点变化如图 6-4 所示。

由图 6-4 可以看出，外国引进技术后，单位成本线向上移动并且其斜率发生了变化，新的分工均衡点在 z^{***} 处，z^{***} 在 z^{**} 的右侧，说明技术的引进在对外投资的基础上进一步减少了外国具有优势的产品种类，增加了本国优势产品的生产种类①。假定外国劳动力、资本的总的供给量不变，

① 需要指出的是，随着外国在产品生产上使用新技术，使外国优势产品种类增加，但同时对外投资引起的部分资本密集型产品的优势丧失，它的优势产品种类在减少。新产品种类增加的速度会小于部分资本密集型产品优势丧失的速度。因此，总体来看，外国优势产品的种类还在减少。

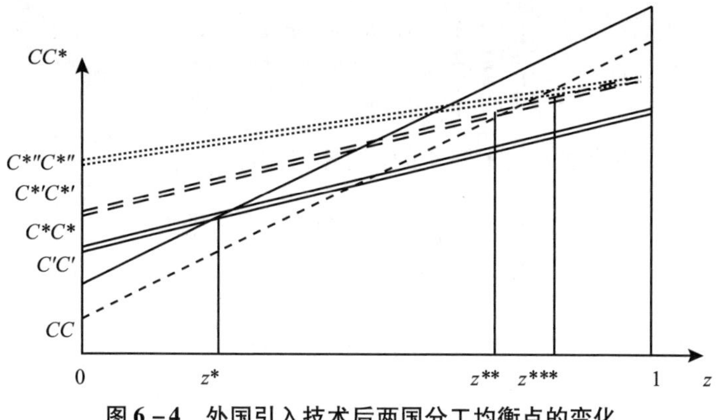

图 6-4　外国引入技术后两国分工均衡点的变化

因此新的技术密集型产品的生产导致资本密集型产品的规模在缩小，这会使本国的资本密集型产品的种类继续增加。因此，在外国纳入新技术，而本国未掌握的情形下，本国的优势产品种类继续扩大，但其扩大速度会低于单纯吸引外资时的速度。同样的，外国在生产过程中使用新的技术，虽然它在资本密集型及技术密集型产品的生产上都具有优势，但总体来看，其具有优势的产品种类在减少，不过减少的速度比在单纯对外投资时要慢。

6.4.2　本国获取国外新技术后的情形

随着外国在生产中使用新技术并大量出口到本国，会存在技术的外溢效应①，这客观上会使本国慢慢掌握这些新的技术。新技术的引进，会使本国部分资本密集型产品的生产中多了技术要素，同时成本函数中也增加了技术的使用费用。此时，本国的生产函数为：$f(z)=f(L, K, T)$。本国的成本函数为：$c(z)=c(w, r, \varphi)$

此时本国的产出为：

$$q(z)=\alpha(z)\{[wL+r(K+\Delta K)] + [wL^{*}+r(K^{*}-\Delta K)]+\varphi T\}/c(w, r, \varphi) \tag{6-27}$$

现在本国的劳动与资本要素的需求比例为：

① 或者本国通过技术贸易获取了外国先进技术的使用权。

$$\frac{D_L}{D_K} = \frac{\int_{z=0}^{z^*} a_L(w, r, \varphi) q(z) dz}{\int_{z=0}^{z^*} a_K(w, r, \varphi) q(z) dz}$$

现在本国的劳动与技术要素的需求比例为：

$$\frac{D_L}{D_T} = \frac{\int_{z=0}^{z^*} a_L(w, r, \varphi) q(z) dz}{\int_{z=0}^{z^*} a_T(w, r, \varphi) q(z) dz}$$

现在本国的资本与技术要素的需求比例为：

$$\frac{D_K}{D_T} = \frac{\int_{z=0}^{z^*} a_K(w, r, \varphi) q(z) dz}{\int_{z=0}^{z^*} a_T(w, r, \varphi) q(z) dz} \tag{6-28}$$

本国产品生产投入要素比例的变化引起单位成本曲线发生变化。首先，吸引外资的增加导致本国单位成本曲线向下平移；其次，技术的引进会使本国的单位成本曲线斜率减小，更加平缓。为了简化分析过程，本章假定这种情形下外国并没有研发出新的技术。于是，本国技术的引进导致本国与外国新的分工均衡点又发生了变化，如图6-5所示。

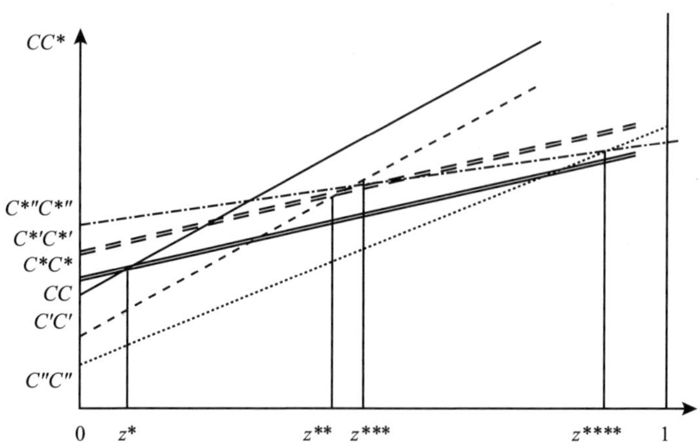

图6-5 本国引进技术后的两国分工均衡点的变化

由图6-5可以看出，本国引进外国的先进技术后，单位成本曲线（$C''C''$曲线）继续向下移动并且斜率变得更小。它与外国的单位成本曲线（$C^{*''}C^{*''}$）的交点为这种情形下两国的新的分工均衡点（如 z^{****} 所示）。

这个均衡点距离上一个情形下的均衡点较远，这表明本国技术的引进大幅度地扩充了本国的比较优势产品的种类。由此得出的结论是：引进技术比引进外资对本国（发展中国家）出口结构升级的影响要明显得多。对此本章认为可能的原因是：单纯引进外资未必能获得比较充分的技术外溢（合资形式可能会产生技术外溢，但独资形式基本不可能产生技术外溢），而直接引进国外较先进的技术则会使本国能够充分地借用外来先进技术改善本国的出口商品结构。这一结论具有很强的政策含义。本书后面的实证检验中将会对此结论进行经验验证。

6.5　研究结论

本章以 DFS 模型为基础，并进行系统扩展，首先遵循要素比例→产品成本→比较优势→出口结构的思路系统研究了封闭状态及开放条件下发展中国家的出口结构升级问题。在封闭状态下，本国基于自己固有的资本及劳动力要素禀赋状况，专门从事劳动密集型产品的生产，并推导得出了市场出清条件下劳动、资本的投入比例。开放条件下的分析又分为两种情况。第一种情况分析了引进外资对本国要素结构、单位成本、比较优势及出口结构的影响。其基本结论是：本国引进外资后，劳动与资本的相对比例变小，劳动力相对工资上升，资本的使用成本（利率）下降，导致本国部分劳动密集型产品的优势在下降，于是本国缩减了这部分劳动密集型产品的生产规模，在部分资本密集型产品的生产上开始具有比较优势，这导致本国的优势产品既包括劳动密集型产品，又包括部分资本密集型产品，即本国的优势产品种类增加，同时外国的优势产品种类在减少。外国比较优势产品种类的减少会刺激他们研发新的技术，投入到生产领域中。从而使东道国的产业结构不断优化，进而优化了东道国的出口商品结构。

关于 FDI 对东道国进口商品结构的影响机理，本章认为外资进入东道国后，它会对东道国进口商品结构产生重要影响，这种影响可能比较复杂。本章分析了三种情形：一是外资进入东道国初期，这个阶段外资往往从国外母公司大量进口核心零部件等中间产品，从理论上分析了该种情形下内资生产投入的劳动、资本比例发生变化的情况。二是外资进入东道国较长时间后，分析了随着其研发中心的设立及大量的研发投入，它会在当地生产大量的中间产品，实现对中间产品进口替代的机理。三是分析了东道国引进外资和引进技术对出口结构影响的差异。对外国在生产中使用新的技术又细分为两种情况进行分析，分别是本国尚未获取新技术和本国获取了新技术的情况。在第一种情况下，最终的结果仍然会使本国的优势产品种类增加，但增加幅度较小（从 z^{**} 到 z^{***} ），外国的优势产品种类仍在减少，但减少幅度较慢。需要注意的是，外国虽然优势产品种类减少了，但凭借技术的垄断优势可以获取比以前更多的贸易收益。第二种情况下，本国通过技术贸易获取了国外的较先进的技术，最终会导致本国优势产品的范围大幅度增加（从 z^{***} 到 z^{****} ），外国优势产品种类大幅度减小（当然这与假定这期间外国并未使用新技术有密切关系），本国可以生产较多种类的资本密集型产品以及劳动密集型产品。由此得出的结论是：引进技术比引进外资对本国（发展中国家）出口结构升级的影响要明显得多。

第 7 章

FDI 对东道国贸易结构影响的实证研究

7.1 欧盟 FDI 对我国出口商品结构的影响分析

7.1.1 欧盟 FDI 对我国出口商品结构的时间序列分析

本章针对欧盟对我国的直接投资与中国向欧盟出口的产品结构进行实证与数理分析，由于欧盟新 11 国进入欧盟时间较晚，在数据采集过程中发现样本有限，无法进行有效数理分析，实证部分仅考虑欧盟原 15 国同我国对其出口商品结构的关系。

1. 模型构建与数据选择

在变量选取上，被解释变量为我国对欧盟不同种类技术水平的出口额，即中国对欧盟高技术水平产品出口额（EXH），中国对欧盟中高技术水平产品出口额（EXMH）、中国对欧盟中低技术水平产品出口额（EXML）、中国对欧盟低技术水平产品出口额（EXL）；选取的解释变量为欧盟对华直接投资额（FDI）、我国国内生产总值（CGDP），我国研发与试验发展（R&D）经费内部支出（RD），欧盟 15 国国内生产总值加总额（EGDP）。奚君羊、刘卫江（2001）认为滞后性存在于 FDI 对出口商品结构的改善过程中，即出口额与 FDI 的累计值相关系数显著，因而此处欧盟对华直接投资额（FDI）取存量即累积量。为了消除模型中可能存在的异方差现象和时间序列的波动性，对数据进行对数化处理，处理后的变量分别记为 LnEXH、Ln$EXMH$、Ln$EXML$、LnEXL、LnFDI、Ln$CGDP$、LnRD、Ln$EGDP$。

方程如下：

$$\mathrm{Ln}EX = C + \alpha_1 \mathrm{Ln}FDI + \alpha_2 \mathrm{Ln}CGDP + \alpha_3 \mathrm{Ln}RD + \alpha_4 \mathrm{Ln}EGDP \quad (7-1)$$

2. 单位根检验

对于时间序列分析中由于数据非平稳性产生的伪回归（Spurious Regressions）问题，在进行协整分析前，通常首先利用单位根检验验证平稳性。在经济数据序列和货币金融数据序列的时序分析中常用这种方法来检验平稳性。即进行如下回归：

$$\Delta x_t = \alpha_0 + \alpha_1 t + \alpha_2 x_{t-1} + \sum_{i=1}^{k} \alpha_3 \Delta x_{t-1} + \mu_t \quad (7-2)$$

回归中检验情况为：H_0：$\alpha_2 = 0$；H_1：$\alpha_2 < 0$，如果接受原假设，则证明序列中存在单位根，即序列非平稳，需要进行其他调整。通常出现此种情况，则检验其差分平稳性。如果非平稳时序分析中因变量经 d 次差分之后具有平稳性特征，则将其称为 d 阶单整序列，记为 $I(d)$。其中，d 为单位根个数。变量的同阶单整性是存在协整分析可能的前提条件。在此基础上才可以进行协整分析。如果拒绝原假设，则可以得出序列为平稳的结论。在此，方程中加入滞后项的目的是为保证时间序列中的残差项为白噪声，不会对检验结果产生影响。此模型中，单位根检验结果如表 7－1 所示。

表 7－1　变量 ADF 单位根检验结果

变量	ADF 统计量	1% 临界值	5% 临界值	10% 临界值	平稳性
LnEXH	-7.399	-4.533	-3.674	-3.277	不平稳
iLnEXH	-4.990	-4.728	-3.759	-3.325	平稳
Ln$EXMH$	-2.963	-3.831	-3.029	-2.655	不平稳
iLn$EXMH$	-3.648	-3.857	-3.040	-2.660	平稳
Ln$EXML$	-1.170	-3.831	-3.029	-2.655	不平稳
iLn$EXML$	-5.288	-3.857	-3.040	-2.660	平稳
LnEXL	0.387	-3.832	-3.023	-2.655	不平稳
iLnEXL	-4.412	-3.857	-3.040	-2.661	平稳

续表

变量	ADF 统计量	1%临界值	5%临界值	10%临界值	平稳性
CGDP	4.298	-2.699	-1.961	-1.606	不平稳
iCGDP	-5.874	-4.572	-3.691	-3.287	平稳
FDI	2.335	-2.708	-1.962	-1.606	不平稳
iFDI	-2.649	-2.718	-1.964	-1.606	平稳
RD	-3.845	-4.532	-3.674	-3.277	平稳
iRD	-5.687	-4.728	-3.759	-3.325	平稳
EGDP	-3.113	-4.668	-3.733	-3.310	不平稳
iEGDP	-1.026	-2.718	-1.964	-1.606	平稳

注：*i* 前缀表示变量序列的一阶差分算子。

经 ADF 平稳性检验后，在 10% 的显著水平下，Ln*EXH*、Ln*EXMH*、Ln*EXML*、Ln*EXL*、Ln*FDI*、Ln*CGDP*、Ln*RD*、Ln*EGDP* 的参数均高于临界值，不能拒绝原假设，即存在单位根，不满足平稳性要求。进一步求其一阶差分序列的平稳性，发现所有变量的一阶差分序列的 ADF 参数均低于临界值，满足平稳性要求，即 Ln*EXH*、Ln*EXMH*、Ln*EXML*、Ln*EXL*、Ln*FDI*、Ln*CGDP*、Ln*RD*、Ln*EGDP* 都是一阶单整序列，为同阶单整序列，可以进行协整分析。

3. Johansen 协整检验

协整检验方法常用于检验非平稳变量之间的长期均衡性。如果协整关系存在于该序列变量中，则其离差序列平稳。协整方法中，业内常用的一共有两种：Johansen 检验与 EG 二步法。其中，Johansen 检验多见于检验多个变量的协整关系，EG 二步法在两变量协整关系中应用较多。因此，本章采用 Johansen 检验。

设矩阵 $\prod$ 的特征根为 $\lambda_1 > \lambda_2 > \cdots > \lambda_k$，原假设为：$H_{r0}$：$\lambda_r > 0$，$\lambda_{r+1} = 0$，备择假设 H_{r1}：$\lambda_{r+1} > 0$，$r = 0, 1, \cdots, k-1$，检验迹统计量为：

$$\eta_r = -T\sum_{i-r+1}^{k}\ln(1-\lambda_i), r = 0, 1, \cdots, k-1 \tag{7-3}$$

其中，λ_i 为迹统计量。在统计量的检验过程中，对于迹统计量进行显著性检验：若 η_0 不显著，则接受原假设，即存在单位根，不存在协整向量。

若 η_0 显著，则拒绝原假设，表明存在协整向量，必须继续检验 η_1 的显著性，以此类推，直到接受 H_{r0} 为止，即最多只会存在 r 个协整向量。

用 Johansen 检验分别考察欧盟对华 FDI 存量与中国对欧盟高技术水平产品、中高技术水平产品、中低技术水平产品、低技术水平产品出口的长期均衡关系。

由表 7－2 可知，在协整检验中，$r=0$，$r\leqslant1$ 的迹统计量大于 5% 的临界值，$r\leqslant2$ 的迹统计量小于 5% 的临界值，所以，拒绝 $r=0$，$r\leqslant1$ 接受 $r\leqslant2$。因此模型中被解释变量与解释变量之间存在协整关系，而且协整方程个数必定少于等于 2。经过标准化处理后，第一个协整向量关系式为：

$$\mathrm{Ln}EXH = 0.063 + 1.21FDI - 0.248\mathrm{Ln}CGDP + 0.409\mathrm{Ln}RD + 1.01\mathrm{Ln}EGDP$$
$$(0.013)\ (0.032^{**})\quad (0.047^{**})\ (0.043^{**})\quad (0.033^{**})$$

表 7－2　　高技术水平产品出口的 Johansen 协整检验结果

原假设	特征值	迹统计量	5% 的临界值	Prob. **
None *	0.990724	84.24506	33.87687	0.0000
At most 1 *	0.938671	50.24702	27.58434	0.0000
At most 2	0.652398	19.02056	21.13162	0.0962

对上述协整结果分析表明，欧盟对华 FDI 的值对我国向欧盟出口的高技术产品具有正贡献，单位欧盟 FDI 存量会增加 1.21 个单位的高技术水平产品的出口。

由上述 Johansen 协整检验可得，p 值分别为 0.0000，0.0003，0.0272，0.0556，均小于接受原假设的临界值 0.1，因而各变量之间存在协整关系，且协整个数为三个。标准化后，第一个协整向量估计的协整关系式为：

$$\mathrm{Ln}EXMH = 1.276 + 0.829FDI - 1.809\mathrm{Ln}CGDP + 1.710\mathrm{Ln}RD + 1.327\mathrm{Ln}EGDP$$
$$(0.013)\ (0.029^{**})\quad (0.064^{**})\quad (0.029^{***})\ (0.061^{***})$$

协整结果表明，欧盟对华 FDI 对我国出口欧盟的中高技术水平产品的出口贡献为正，欧盟对华投资存量每增加 1 个单位，会增加 0.829 个单位的中高技术水平产品的出口（见表 7－3）。

表 7-3　　中高技术水平产品出口的 Johansen 协整检验结果

原假设	特征值	迹统计量	5%的临界值	Prob. **
None *	0.978142	68.81758	30.43961	0.0000
At most 1 *	0.884821	38.90281	24.15921	0.0003
At most 2 *	0.662091	19.52962	17.79730	0.0272
At most 3	0.456018	10.95909	11.22480	0.0556

根据 Johansen 协整检验结果，可知各变量之间存在协整关系，且向量协整个数为两个，我们对第一个协整向量估计出经过标准化的协整关系式如下：

$$\mathrm{Ln}EXML = 9.106 + 0.748FDI - 0.342\mathrm{Ln}CGDP + 0.669\mathrm{Ln}RD + 0.212\mathrm{Ln}EGDP$$
$$(0.783)\ (0.124^{**})\quad (0.296^{**})\quad (0.123^{**})\ (0.271^{***})$$

对上述协整结果分析表明，欧盟对华 FDI 的值对我国向欧盟出口的中低技术产品具有正贡献，单位欧盟 FDI 存量会产生 0.748 单位的边际效应（见表 7-4）。

表 7-4　　中低技术水平产品出口的 Johansen 协整检验结果

原假设	特征值	迹统计量	5%的临界值	Prob. **
None *	0.941795	51.18819	30.43961	0.0000
At most 1 *	0.909371	43.21775	24.15921	0.0001
At most 2	0.578425	15.54764	17.79730	0.1056

由上述 Johansen 协整检验可得，p 值分别为 0.0000，0.0000，0.0081，均小于接受原假设的临界值 0.1，因而各变量之间存在协整关系，且协整个数为两个。标准化后，第一个协整向量估计的协整关系式为：

$$\mathrm{Ln}EXL = 13.76409 + 0.235FDI - 0.421\mathrm{Ln}CGDP + 0.194\mathrm{Ln}RD + 1.417\mathrm{Ln}EGDP$$
$$(0.945^{*})\ (0.041^{**})\quad (0.059^{**})\quad (0.053^{***})\ (0.036^{**})$$

协整结果表明，欧盟对华 FDI 对我国出口欧盟的低技术水平产品的出口贡献为正，欧盟对华投资存量每增加 1 个单位，会增加 0.23 个单位的低技术水平产品的出口（见表 7-5）。

表 7-5 低技术水平产品出口的 Johansen 协整检验结果

原假设	特征值	迹统计量	5% 的临界值	Prob. **
None *	0.992260	87.50395	34.80587	0.0000
At most 1 *	0.970541	63.44585	28.58808	0.0000
At most 2 *	0.683248	20.69345	25.89210	0.0081

协整分析表明，欧盟对华直接投资同我国对欧盟四类产品的出口均存在长期均衡关系，且贡献为正，但随着技术水平的下降，贡献率也逐渐下降，说明从长期看，我国吸收的欧盟直接投资会更多地作用于高技术水平的产品，有助于拉动我国产业结构的提升。为了进一步说明二者之间的关系，用面板数据加以分析。

7.1.2 欧盟对华 FDI 与中国对欧盟出口商品结构的面板数据分析

面板数据（panel data）也称时间序列截面数据（time series and cross section data）或混合数据（pool data）。面板数据是同时在时间和截面空间上取得的二维数据，能够同时反映变量在截面和时间二维空间上的变化规律和特征，具有纯时间序列数据和纯截面数据所不可比拟的诸多优点。根据对个体成员和时序列的不同假定，面板数据模型分为许多种类，常见的有变截距模型、变系数模型和混合横截面模型。本书由于研究欧盟原 15 国对我国的 FDI 同我国不同类别商品的进出口结构关系，因此选择变截距模型进行欧盟对华 FDI 与中国对欧盟出口商品结构的分析。

1. 数据选取

在变量选取上，被解释变量为我国对欧盟不同种类技术水平的出口额，即中国对欧盟高技术水平产品出口额（EXH）、中国对欧盟中高技术水平产品出口额（EXMH）、中国对欧盟中低技术水平产品出口额（EXML）、中国对欧盟低技术水平产品出口额（EXL）；选取的解释变量为欧盟原 15 国对华的各自直接投资额存量（FDI）、我国历年的国内生产总值（CGDP），欧盟 15 国历年国内生产总值（EGDP）。

针对模型中可能出现的异方差和时序数据的高波动性，在此对各个数据进行对数处理，处理后变量记为：LnEXH、Ln$EXMH$、Ln$EXML$、LnEXL、

LnFDI、Ln$CGDP$、Ln$EGDP$。

2. 模型选择

根据对截面个体影响形式的不同，变截距模型分为固定效应变截距模型和随机效应变截距模型。

（1）固定效应变截距模型。固定效应模型假设模型中不随时间变化的非观测效应与误差项相关，固定效应模型的表达式如公式（7-4）所示。

$$y_{it} = \alpha_i + \sum_{i=1}^{k} \beta_i x_{it} + v_{it} \tag{7-4}$$

其中，$i=1, 2, \cdots, N$ 表示个体成员，$t=1, 2, \cdots, T$ 代表时间跨度。

模型中不随时间变化的非观测效应 α_i 与误差项 v_{it} 相关。同时，$\alpha_i = \bar{\alpha} + \alpha^*$，其中 $\bar{\alpha}$ 代表均值截距项，该项在不同的截面成员，时间是相同的，α^* 代表截面个体成员截距项，表示个体成员的截距对整体截距的偏离。

对于固定效应模型，通常的处理方法是准差分处理后使用 OLS 估计方法或使用最小二乘虚拟变量法（LSDV）进行估计；如果其误差项 v_{it} 不满足相互独立和同方差假定，则需要使用 GLS 进行估计。

（2）随机效应变截距模型。随机效应模型假设模型中不随时间变化的非观测效应与误差项相关，即随机效应模型的表达式如公式（7-5）所示。

模型中，$i=1, 2, 3, \cdots, N$ 表示观测量，$t=1, 2, \cdots, T$ 代表时间。

模型中 α_i 与误差项 v_{it} 具有显著相关性，为非时间序列变量。$\alpha_i = \bar{\alpha} + \alpha^*$，其中 $\bar{\alpha}$ 代表均值在方程中的截距，对于不同的截面成员，其时间坐标相同。α^* 代表截面变量截距，表示样本截距与整体截距的差。

对于这类固定效应模型，一般使用最小二乘法虚拟变量（Least Squared Dummy Variables）进行估计；或在差分处理之后使用 OLS 方法估计。如果误差项 v_{it} 不满足独立假定与同方差假定，常用 GLS 法进行处理。

在随机效应变截距假设模型中，非观测效应与误差项相关且与时间无关，即：

$$y_{it} = \alpha_i + \sum_{i=1}^{k} \beta_i x_{it} + u_i + v_{it} \tag{7-5}$$

其中，$i=1, 2, \cdots, N$ 表示个体成员，$t=1, 2, \cdots, T$ 代表时间跨度。

对于随机效应模型，虽然假定模型中不随时间变化的非观测效应与随机误差项不相关，但是同一个体不同时间的扰动项一般存在相关性问题。

所以，对于随机效应模型，一般使用 GLS 进行估计。

(3) 模型形式设定检验——Hausman 检验。当不确定选择固定效应模型还是随机效应模型时，可以利用 Hausman 检验解决这个问题。其原假设为：最小二乘虚拟变量法（LSDV）与 GLS 得出的估计量一致，但最小二乘虚拟变量不是有效的。

因此，在原假设下，最小二乘虚拟变量法与 GLS 得出的估计量差距不大，并随样本增加而逐渐趋近于 0，而在备择假设下，没有类似情况。Hausman 因此建立检验统计量：

$$W = (\hat{\beta}_w - \hat{\beta}_{GLS})' \sum_{\beta}^{-1} (\hat{\beta}_w - \hat{\beta}_{GLS}) \qquad (7-6)$$

Hausman 检验统计量渐进服从于自由度为 K 的卡方分布。

统计计量软件 Eviews 中，Hausman 检验统计量必须利用随机效应模型的结果才可以计算。因此，Hausman 检验首先需要估计随机效应模型，之后才可以计算检验统计量和伴随概率。

我们先对随机效应模型进行 Hausman 检验：

通过表 7－6 可以看出 Hausman 检验的检验统计量为 7.656，伴随概率为 0.054，因此，我们接受原假设，认为固定效应模型与随机效应模型不存在系统差异。此处我们采用随机效应模型。事实上，二者结果十分接近。

表 7－6　　Hausman 检验结果

Test Summary		Chi – Sq. Statistic	Chi – Sq. d. f.	Prob.
Cross-section random		7.656128	3	0.0537
Cross-section random effects test comparisons:				
Variable	Fixed	Random	Var（Diff.）	Prob.
FDI	0.026046	0.058367	0.000186	0.0178
EGDP	1.490199	1.099376	0.028464	0.0205
CGDP	0.584683	0.718440	0.004985	0.0582

为了纠正面板数据中可能存在的截面异方差问题，我们采用广义二乘法（GLS）估计，并对横截面进行加权处理。

3. 面板回归结果和分析

我们分别对高技术产品、中高技术产品、中低技术产品、低技术产品做随机效应的变截距模型面板分析，整理结果如表7－7所示。

表7－7 面板回归结果

		高技术产品（EXH）	中高技术产品（EXMH）	中低技术产品（EXML）	低技术产品（EXL）
常数项		－7.455*** （－16.380）	－13.068*** （－16.745）	－8.862*** （－7.851）	－8.318*** （－9.429）
LNEGDP		1.421*** （15.248）	2.355*** （13.804）	1.527*** （16.865）	1.230*** （7.155）
LNCGDP		0.533*** （11.766）	0.210*** （2.678）	0.656*** （6.703）	0.802*** （10.819）
LNFDI	爱尔兰	－0.177*** （－2.734）	—	—	0.230*** （2.729）
	奥地利	—	0.244*** （3.834）	—	—
	比利时	0.143*** （3.455）	0.190*** （3.203）	—	—
	丹麦	0.437*** （4.213）	0.649*** （4.901）	－0.193* （－0.683）	—
	德国	0.329*** （4.971）	0.362*** （3.567）	—	—
	法国	0.163*** （2.669）	0.446*** （3.574）	—	—

续表

	高技术产品（EXH）	中高技术产品（EXMH）	中低技术产品（EXML）	低技术产品（EXL）
LNFDI	芬兰 0.591*** (4.618)	芬兰 0.624*** (3.604)	芬兰 0.451** (1.808)	芬兰 —
	荷兰 0.197*** (3.278)	荷兰 0.196*** (3.182)	荷兰 —	荷兰 —
	卢森堡 —	卢森堡 1.237*** (4.767)	卢森堡 —	卢森堡 —
	葡萄牙 —	葡萄牙 4.478** (2.367)	葡萄牙 0.801* (1.045)	葡萄牙 —
	瑞典 0.417*** (2.966)	瑞典 0.251* (1.947)	瑞典 —	瑞典 —
	西班牙 0.202** (1.616)	西班牙 —	西班牙 0.276** (1.729)	西班牙 0.193** (2.454)
	希腊 —	希腊 0.773** (2.474)	希腊 —	希腊 —
	意大利 -0.630** (-2.349)	意大利 —	意大利 -1.541*** (-2.614)	意大利 —
	英国 0.126*** (3.753)	英国 0.193*** (4.261)	英国 —	英国 -0.288*** (-2.758)
R^2	0.978	0.987	0.989	0.984
样本数	196	196	196	196

注：括号内的值为t检验值，*，**，***分别表示在10%，5%，1%的水平上显著，画横线表示影响不显著。

表7-7模型结果显示，四个模型调整后的 R^2 都很高，说明模型的拟合优度较好，排除了异方差出现的可能。

研究结论：

①四个模型中欧盟各国国内生产总值（EGDP）和中国国内生产总值（CGDP）的系数均通过了1%的显著性检验，且同我国对欧出口呈正相关，说明欧盟各国经济的增长和我国经济的增长都会促进我国对欧各类商品的出口，这同我们的设想一致。对比系数的大小可以看出，EGDP对各类商品出口的影响要大于CGDP的影响，说明欧盟各国的经济水平是影响我国对其出口的关键因素。每增加一单位EGDP，出口额增加最多的是中高技术产品，说明随着欧盟各国的经济增长，对我国中高技术产品的需求越高；每增加一单位CGDP，出口额增加最多的是低技术产品，说明我国经济的增长对于低技术产品的促进作用最明显，也反映了我国目前一定程度上还是依赖于资源型、劳动密集型产品的出口。

②欧盟各国FDI对我国不同类别商品的出口影响，从总体上来看，对高技术产品和中高技术产品的影响比较显著，对中低技术产品和低技术产品的影响较弱。欧盟原15个国家中，有11个国家的对华直接投资对高技术产品的出口有显著影响，其中9个显著为正，2个显著为负；12个国家的对华直接投资对中高技术产品的出口有显著影响，且全部显著为正；而只有5个国家的对华直接投资对中低技术产品的出口有显著影响，3个国家的对华直接投资对低技术产品的出口有显著影响。这说明欧盟对华直接投资更多地作用于我国中高级技术产品的出口，对我国的出口商品结构有提升作用。

③从纵向上来看，在同样的显著水平下，对比系数可以发现，对高技术产品出口影响最大的3个国家依次是芬兰、丹麦、瑞典，对中高技术产品出口影响最大的3个国家依次是卢森堡、丹麦、芬兰。从第3章的分析中我们知道对华直接投资前三位的欧盟国家是德国、英国、荷兰，而这3个国家对我国商品的出口的影响力并没有相应排在前三位。这也提醒我们，我们应该重视欧盟其他国家的对华直接投资，积极吸引这些国家加大对华投资力度。

从横向上来看，直接投资对高技术产品和中高技术产品的出口都有显著影响的国家里，大部分国家（比利时、丹麦、德国、法国、芬兰、英国）对中高技术产品的影响系数要大于高技术产品的影响系数，从第3章我们可以看出2000年之后中高技术产品的出口额一直排在四类产品的首位。因此，应该继续保持欧盟对华直接投资对中高技术产品出口的促进作用，以中高技术产品的发展慢慢带动高技术产品的研发，进而全面提升我国的出口商品结构。

7.2 欧盟 FDI 对我国进口商品结构影响的实证研究

7.2.1 欧盟 FDI 同我国对欧盟进口商品结构的时间序列分析

1. 模型构建与数据选择

在变量选取上，把被解释变量选定为我国对欧盟不同种类技术水平的进口额，即中国对欧盟高技术水平产品进口额（IMH）、中国对欧盟中高技术水平产品进口额（IMMH）、中国对欧盟中低技术水平产品进口额（IMML）、中国对欧盟低技术水平产品进口额（IML）；选取的解释变量与上一小节中研究出口商品结构一样：欧盟对华直接投资额存量（FDI）、我国国内生产总值（CGDP）、我国研发与试验发展（R&D）经费内部支出（RD），欧盟 15 国国内生产总值加总额（EGDP）。为了消除模型中可能存在的异方差现象和时间序列的波动性，同样对数据进行对数化处理，处理后的变量分别记为 Ln*IMH*、Ln*IMMH*、Ln*IMML*、Ln*IML*、Ln*FDI*、Ln*CGDP*、Ln*RD*、Ln*EGDP*。方程如下：

$$\mathrm{Ln}IM = C + \alpha_1 \mathrm{Ln}FDI + \alpha_2 \mathrm{Ln}CGDP + \alpha_3 \mathrm{Ln}RD + \alpha_4 \mathrm{Ln}EGDP \quad (7-7)$$

2. 单位根检验

单位根检验结果显示，变量 Ln*IMH*、Ln*IMMH*、Ln*IMML*、Ln*IML*、Ln*FDI*、Ln*CGDP*、Ln*RD*、Ln*EGDP* 均存在单位根（90% 显著水平），不具有平稳性。一阶差分处理后，变量均具有平稳性，证明变量 Ln*IMH*、Ln*IMMH*、Ln*IMML*、Ln*IML*、Ln*FDI*、Ln*CGDP*、Ln*RD*、Ln*EGDP* 均为一阶单整序列，可以进行协整分析。

3. 协整的检验方法

我们用 Johansen 检验分别考察欧盟对华 FDI 存量与中国对欧盟高技术水平产品、中高技术水平产品、中低技术水平产品、低技术水平产品进口的长期均衡关系。

由上述Johansen协整检验可得，迹统计量明显高于95%置信程度下的临界值，由此可以得出结论：变量之间存在协整关系，且协整个数为两个，标准化整理后，变量Ln*IMH*的协整关系式为：

$$\mathrm{Ln}IMH = 1.783 + 3.095FDI + 1.901\mathrm{Ln}CGDP - 2.283\mathrm{Ln}RD + 0.681\mathrm{Ln}EGDP$$
$$(0.263)\ (0.060^{**})\ (0.081^{**})\quad (0.076^{**})\quad (0.053^{**})$$

协整结果表明，欧盟对华FDI同我国对欧盟的高技术水平产品的进口存在长期均衡关系，且FDI的贡献为正，欧盟对华投资存量每增加1个单位，会增加3.095个单位的高技术水平产品的进口（见表7-8）。

表7-8　　高技术水平产品进口的Johansen协整检验结果

原假设	特征值	迹统计量	5%的临界值	Prob. **
None *	0.992230	87.43368	33.87687	0.0000
At most 1 *	0.906774	42.70909	27.58434	0.0003
At most 2	0.436987	10.34013	21.13162	0.7122

由上述Johansen协整检验可得，迹统计量明显高于95%置信程度下的临界值，由此可以得出结论：变量之间存在协整关系，且协整个数为两个。标准化整理后，变量Ln*IMMH*的协整关系式为：

$$\mathrm{Ln}IMMH = 0.305 - 2.920FDI - 2.382\mathrm{Ln}CGDP + 4.058\mathrm{Ln}RD - 0.926\mathrm{Ln}EGDP$$
$$(0.145^{*})\ (0.092^{**})\ (0.136^{**})\quad (0.119^{***})\quad (0.103^{**})$$

协整结果表明，欧盟对华FDI对我国对欧盟的中高技术水平产品的进口贡献为负，欧盟对华投资存量每增加1个单位，会减少2.920个单位的中高技术水平产品的进口（见表7-9）。

表7-9　　中高技术水平产品进口的Johansen协整检验结果

原假设	特征值	迹统计量	5%的临界值	Prob. **
None *	0.992132	87.21026	33.87687	0.0000
At most 1 *	0.912565	43.86357	27.58434	0.0002
At most 2 *	0.822906	31.15933	21.13162	0.0014
At most 3	0.430016	10.11865	14.26460	0.2043

由上述Johansen协整检验可得，迹统计量明显高于95%置信程度下的临界值，由此可以得出结论：变量之间存在协整关系，且协整个数为两

个。标准化整理后，变量 Ln*IMH* 的协整关系式为：

$$\text{Ln}IMML = 4.353 + 1.367FDI - 1.750\text{Ln}CGDP + 2.011\text{Ln}RD + 0.685\text{Ln}EGDP$$
$$(0.485^{*})\ (0.201^{***})\ (0.305^{**})\quad (0.284^{***})\quad (0.241^{**})$$

协整结果表明，欧盟对华 FDI 对我国对欧盟的中低技术水平产品的进口贡献为正，欧盟对华投资存量每增加 1 个单位，会增加 1.367 个单位的中低技术水平产品的进口（见表 7-10）。

表 7-10　中低技术水平产品进口的 Johansen 协整检验结果

原假设	特征值	迹统计量	5% 的临界值	Prob. **
None *	0.956265	56.33279	33.87687	0.0000
At most 1 *	0.931071	48.14423	27.58434	0.0000
At most 2 *	0.822402	31.10821	21.13162	0.0014
At most 3	0.491484	12.17267	14.26460	0.1043

根据 Johansen 协整检验结果，可知各变量之间存在协整关系，且向量协整个数为三个，我们对第一个协整向量估计出经过标准化的协整关系式如下：

由上述 Johansen 协整检验可得，迹统计量明显高于 95% 置信程度下的临界值，由此可以得出结论：变量之间存在协整关系，且协整个数为两个。标准化整理后，变量 Ln*IMH* 的协整关系式为：

$$\text{Ln}IMML = 0.327 + 7.257FDI + 7.838\text{Ln}CGDP - 8.984\text{Ln}RD + 3.854\text{Ln}EGDP$$
$$(0.215^{*})\ (0.801^{*})\ (0.130^{**})\quad (0.324^{**})\quad (0.540^{**})$$

协整结果表明，欧盟对华 FDI 对我国对欧盟的低技术水平产品的进口贡献为正，欧盟对华投资存量每增加 1 个单位，会增加 7.257 个单位的低技术水平产品的进口（见表 7-11）。

表 7-11　低技术水平产品进口的 Johansen 协整检验结果

原假设	特征值	迹统计量	5% 的临界值	Prob. **
None *	0.956596	136.3590	69.81889	0.0000
At most 1 *	0.939189	79.88953	47.85613	0.0000
At most 2	0.735553	29.48985	29.79707	0.0542

研究表明：欧盟对华 FDI 同我国对于欧盟的进口具有长期均衡关系，

同出口结构不同的是，欧盟来华直接投资对于中高产品的进口是抑制作用，考虑到欧盟对华直接投资多投放于制造业，比如中高技术产品里包含的车辆及其零件、附件、光学、照相、电影、计量、检验、精密仪器及设备等，可以理解成国内的中高技术产业由于外资的资助得到极大的发展，能够满足国内的需求，国内相关产业已经基本实现进口替代。

7.2.2 欧盟FDI对中国进口商品结构的面板数据分析

1. 数据选取和模型选择

在变量选取上，设置被解释变量为我国对欧盟不同种类技术水平的进口额，即中国对欧盟高技术水平产品出口额（IMH）、中国对欧盟中高技术水平产品出口额（IMMH）、中国对欧盟中低技术水平产品出口额（IMML）、中国对欧盟低技术水平产品出口额（IML）；选取的解释变量为欧盟原15国对华的各自直接投资额存量（FDI）、我国历年的国内生产总值（CGDP），欧盟15国历年国内生产总值（EGDP）。为了消除模型中可能存在的异方差现象和时间序列的波动性，对数据进行对数化处理，处理后的变量分别记为Ln*IMH*、Ln*IMMH*、Ln*IMML*、Ln*IML*、Ln*FDI*、Ln*CGDP*、Ln*EGDP*。模型选取方面，同上小节类似，经过Hausman检验，我们接受固定效应与随即效应模型不存在系统差异的原假设，采用随机效应模型。考虑到面板数据模型中的截面异方差，同样采用横截面加权（Cross-section Weight）的广义最小二乘法（GLS）对模型进行估计，以纠正截面异方差。

2. 面板回归结果和分析

本章分别对高技术产品、中高技术产品、中低技术产品、低技术产品做随机效应的变截距模型面板分析，整理结果如表7-12所示。

表7-12 面板回归结果

	高技术产品（EXH）	中高技术产品（EXMH）	中低技术产品（EXML）	低技术产品（EXL）
常数项	-2.338*** (-3.120)	-1.661** (-2.244)	-8.325*** (-7.111)	-1.504* (-1.454)

续表

	高技术产品（EXH）	中高技术产品（EXMH）	中低技术产品（EXML）	低技术产品（EXL）
LNEGDP	0.781*** （4.697）	1.553*** （3.464）	0.534*** （4.949）	0.359* （1.686）
LNCGDP	0.469*** （6.298）	0.549*** （7.618）	0.623*** （6.097）	0.891*** （9.369）
LNFDI	爱尔兰 0.163*** （3.649）	爱尔兰 —	爱尔兰 —	爱尔兰 —
	奥地利 0.200*** （5.099）	奥地利 —	奥地利 0.286*** （3.861）	奥地利 —
	比利时 —	比利时 —	比利时 —	比利时 —
	丹麦 0.437*** （4.031）	丹麦 —	丹麦 —	丹麦 —
	德国 0.273*** （4.577）	德国 0.235*** （2.928）	德国 —	德国 —
	法国 —	法国 —	法国 —	法国 —
	芬兰 —	芬兰 —	芬兰 1.095*** （6.893）	芬兰 —
	荷兰 —	荷兰 0.068*** （0.199）	荷兰 —	荷兰 —
	卢森堡 —	卢森堡 —	卢森堡 —	卢森堡 —
	葡萄牙 0.976*** （2.631）	葡萄牙 3.245*** （3.751）	葡萄牙 —	葡萄牙 —

续表

	高技术产品（EXH）	中高技术产品（EXMH）	中低技术产品（EXML）	低技术产品（EXL）
LNFDI	瑞典 -0.690 * （-1.674）	瑞典 0.464 *** （6.024）	瑞典 —	瑞典 —
	西班牙 —	西班牙 —	西班牙 0.572 *** （4.392）	西班牙 —
	希腊 —	希腊 1.252 * （1.992）	希腊 —	希腊 —
	意大利 —	意大利 —	意大利 —	意大利 —
	英国 -0.418 * （-2.386）	英国 —	英国 0.227 *** （2.969）	英国 0.149 ** （2.394）
R^2	0.986	0.979	0.968	0.933
样本数	196	196	196	196

注：括号内的值为t检验值，*，**，***分别表示在10%，5%，1%的水平上显著，画横线表示影响不显著。

表7-12模型结果显示，四个模型中，R^2分别为0.986，0.979，0.968和0.933，证明模型中至少大于93%的自变量可以被模型解释，可以基本排除存在异方差。

3. 研究结论

（1）四个模型中欧盟各国国内生产总值（EGDP）和中国国内生产总值（CGDP）的系数大部分通过了1%的显著性检验，且同我国对欧盟进口呈正相关，说明欧盟各国经济的增长和我国经济的增长都会促进我国对欧各类商品的进口。对比系数的大小可以看出，EGDP对各类商品出口的影响跟CGDP的影响差别不大。每增加一单位EGDP，进口额增加最多的是中高技术产品，主要涉及车辆及其零件以及精密仪器等，说明欧盟自身经济的增长会提升这些产品的竞争力，使我国的进口额增多；每增加一单位 CGDP，进口额增加最多的是低技术产品，这似乎与想象中的不一致，但事实是本章统计的低技术产品主要涉及食品、饮料、纺织、服装和家具等，随着我国经济的提高，人民生活水平不断提高，更加追求生活质量的人们倾向于在日常生活中更多地使用进口产品，这也反映出中国目前不仅是生产大国，也是消费大国。

（2）各国 FDI 对我国不同类别商品的进口影响，从总体上来看弱于对出口产品的影响，但是影响显著性的排序一致，依次为高技术产品（7 个国家）、中高技术产品（5 个国家）、中低技术产品（4 个国家）、低技术产品（1 个国家）。这说明欧盟对华直接投资同样更多地作用于我国中高级技术产品的进口，对我国的进口商品结构的改善同样起着重要作用，优化了我国进口商品结构。

第 8 章

欧盟直接投资对我国贸易规模影响的实证研究

8.1 欧盟对华直接投资对中欧贸易规模的影响

8.1.1 欧盟对华直接投资对中欧贸易总量规模的影响

20 世纪 90 年代以来，欧盟在华直接投资迅速增加。1992 年中国实际利用欧盟投资仅有 2.43 亿美元，占全国实际利用外资总额 110 亿美元的 2.21%，而到了 2012 年中国实际利用欧盟投资已达到 61.07 亿美元，占全国实际利用外资总额 1117.16 亿美元的 5.47%。从 1992 ~ 2012 年这 20 年，中国实际利用欧盟投资总计 821.31 亿美元，占全国实际利用外资总额 12815.56 亿美元的 6.41%。相应地，中欧双边贸易总量也随之急剧增加。据中国商务部公布，中国自 1975 年与欧共体（欧盟前身）建交以来，中欧双边贸易规模增长了 200 多倍，由 1975 年的 24 亿美元增长到 2011 年底的 5460.4 亿美元，长期总趋势是增长的。以上数据显示，近 20 年欧盟对华直接投资的规模与中欧双边贸易总额的增长是相互吻合的，中欧贸易的增长可能由很多因素促成，但欧盟对华直接投资明显起了推动作用。

从图 8 - 1 可以看出，欧盟对华投资项目数的增长率与进出口额的增长率除了个别年份以外，变化趋势是一致的。说明欧盟对华直接投资对中欧贸易数量规模的引致效应，随着欧盟对华投资额的增加，中欧双边贸易总额也在增加。

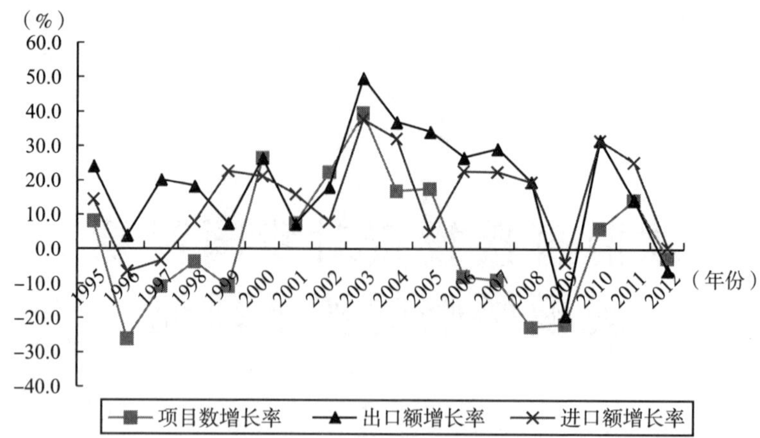

图8-1 欧盟对华直接投资项目数增长率与中欧双边贸易增长率

资料来源：根据《中国统计年鉴》与中国海关网整理计算得到。

8.1.2 欧盟对华直接投资对中国向欧盟出口规模的影响

图8-1中，欧盟对华直接投资的增长率与中国向欧盟出口额增长率的变化趋势一致，欧盟对华直接投资对中国对欧盟的贸易具有出口引致效应。本书第5章也分别对欧盟在华直接投资的概况特点以及中欧贸易的概况特点进行了总结分析，针对欧盟在华投资的产业行业以及中国向欧盟出口的产品结构特点做了细致的分析，通过欧盟在华投资的行业分布以及中欧进出口商品结构可以看出，欧盟在华投资比例较高的行业恰好是中国向欧盟出口比重最大的商品种类。具体来看，欧盟对华直接投资主要集中于制造业，而欧盟对华制造业的投资主要集中在一些重点行业，其中就包括科技含量较高的机械设备制造业，同样的，在中欧贸易特点分析中我们可以看出，出口最多的产品就是——机器、机械器具、电气设备及其零件。欧盟在机械设备上的投资一方面是由于其目的是利用其全球生产体系的合理分工，扩大公司内中间产品的内部贸易，欧盟利用中国的原材料资源优势以及廉价的劳动力，生产其产品进而在其全球生产体系内配置，增加了产业内贸易，扩大了中国机器设备中间产品的出口；另一方面根据投资互补理论的观点，欧盟应从本国处于或者即将处于比较劣势的边际产业开始依次进行对外投资，欧盟资本密集型产业与它本身的技术密集型产业相比属于比较劣势的边际产业，欧盟把制造业转到中国生产，集中精力开发新的技术优势和比较优势，而对于资本密集型产品，由于国内生产的减少，

要满足国内市场的需求就要依靠进口，这样也引致了欧盟从中国进口资本密集型产品的增加。

中欧贸易结构互补性较强，中国技术薄弱、生产力落后的部门多数为欧盟成员国国内的优势行业，欧盟每年与中国签订的技术引进合同数居所有发达国家之首，欧盟的直接投资为中国带来先进的技术和管理经验，对高科技商品的投资不仅直接促进了高科技商品的出口，而且通过间接途径，比如技术溢出效应、竞争效应、示范效应等带动国内产业结构的优化和出口竞争力的提升，从而提高中国对欧盟高科技含量高附加值产品的出口。

另外，在欧盟对华直接投资的产业特点中，近年来对服务贸易的投资比例有大幅的增长，产业转移现象明显。欧盟对华服务贸易以商业存在的形式进行投资，为中国的商品提供服务，把这种无形的服务物化在商品中，提高了商品的附加值，进而直接提高了商品的出口价值。

8.1.3　欧盟对华直接投资对中国自欧盟进口规模的影响

图8－1同样显示了欧盟对华直接投资增长率与中国自欧盟进口额增长率的趋势一致。说明欧盟对华直接投资对中国自欧盟的进口有创造效应。根据前面对中欧贸易特点的分析可见，中国自欧盟进口比例最大的商品是——机器、机械器具、电气设备及其零件，与欧盟对华直接投资的行业特点一致。欧盟在制造业上对华投资过程中，不仅要输出资本品，还要输出各项产品生产所需的设备，这样的投资引致了中国自欧盟的进口。

8.1.4　欧盟对华直接投资对中欧贸易顺差规模的影响

从总量规模上来看，欧盟对华直接投资对中国对欧盟出口数量的创造作用大于中国自欧盟进口的引致效用。这也加剧了中欧贸易的顺差规模，引起了欧盟对华的贸易壁垒以及中欧贸易摩擦等一系列问题。从图8－2欧盟在华投资项目数和中欧贸易顺差规模的趋势对比上来看，欧盟对华投资的项目数与中欧贸易顺差规模变化的大体趋势是一致的，并且很清晰地看出，中欧贸易差额的变化基本滞后于中欧贸易投资变化一段时间，这恰好说明中欧投资对贸易差额的引致作用。中间的时滞造成了贸易差额的变化趋势滞后欧盟对华投资一期。

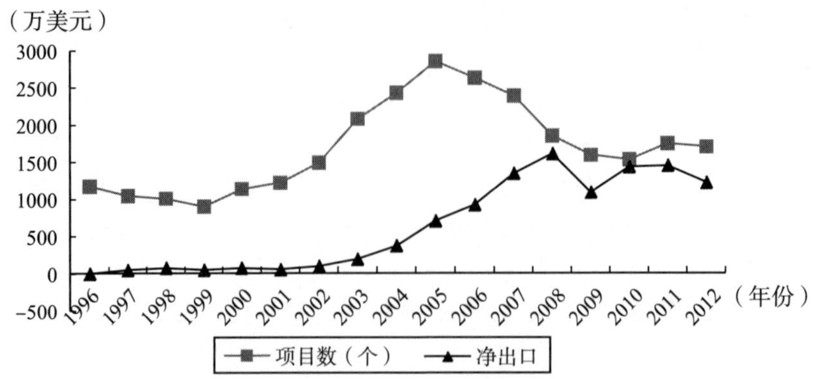

图 8－2　欧盟在华投资项目数与中欧贸易顺差规模趋势对比

资料来源：根据《中国统计年鉴》与中国海关网数据整理计算得到。

8.1.5　欧盟对华直接投资国别分析

改革开放初期，欧盟成员国中只有 4 个国家对华进行了直接投资，呈现出投资规模小，投资额小的特点，少的有 300 多万美元，多的不超过 1 亿美元。20 世纪 90 年代以后欧盟对华投资的成员国不断增加，投资额也得以大幅增长。至 2011 年，欧盟 27 个成员国对华均有投资，2011 年，欧盟成员国中对华投资前十名的是德国、法国、荷兰、英国、卢森堡、意大利、西班牙、丹麦、瑞典和爱尔兰，并且占欧盟对华直接投资总额的比例高达 93.02%，说明欧盟各成员国间对华直接投资额的分布特别不平衡，高度集中在少量国家。图 8－3 显示了欧盟对华投资最多的 5 个成员国的投资规模及比重，2010 年以前，英、法、德、意、荷 5 国的对华投资都维持在 70% 以上，但是 2010 年 5 国的对华投资比重为 57.15%，是由于卢森堡的对华投资额较大，达到 5.15 亿美元，超过了意大利 3.88 亿美元的投资额，挤占了传统五大成员国的投资比重。另外，近年来其余各成员国投资的比重虽然小，但是增长速度迅速提高，增幅很大，例如在 2007 年，希腊、丹麦、爱尔兰等国的投资增幅同比增加达到 100% 以上，远远大于欧盟对华主要投资成员国的增长幅度。

下面对德国、英国、法国以及荷兰对华投资特点具体分析：

德国一直是欧盟对华投资的重要国家，2001～2010 年德国累计对华投资项目就达到 4522 个，累计实际外资金额 113.28 亿美元，分别占全国同期的 1.3% 和 1.6%。德国对华投资相对其全球投资比重较少，对华投资

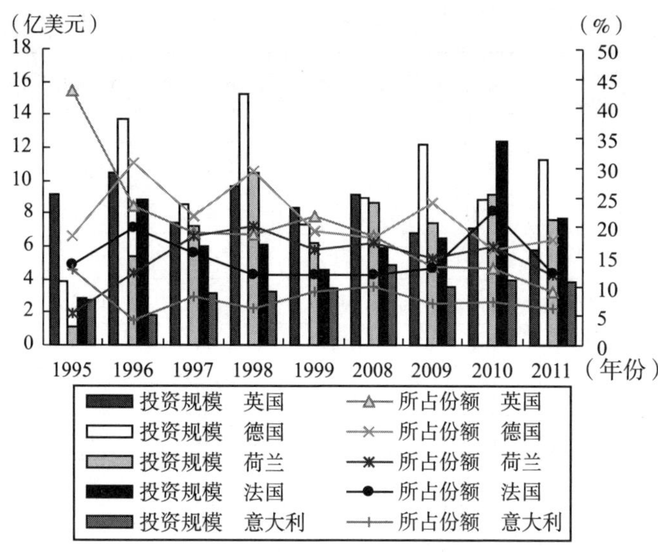

图 8－3　欧盟主要投资国对华投资规模及比重

资料来源：中国外资统计。

总额不足其全球投资总额的 2%，2010 年仅为 0.85%，位居对华投资国家（地区）第 13 位。但德国对华投资的大项目集中，在高技术领域表现尤为突出。从德国单个项目的投资金额看，德国对华投资主要来自德国规模大的企业，平均投资项目规模较大，单项金额高于全国平均水平。德国对华投资的行业特征主要集中在制造业，2001～2010 年在制造业累计投资项目 2701 个，实际使用外资额 77.09 亿美元，分别占全国同业的 59.7% 和 68.1%。计算机开发、医药化工行业、电子电气、机械制造（包括汽车）、信息设备行业是德资进入最多的行业，也是德国最具竞争力的行业。另外，德国服务业企业对华投资也呈上升趋势。交通运输、仓储和邮政业投资项目数有所下降，但实际使用额却有所上升。德国对华投资主要集中在长三角地区和环渤海地区。长三角完善的基础设施和金融中心地位是吸引德国企业的重要因素。2001～2010 年，按实际使用德资金额计算，如表 8－1 所示。

表 8－1　德国对华投资情况　单位：亿美元

年份	FDI 流出	占全球比例（%）	对华投资项目数（个）	占全国比例（%）	实际使用外资金额	占全国比例（%）
2001	396.84	4.81	280	1.07	12.13	2.59
2002	189.47	3.02	352	1.03	9.28	1.76
2003	58.22	1.03	451	1.1	8.57	1.6
2004	205.47	2.81	608	1.39	10.58	1.75
2005	758.93	8.6	650	1.48	15.3	2.54
2006	1187.01	8.45	576	1.39	20.03	3.04
2007	1706.17	7.85	548	1.45	7.34	0.98
2008	771.42	4.04	390	1.42	9	0.97
2009	782	6.68	303	1.29	12.17	1.35
2010	1048.57	7.92	364	1.33	8.88	0.84

资料来源：UNCTAD，商务部外资统计。

德国投资主要集中在上海和江苏两省，环渤海湾地区德国企业主要集中在传统重工业城市，多与大型国有企业成立合资企业，寻求该地丰富的石油、煤炭及铁矿资源。2010 年，使用德资金额最多的五省为上海、江苏、北京、广东、辽宁，分别占比 41.2%、30.2%、11.7%、3.3% 和 2.8%。德国对华投资方式以独资方式为主要方式。2001～2010 年，按项目个数算，独资企业占 64.5%，合资占 33.7%，合作占 1.7%，按实际 FDI 金额计算，独资占 66%，合资占 31.1%，合作占 1.9%，股份制占 1.0%。2010 年，按项目个数计算，独资企业 276 个，占 75.8%，合资企业 85 个，占 23.4%，合作企业 3 个，占 0.8%；按实际 FDI 金额计算，独资为 7.02 亿美元，占 79%，合资为 1.74 亿美元，占 19.6%，合作为 1231 万美元，占 1.4%。

英国对华投资一直比较稳定，占全国吸收外资的 1% 左右。2001～2010 年累计投资项目 3934 个，累计实际投资金额 83.37 亿美元。以单个项目的投资金额计算，英国对华投资的单项规模比较稳定，略高于全国平均水平。英国对华投资的行业特征主要表现为集中在制造业。2001～2010 年，制造业累计投资项目 2160 个，实际投入金额 58.46 亿美元（见表 8－2）。

表 8－2　　英国对华投资情况

年份	FDI 流出（亿美元）	占全球比例（%）	对华投资项目（个）	占全国比例（%）	实际使用外资金额（亿美元）	占全国比例（%）
2001	588.55	7.13	269	1.03	10.52	2.24
2002	503	8	334	0.98	8.96	1.7
2003	621.87	10.99	438	1.07	7.42	1.39
2004	910.19	12.43	488	1.12	7.93	1.31
2005	808.33	9.16	553	1.26	9.65	1.6
2006	862.71	6.14	462	1.11	7.55	1.15
2007	2723.84	12.52	475	1.25	9.31	1.11
2008	1610.56	8.43	365	1.33	9.14	0.99
2009	443.81	3.79	272	1.16	6.79	0.75
2010	110.2	0.83	278	1.01	7.1	0.67

资料来源：UNCTAD，商务部外资统计。

其中，通用设备、纺织服装、信息传输行业吸收英国投资较多。2005 年后制造业项目数和实际使用金额逐年下降。而服务贸易行业，特别是租赁和商务服务业，该行业投资金额增长迅速。

2001～2010 年，法国对华投资比重较少，不仅低于欧盟、日本等主要对外投资输出国，与欧盟的英国、德国相比较也明显比较落后（见表 8－3）。

表 8－3　　法国对华投资情况

年份	FDI 流出（亿美元）	占全球比例（%）	对华投资项目（个）	占全国比例（%）	实际使用外资金额（亿美元）	占全国比例（%）
2001	867.67	10.51	151	0.58	5.32	1.14
2002	504.41	8.03	162	0.47	5.76	1.09
2003	531.47	9.39	269	0.65	6.04	1.13
2004	567.35	7.75	289	0.66	6.57	1.08
2005	1149.78	13.03	342	0.78	6.15	1.02

续表

年份	FDI 流出（亿美元）	占全球比例（%）	对华投资项目（个）	占全国比例（%）	实际使用外资金额（亿美元）	占全国比例（%）
2006	1106.73	7.87	338	0.81	3.95	0.6
2007	1643.1	7.56	268	0.71	4.56	0.61
2008	1550.47	8.12	199	0.72	5.88	0.64
2009	1029.49	8.8	272	1.16	6.79	0.75
2010	841.12	6.36	183	0.67	12.38	1.17

资料来源：UNCTAD，商务部外资统计。

法国对华直接投资的行业特征表现为集中于制造业。2001～2010 年，制造业累计投资项目 1296 个，实际外资金额 42.23 亿美元，分别占全国同期的 52.4% 和 66.6%。其中，纺织服装、交通运输设备、通信设备制造是法资进入的重点行业。2010 年制造业实际使用法资 5.43 亿美元，占 43.9%。2001～2010 年，服务贸易领域累计投资项目最多的是批发和零售业，占同期的 13.6%，累计使用金额最多的是租赁和商务服务业，占同期的 12.2%。十年间这两个行业增长十分迅速。从法国对华直接投资的地区分布来看，法国企业十分重视投资的聚集效应，一般选择在工业最发达的地区设厂。2001～2010 年，长三角地区使用法资金额最多，上海占 19.6%，江苏占 19.3%，浙江占 8.3%。同时，湖北也是法国投资的重点区域，十年间实际使用外资 10.3%。广东利用法资增长迅速，从 2001 年的 701 万美元到 2010 年的 6.36 亿美元，2010 年广东成为实际使用法资最多的省份。法国对华投资方式主要选择独资方式和合资方式。

2001～2010 年，荷兰对华投资总体较少，但对华投资额占其对外投资的比例的趋势是增长的（见表 8－4）。

表 8－4　荷兰对华投资情况

年份	FDI 流出（亿美元）	占全球比例（%）	对华投资项目（个）	占全国比例（%）	实际使用外资金额（亿美元）	占全国比例（%）
2001	505.92	6.13	114	0.44	7.76	1.66
2002	320.19	5.1	127	0.37	5.72	1.08

续表

年份	FDI流出（亿美元）	占全球比例（%）	对华投资项目（个）	占全国比例（%）	实际使用外资金额（亿美元）	占全国比例（%）
2003	440.34	7.78	189	0.46	7.25	1.36
2004	291.64	3.98	199	0.46	8.11	1.34
2005	1230.71	13.95	234	0.53	10.44	1.73
2006	711.74	5.06	262	0.63	8.65	1.31
2007	556.08	2.56	182	0.48	6.17	0.82
2008	674.85	3.53	152	0.55	8.62	0.93
2009	269.27	2.3	108	0.46	7.41	0.82
2010	319.04	2.41	117	0.43	9.14	0.86

资料来源：UNCTAD，商务部外资统计。

荷兰对华直接投资的行业特征主要表现为集中在制造业领域。2001～2010年，制造业累计投资项目749个，实际使用金额44.22亿美元，分别占全国同期44.5%和55.8%。2005年以后，荷兰对华投资总体数量减少，投资服务贸易领域的比重逐年上升。2010年，荷兰对租赁和商务服务业、批发和零售业的投资仅次于制造业。2001～2010年，荷兰对华投资地区分布较为集中，前五省市集中于上海、江苏、浙江、北京和广东，投资项目数占全国的63.2%，实际使用外资额占全国的71.7%。2010年实际使用荷兰外资金额最多的五省市为：上海、江苏、广东、北京、浙江，分别占比为40%、21.8%、9.1%、7.8%和7.1%。山东使用荷兰投资金额增速较快。从荷兰对华投资方式上来看，外商独资企业已完全取代传统的合资企业和合作模式，成为荷兰对华投资的主要选择。

8.2 欧盟对华直接投资与中欧贸易规模长期关系的验证

8.2.1 计量经济方法和模型

协整分析和格兰杰因果检验分析一方面能够检验变量的长期关系，避免最小二乘估计的伪回归；另一方面还可以有效证明变量之间是否为因果关系，对于解释变量与被解释变量难以分辨的，分析出何为因何为果。格兰杰和纽博尔德（Granger and Newbold，1974）通过多次模拟，认为非平稳的时间序列变量会造成变量间的伪回归现象，也就是说即使变量不相关，也能得到很好的回归结果，也许能够得到较高的T统计量和较好的决定系数 R^2。恩格和格兰杰（Enger and Granger，1987）为了避免这种伪回归，提出了非平稳时间序列变量间协整关系的研究方法，这是计量经济学方法论的巨大成就。其核心是，如果两个或两个以上的变量是非平稳的，但是它们的某种线性组合却是平稳的，那么就说明变量间存在某种长期的稳定关系。联系经济学的研究意义，协整关系能够说明一个变量值的变化会影响另一个变量值变化。本节采用协整分析的方法考察欧盟在华直接投资与中欧贸易规模变量之间是不是存在这种长期稳定的关系。进行协整以前，要检验每一个变量是否具有平稳性。检验平稳性最常使用的方法是单位根检验，本节考察欧盟对华直接投资与中欧贸易规模各变量间的长期稳定关系就利用了单位根检验与协整检验。

本节选取的样本区间是1995～2012年，共18组①。其中所选的主要变量有：欧盟对华直接投资总额（FDI），中欧双边贸易总额（TN），中国对欧盟出口总额（EX），中国自欧盟进口总额（EM），以及中国对欧盟顺差额（XM）（单位：亿美元）。为消除异方差影响，均对以上变量进行对数变换，使序列趋势线性化，即 ln*FDI*、ln*TN*、ln*Ex*、ln*EM*、ln*XM* 分别表示欧盟在华投资，中欧贸易总额，中国对欧盟出口，自欧盟进口以及中欧贸易顺差的对数值。本节将主要讨论 ln*FDI* 与 ln*TN*，ln*FDI* 与 ln*Ex*，ln*FDI* 与 ln*EM*，ln*FDI* 与 ln*XM* 这四组变量序列间是否存在长期均衡关系，长期协整方程式是什么，变量序列之间是否存在格兰杰因果关系。

8.2.2 单位根检验

本节采取的经济变量是时间序列数据，为了避免伪回归，故首先对其进行单位根检验，如果时间序列变量经检验为非平稳的，必须对其一阶差分再进行单位根检验，只有变量平稳后才能进行协整分析。本节利用ADF方法检验变量是否平稳，对时间序列 X_t 回归：

---

① 1995～2011年的数据来自《中国统计年鉴》，2012年的数据来自中国商务部网站。

$$\Delta X_t = C + \lambda t + \beta X_{t-1} + \sum_{i=1}^{p} \xi_i \Delta X_{t-i} + u_t \qquad (8-1)$$

其中，C 是常数项，t 是时间趋势项。假设检验如下：H_0：$\beta=0$；H_1：$\beta \neq 0$。如果接受原假设 H_0，说明数列 X_t 有单位根，是非平稳的；如果拒绝原假设，说明 u_t 没有单位根。方程加入 p 个滞后项的目的是为了使残差项 u_t 成为白噪声。如果变量是非平稳的，需要检查它差分的平稳性。若变量的 n 阶差分是平稳的，就称此变量为 n 阶单整，记作 $I(n)$，所有变量同阶单整是变量间存在协整关系的必要条件。

从表8-5的分析结果可以看出 ln*FDI*、ln*TN*、ln*EX*、ln*EM*、ln*XM* 这五个变量在5%的水平下都可以拒绝原假设，既序列不存在单位根，是平稳的，同阶单整可以进行协整检验。

表8-5　　　　各变量序列的 ADF 检验

变量	ADF 检验统计量	5%临界值
ln*FDI*	-4.208457 (c m 1)	-3.065585
ln*TN*	-3.369997 (c m 1)	-3.065585
ln*EX*	-3.130778 (c m 1)	-3.065585
ln*EM*	-4.287423 (c m 1)	-3.081002
ln*XM*	-3.397972 (c m 1)	-3.098896

附注1：检验形势（c，m，s）表示单位根检验式中仅包括截距项，ADF 统计量后面括号里的数值为检验方程中包括的滞后阶段。

8.2.3 协整检验

经过单位根检验后，得出各变量序列是单整的说明序列是平稳的，符合协整检验的前提。如果 ln*FDI* 与 ln*TN*，ln*FDI* 与 ln*Ex*，ln*FDI* 与 ln*EM*，ln*FDI* 与 ln*XM* 这四组变量序列分别存在协整关系，即两者的线性组合存在平稳关系，说明它们之间存在一个长期稳定的比例关系。以下分别进行协整检验（见表8-6至表8-9）。

表 8-6　　ln*EM* 与 ln*FDI* 的协整检验

Unrestricted Cointegration Rank Test (Trace)				
Hypothesized		Trace	0.05	
No. of CE(s)	Eigenvalue	Statistic	Critical Value	Prob. **
None *	0.586297	14.03748	12.32090	0.0255
At most 1	0.051834	0.798382	4.129906	0.4281

表 8-7　　ln*EX* 与 ln*FDI*（-2）的协整检验

Unrestricted Cointegration Rank Test (Trace)				
Hypothesized		Trace	0.05	
No. of CE(s)	Eigenvalue	Statistic	Critical Value	Prob. **
None *	0.584062	12.58666	12.32090	0.0451
At most 1	0.086970	1.182824	4.129906	0.3227

表 8-8　　ln*TN* 与 ln*FDI*（-2）的协整检验

Unrestricted Cointegration Rank Test (Trace)				
Hypothesized		Trace	0.05	
No. of CE(s)	Eigenvalue	Statistic	Critical Value	Prob. **
None *	0.597836	13.07231	12.32090	0.0374
At most 1	0.090325	1.230680	4.129906	0.3119

表 8-9　　ln*XM* 与 ln*FDI*（-3）的协整分析

Unrestricted Cointegration Rank Test (Trace)				
Hypothesized		Trace	0.05	
No. of CE(s)	Eigenvalue	Statistic	Critical Value	Prob. **
None *	0.629798	12.52505	12.32090	0.0462
At most 1	0.048816	0.600574	4.129906	0.4997

表 8-6 中为 ln*FDI* 与 ln*EM*，滞后两期 ln*FDI* 与 ln*Ex*，滞后两期 ln*FDI* 与 ln*TN*，滞后三期 ln*FDI* 与 ln*XM* 的协整检验结果，由上述四个表可以看

出，滞后两期 ln*FDI* 与 ln*TN*，滞后三期 ln*FDI* 与 ln*Ex*，ln*FDI* 与 ln*EM*，滞后两期 ln*FDI* 与 ln*XM* 这四组变量序列分别在5%的显著水平下存在协整关系。也就是说，“欧盟在华 FDI”这个变量在长期内确实对中欧贸易总额、中国对欧盟的出口、中国自欧盟的进口以及美中贸易逆差等因变量有显著影响。

8.2.4　格兰杰检验

协整检验的结果证明了欧盟对华直接投资与中欧贸易规模各变量间存在长期均衡的关系，但是这种均衡关系是否构成因果关系，是由欧盟对华直接投资的增加引起了中欧贸易规模的扩张，还是中欧贸易规模的扩张引起了欧盟对华直接投资的增加，则需要进一步加以验证。本节采用格兰杰因果检验法进行验证。格兰杰因果检验法在考察序列 x 是否是序列 y 产生的原因是采用这样的思路：如果变量 x 是变量 y 的原因，则在给定 x 和 y 的信息集（要求必须是平稳的时间序列资料）的情况下，如果利用 x 的信息比不用能够更好地预测 y，表明 x 的变化引起了 y 的变化，而这存在着格兰杰意义上的因果关系，这意味着以下两点需要成立：第一，x 应该有助于解释 y，即在 y 对它自身的滞后值进行自回归的方程中，如果把 x 作为独立解释变量加到方程中去，应该能够更好地提高方程的解释能力；第二，y 不应该有助于解释 x，原因是，如果 x 有助于解释 y，y 有助于解释 x，则可能存在另外的一个（组）变量，它（们）是 x 和 y 变化的其他原因，x 和 y 不存在格兰杰意义上的因果关系。利用 Eviews 6，分析结果如表 8－10 所示。

表 8－10　格兰杰检验

Excluded		Chi-sq	Prob.
ln*TN*	ln*TN*→ln*FDI*	5.021534	0.0812
ln*FDI*（－2）	ln*FDI*→ln*TN*	1.002233	0.6059
ln*EX*	ln*EX*→ln*FDI*	4.98969	0.0825
ln*FDI*（－2）	ln*FDI*→ln*EX*	1.222922	0.5426
ln*EM*	ln*EM*→ln*FDI*	7.335884	0.0255
ln*FDI*	ln*FDI*→ln*EM*	5.544923	0.0625

续表

Excluded		Chi-sq	Prob.
ln*XM*（-3）	ln*XM*→ln*FDI*	1.77188	0.4123
ln*FDI*	ln*FDI*→ln*XM*	5.079426	0.0789

表8-10因果关系检验结果表明，欧盟对华投资直接投资对中欧贸易差额之间存在单项因果关系，即欧盟对华直接投资是中欧贸易差额的格兰杰原因，中欧贸易总额与欧盟对华直接投资存在单项因果关系，中国对欧盟的出口与欧盟对华直接投资存在单项因果关系，即中欧贸易总额是欧盟对华直接投资的格兰杰原因，中国对欧盟的出口也是欧盟对华直接投资的格兰杰原因，而中国从欧盟的进口与欧盟对华直接投资互为因果关系。

8.2.5 计量结果分析

通过协整检验，我们得出欧盟对华直接投资与中欧贸易规模各变量之间存在长期均衡关系的结论，进一步通过格兰杰因果关系检验，发现欧盟对华直接投资是中欧贸易顺差规模的格兰杰原因，中国对欧盟的出口和贸易总额是欧盟对华直接投资的格兰杰原因，通过定量分析，我们得出结论：欧盟对华直接投资与中欧贸易规模之间是互补性的关系。

8.2.6 回归分析

为了有效研究欧盟对华直接投资是如何影响中欧贸易差额的，构建模型具体分析欧盟对华直接投资对中国对欧盟的出口以及中国自欧盟的进口的关系。但考虑到欧盟对华直接投资对中欧贸易的发展具有滞后效应，故在构建模型时考虑到滞后两期的直接投资（FDI）效应：

$$\mathrm{Ln}EM_t = \beta_0 + \beta_1 \ln FDI_t + \beta_2 \ln FDI_{t-2} \quad (8-2)$$

$$\mathrm{Ln}EX_t = \beta_0 + \beta_1 \ln FDI_t + \beta_2 \ln FDI_{t-2} \quad (8-3)$$

利用上一节已经证明存在长期协整关系，并去除伪回归可能的1995~2012年的欧盟对华直接投资数和中国对欧盟出口数、中国自欧盟进口数进行回归分析。回归结果如表8-11和表8-12所示。

表8－11 lnXM的回归结果

Variable	Coefficient	Std. Error	t－Statistic	Prob.
C	－19.13124	6.147471	－3.11205	0.0083
LN*FDI*	4.170981	1.695906	2.459441	0.0287
LN*FDI*（－2）	2.38714	1.143818	2.086993	0.0571
R-squared	0.575597	F-statistic		8.815621
Adjusted R-squared	0.510304	Prob（F-statistic）		0.003807

表8－12 lnEM的回归结果

Variable	Coefficient	Std. Error	t－Statistic	Prob.
C	－9.468404	2.646683	－3.577461	0.0034
LN*FDI*	2.513323	0.730142	3.44224	0.0044
LN*FDI*（－2）	1.694962	0.49245	3.441896	0.0044
R-squared	0.75615	F-statistic		20.15574
Adjusted R-squared	0.718635	Prob（F-statistic）		0.000104

由表8－11与表8－12我们可以得出回归方程如下：

$$\ln EX = -11.82373 + 2.967418\ln FDI + 1.979030\ln FDI(-2) \quad (8-4)$$

$$\ln EM = -9.468404 + 2.513323\ln FDI + 1.694962\ln FDI(-2) \quad (8-5)$$

通过回归结果和回归方程可以看出，ln*FDI*对中国对欧盟的出口和进口均为正相关影响，ln*FDI*（－2）对中国对欧盟的出口和进口也为正相关影响。欧盟对华直接投资每增长1%，会带动中国从欧盟即期进口增长2.513323%，中国对欧盟即期出口增长2.967418，即短期内对欧盟的进口引致效应（2.513323）<出口创造效应（2.967418）；滞后两期FDI对中国自欧盟进口有1.694962的滞后需求效应，对中国对欧盟出口有1.979030的滞后生产效应，故长期内对中国进口引致效应（1.694962）<出口创造效应（1.979030）；从而，我们推出总体上的效果为欧盟对华直接投资的进口引致效应（4.2083）<出口创造效应（4.9464）。所以，我们得出欧盟对华直接投资促进中欧贸易顺差规模的结论。

8.3 德法英荷分行业在华投资对贸易顺差规模影响的实证分析

8.3.1 模型构建与变量选择

2012 年对华投资前 15 位的国家中，欧盟成员国有德国、法国、英国、荷兰，这四个国家对中国的投资行业中，制造业、交通运输业、电气机械及器材业、租赁和商务服务业占比较大，本节采用中国与德国、法国、英国、荷兰 2001 ~2012 年的进出口差额（Y）作为因变量，以德国、法国、英国、荷兰 2001 ~2012 对中国在制造业的 $FDI(X_1)$、在交通运输业的 $FDI(X_2)$、电气机械及器材业的 $FDI(X_3)$、租赁和商务服务业的 $FDI(X_4)$ 作为自变量，本节使用的 2001 ~2012 年的数据来自《中国统计年鉴》和《中国外资统计》。

本节采用面板分析方法来测度在欧盟对中国直接投资占比最大的四个国家其投资不同行业对其与中国贸易差额的影响。面板数据（panel data）也称平行数据，或时间序列截面数据（time series and cross section data）或混合数据（pool data），是指在时间序列上取多个截面，在这些截面上同时取样本观测值所构成的样本数据。面板数据从横截面上看，是由若干个体在某一时刻构成的截面观测值，从纵剖面上看是一个时间序列。一般的面板数据模型可以表示为：

$$y_{it} = a_i + b_{1i}x_{1it} + b_{2i}x_{2it} + \cdots + b_{ki}x_{kit} + u_{it} \quad (i=1, \cdots, N;\ t=1, \cdots, T) \tag{8-6}$$

其中 y_{it} 为被解释变量在横截面 i 和时间 t 上的数值，x_{jit} 为第 j 个解释变量在横截面 i 和时间 t 上的数值，u_{it} 为横截面 i 和时间 t 上的随机误差项；b_{ji} 为第 i 截面上的第 j 个解释变量的模型参数；a_i 为常数项或截距项，代表第 i 横截面（第 i 个体的影响）；解释变量数为 $j=1, 2, \cdots, k$；截面数为 $i=1, 2, \cdots, N$；时间长度为 $t=1, 2, \cdots, T$。其中，N 表示个体截面成员的个数，T 表示每个截面成员的观测时期总数，k 表示解释变量的个数。

为了研究的需要，消除自相关现象，采用对数形式把上述模型拓展为模型（8 -7）。

$$\log(Y) = \alpha_0 + \alpha_1 \log(X_1) + \alpha_2 \log(X_2) + \alpha_3 \log(X_3) + \alpha_4 \log(X_4) + AR(1) \tag{8-7}$$

等式（8－7）中，a_0 是截距参数，α_1 α_2 α_3 和 α_4 是相关系数。

8.3.2 实证分析

为了了解不同国别的直接投资不同行业贸易差额的影响，利用 Eviews 6 软件对德国、法国、英国、荷兰 2001～2012 年在制造业、交通运输业、电气机械及器材业、租赁和商务服务业四个行业中对中国的投资对中国同这四个国家的贸易差额进行面板数据分析，对模型（8－7）进行估计得到表 8－13 的结果。

表 8－13　　模型估计结果

变量	系数	标准误差	t 统计量	伴随概率
C	10.61299	0.572645	18.53328	0.0000
$LOG(X_1)$	0.056967	0.063987	0.890298	0.0380
$LOG(X_2)$	－0.079884	0.035742	－2.234978	0.0330
$LOG(X_3)$	－0.120170	0.045712	－2.628865	0.0134
$LOG(X_4)$	0.164845	0.034107	4.833241	0.0000
样本决定系数 R^2	0.965165	D.W 统计量		1.729166
修正的样本决定系数	0.959359	F 统计值		166.2400

$$\log(y) = 10.61 + 0.06\log(x_1) - 0.08\log(x_2) - 0.12\log(x_3) + 0.16\log(x_4)$$
$$(18.53^{***}) \quad (0.89^{**}) \quad (-2.23^{**}) \quad (-2.63^{**}) \quad (4.83^{***}) \tag{8-8}$$

调整后的 $R^2 = 1$　F = 166.2　DW = 1.73　AR(1) = 0.845152

F 统计量的值较大，F 统计量的伴随概率为 0，样本决定系数 R^2 为 0.97，由此我们可以看出，该方程的拟合优度较高，并且 D.W 值表明，方程不存在序列相关。由回归方程可以看出，德国、法国、英国、荷兰对中国制造业、租赁和商务服务业的 FDI 对中国与德国、法国、英国、荷兰的贸易差呈正相关，对中国交通运输业、电气机械及器材业的 FDI 对中国与德国、法国、英国、荷兰的贸易差呈负相关。从方程的回归系数来看，德、法、英、荷四国在租赁和商务服务业的 FDI 对中国与其贸易差额的影响最大，电器机械及器材业的影响次之，交通运输业的影响位居第三，制造业的影响最小。对制造业的正相关影响与本书在第 3 章中投资产业特点以及贸易行业特点中，制造业投资占比最大，对贸易顺差规模的影响较大相一致。租赁和商务服务业的正相关影响与本书第 3 章中分析到欧盟对中国第三产业 FDI 比重逐渐增大，对贸易顺差影响逐渐增大相一致。租赁和商务服务等以商品存在的方式在中国投资，其服务物化在了中国的产品中，以劳务类中间产品的形式加在了产品里，这样提高了产品的附加值，不仅促进了产品的出口，也增加了出口产品的价值。

根据上述研究，欧盟对华直接投资对出口额、进口额及顺差规模的影响如下：

（1）出口方面：1995～2012 年，欧盟对华直接投资与中国对欧盟的出口间存在着长期稳定的均衡关系。具体来看，欧盟对华直接投资对中国对欧盟的出口是正相关的影响，欧盟对华直接投资每增长 1%，就会带动中国对欧盟即期出口增长 2.967418%，同时，由于投资对贸易有滞后生产效用，滞后两期的欧盟对华直接投资每增长 1%，会带动中国对欧盟出口增长 1.97903%，总体来看，欧盟对华直接投资的出口创造效应为 4.9464。也就是说，欧盟对华直接投资增加 1 倍，短期和长期影响结合来看，可以带动将近 5 倍于投资的出口额。

（2）进口方面：1995～2012 年，欧盟对华直接投资与中国自欧盟的进口之间也存在着长期稳定的均衡关系。具体而言，欧盟对华直接投资对中国自欧盟的进口是正相关的影响关系。欧盟对华直接投资每增长 1%，中国自欧盟的进口增加 2.513323%，同时，由于投资对欧盟有滞后需求效应，滞后两期的欧盟对华直接投资每增长 1%，会带动中国自欧盟的进口增长 1.694962%，所以，总体来看，欧盟对华直接投资的进口引致效应为 4.2083。即欧盟对华直接投资每增加 1 倍，综合长期与即期影响，带动 4 倍于投资的进口额。

（3）顺差规模方面：1995～2012 年，欧盟对华直接投资与中欧贸易差额存在着长期稳定的均衡关系，格兰杰因果检验中，欧盟对华直接投资是中欧贸易差额的格兰杰原因。具体而言，欧盟对华直接投资与中欧贸易顺差规模之间为正相关关系。通过出口和进口方面的分析可以看出，欧盟对华直接投资每增加 1%，综合长期和即期影响，中欧贸易顺差规模增加 0.7381%。从具体的国别与行业顺差规模来看，德国、法国、英国、荷兰对华直接投资在制造业上增加1%，中国与其贸易在制造业顺差增加0.061%；对于租赁和商务服务业，德国、法国、英国、荷兰对华直接投资每增加1%，贸易差额增加0.161%。对华投资占比最大的前四位成员国在制造业和租赁与商务服务业的投资带动了这四位成员国与中国贸易的差额增加，进而很大程度上影响了欧盟对华直接投资对中欧贸易差额的带动作用。

总体而言，欧盟对华直接投资与中欧贸易是互补性关系，欧盟对华直接投资与中欧贸易进出口额之间都存在着稳定的长期均衡关系，并且在格兰杰检验中显示，欧盟对华直接投资是中欧贸易顺差值的格兰杰原因，中国对欧盟的出口和中欧贸易总额是欧盟对华直接投资的格兰杰原因，中国对欧盟进口与欧盟对华直接投资互为因果。具体而言，欧盟对华直接投资促进中欧贸易顺差规模是因为欧盟对华直接投资对中国的进口引致效应<出口创造效应；分国别行业而言，德法英荷对华在制造业和租赁商务服务业的投资与中国对其贸易顺差呈正相关关系，即德法英荷对华在这两个行业的投资增加了贸易的顺差，德法英荷对华在交通运输业和电气机械及器材业的投资与中国与其贸易顺差呈负相关关系，即在这两个行业的投资减少了中国的顺差效应。

8.4 欧盟对华直接投资与中欧贸易规模增加的互动机制

8.4.1 欧盟对华直接投资与中欧贸易规模增加的互补机制

1. 出口引致效应

欧盟公司对华投资过程中，一方面，欧盟子公司在我国建设初期需要资本来运作，这些资本品一般靠从欧盟母公司的进口；另一方面，欧盟子公司也会从欧盟母公司进口一些原材料、零部件或者设备等中间产品。由于对外直接投资而导致的这种资本品和中间产品出口的增加，就是欧盟对华直接投资的出口引致效应。

2. 反向进口效应

对于欧盟对华直接投资导向为资源寻求型、效率寻求型或者技术寻求型的情况，欧盟投资国利用中国的资源优势和技术人才劳动力成本低的优势将在欧盟生产的产品转移到中国进行生产，之后会从中国大量进口该产品，欧盟的这种对外直接投资引致进口的增加为反向进口效应。

3. 需求扩大效应

欧盟对华直接投资对企业海外需求产生积极影响的渠道会对欧盟投资国的出口产生积极效果。例如售后服务的供给对海外需求的刺激就是需求扩大效应的一种。

8.4.2 投资对贸易的替代效应

1. 出口替代效应

对于欧盟对华直接投资导向为市场导向型的情况，欧盟投资国为了中国巨大的市场潜力和避免一些贸易壁垒的影响而进行投资，众多欧盟企业在中国进行生产和销售，满足我国消费者的市场需求，这种投资会使欧盟投资国对我国在该产品的出口上减少，替代了原来的出口，取而代之的是当地生产、当地销售。

2. 进口转移效应

有些投资国生产的产品，需要从国外进口投入品，而当跨国公司转移到其他国家生产该产品时，东道国对这种投入品的进口将增加，母国由于对该产品生产的减少导致对该投入品进口的减少，进口由母国转移到东道国。欧盟对华投资具有很明显的进口转移效应。

8.5 欧盟对华直接投资对贸易的影响途径

一般来说，从东道国角度来看外商直接投资是如何影响东道国贸易的，可以从直接和间接两种途径分析，欧盟对华直接投资也可以从这两方面分析。

8.5.1　欧盟对华直接投资影响贸易的直接途径

欧盟直接投资对贸易影响的直接途径主要由欧盟跨国公司的内部贸易即它本身的进出口实现。主要有以下四个方面：

第一，欧盟跨国公司起步早，规模大，拥有畅通的海外销售渠道、成熟的营销经验和先进的技术工艺，加之我国相对低廉的资源降低了产品的成本，更加利于这些跨国公司产品的出口。第二，欧盟跨国公司对于劳动密集型产品的投资，可以提高我国劳动密集型产品的质量，技术投入的加大可以将其转化为高附加值的技术密集型产品，快速适应各国市场的需求。第三，欧盟对华直接投资促进和加快了我国产业升级的步伐，使我国许多进口替代型产业迅速转化为出口导向型产业。第四，欧盟跨国公司的在华投资，使我国的相关产业融入其国际上的垂直和水平分工网络中，促进了我国出口结构优化和国际分工地位的改善。

8.5.2　欧盟对华直接投资影响贸易的间接途径

通过间接途径，直接投资一般从以下几个方面来影响东道国的贸易：

第一，竞争效应。公司间的竞争依靠的是资本实力、技术创新能力和组织协调能力。跨国公司的新发展提高了上述三个方面的能力，从而使跨国公司的国际竞争力得到提高。而跨国公司进入东道国以后，加剧了东道国市场竞争，当地企业不得不提高技术水平、管理手段或营销策略来提高市场竞争力，争夺市场。

第二，技术外溢效应。知识本身就具有扩散性和溢出效应。即使跨国公司对自身的专有技术和研究开发活动都有专门的保护，保留在公司内部，不向外扩散，但是在东道国的投资和生产仍然有很多渠道能够把科技知识传播出去，例如东道国企业通过与跨国公司的前向关联和后向关联获取技术、产品、工艺或营销方面的知识；东道国的企业通过许可方式从跨国公司子公司获得知识窍门和技术；掌握窍门和技术的科技人员或工人从子公司流动到不属于投资企业系统的企业里；东道国当地企业与跨国公司子公司的直接或间接接触等，都能使技术信息扩散出来。这一效应提高了东道国的技术水平，增强了其出口竞争力。

第三，示范效应。外商直接投资在开拓东道国市场的同时，也做出了一个示范。不仅表现在成功的营销模式或者高效的生产模式对当地企业的示范，还包括对其投资获得的成功对其他外资企业的示范，带动更多的外资进入东道国投资，进而扩大对东道国效应的影响。

第四，联系效应。一方面，外商直接投资的进入使国内企业加强了与国外企业的联系，便于当地企业了解国际上消费者偏好，积极调整生产，适应国际市场，增加出口；另一方面，外商直接投资在东道国的生产成为其国际生产的垂直型或水平型体系的一部分，加强了当地企业与国际市场的关联。

第五，国际市场进入的外溢效应。“外商企业是有关外国市场和技术信息的天然渠道，当地企业可以利用这一渠道分销货物。从外国投资者直接或间接提供信息和分销这个意义上说，它们的活动促进和改善了当地企业的出口前景”（Aitken，Hanson and Harrison，1994）。东道国利用外商投资企业在国际上建立的贸易渠道，可以降低使用国际分销设施的成本，改善出口贸易条件。

欧盟对华直接投资也从以上几个方面间接影响了我国的对外贸易。

第 9 章

德国对华投资对中德双边贸易的影响研究

德国目前是世界第四经济大国，欧盟的第一经济大国。在世界各国对中国投资总额中，德国对中国的投资占较大比重。据中国商务部外资司的数据统计，自 1981 年德国首次对我国进行投资以来，德国对中国投资总额逐年增加，逐渐变成了我国的重要外资来源国。德国对华直接投资增长迅速，2003 年德国对中国的直接投资为 8.57 亿美元，2012 年便增至 14.51 亿美元，增长了 69.31%，占欧洲各国对中国总投资额的 23.07%，贸易方面，2008 年，中德贸易额突破 1000 亿美元，达到 1149.8 亿美元。截至 2012 年，中国与德国之间的贸易额已经达到 1611.3 亿美元，比 2011 年同期降低 4.7%。目前，德国是我国在欧洲最大的经贸合作伙伴，也是欧盟国家中的第一大对华投资国。

9.1 德国对华直接投资的发展特点

德国对华直接投资的发展历程与德国大型跨国公司的发展扩大及同时期中国的对外政策有着密不可分的关系。通过分析具体数据，我们不难发现德国对华直接投资有明显的特点。

9.1.1 从投资规模分析

自德国 1981 年首次对我国进行直接投资以来，德国对华直接投资总额逐年增加，2003年后规模逐渐稳定在6亿美元以上（见图9-1）。2003年和2004年，德国对华直接投资分别为6.04亿美元、6.57亿美元。2005年起，由于我国将原来的汇率制度改为以市场供求为基础、参考一篮子货币进行调节、有管理的浮动汇率制度，人民币趋于升值，因而导致德国企业持观望态度，对华直接投资不断降低，2006年仅3.83亿美元。随后华尔街金融危机爆发，中国高利率的套利空间吸引外来资金大量流入，德国对华直接投资也逐年增加，甚至于2010年高达12.38亿美元。之后德国不断调整投资方案，2011年降低4.96亿美元，2012年的德国对华直接投资为6.52亿美元。

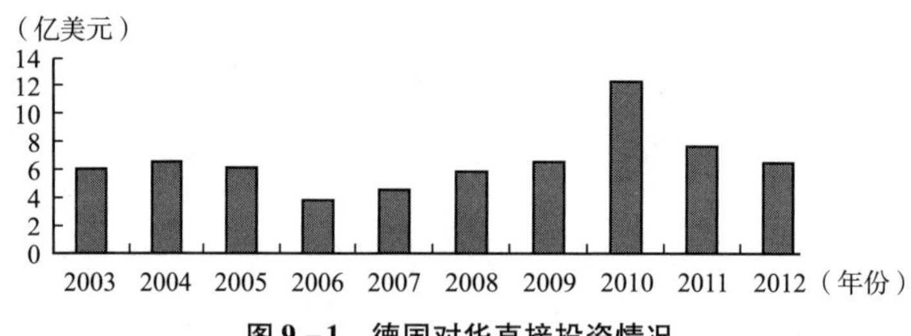

图9-1　德国对华直接投资情况

资料来源：中国国家统计局（www. stats. gov. cn）。

9.1.2　从投资行业分析

从产业分布来看，如今德国对华投资主要集中在第二产业，除此，德国也不断加大对第三产业的投资。从行业来看，德国的投资主要对象为制造业、租赁和商务服务业、批发和零售业。

根据中国商务部外贸司统计的数据（见表9-1），2012年，德国对华投资总项目数量为419家，实际投资总额14.5亿美元。其中，德国对制造业、租赁和商务服务业、批发和零售业的投资项目共计352家，占总项目数量的81.9%；投资金额高达13.8亿美元，占总额的95.2%。具体来看，德国对制造业的投资位居第一，项目数量135家，占当年总项目的33.2%，实际使用外资金额10.1亿美元，占总金额的69.7%，同比增加36.7%。租赁和商务服务业在实际使用外资金额方面排名第二，投资金额3.2亿美元，占22.0%，同比增长138.2%。而批发和零售业在外资项目方面排名第二，共157家，占37.5%，而实际使用外资金额位居第三，为

0.5亿美元。德国最具竞争力的行业为机械制造、电子电气和服务加工等，而这些数据足以说明，德国正在中国投资自己的优势产业。

表9－1　　2012年德国对华投资行业分布　　单位：个、亿美元、%

行业	外资项目			实际使用外资		
	数目	同比	比重	金额	同比	比重
合计	419	－8.5	100.0	14.5	28.5	100.0
制造业	135	－19.6	33.2	10.1	36.8	69.7
租赁和商务服务业	60	－18.9	14.3	3.2	138.2	22.0
批发和零售业	157	6.1	37.5	0.5	－8.0	3.5
房地产业	6	200.0	1.4	0.2	10.9	1.4
科学研究、技术服务和地质勘查业	31	－3.1	7.4	0.2	－44.0	1.3
信息传输、计算机服务和软件业	15	－21.1	3.6	0.2	120.3	1.1
交通运输、仓储和邮政业	4	33.3	1.0	0.1	8131.3	0.9
建筑业	1	－66.7	0.2	0.0	0.0	0.0
电力、燃气及水的生产和供应业	0	－100.0	0.0	0.0	0.0	0.0
水利、环境和公共设施管理业	1	－75.0	0.2	0.0	0.0	0.0

资料来源：中国商务部外资司。

9.1.3 从投资地区分析

从地区分布来看，东部地区为德国对华投资的主要地区。2002～2012年，德国对中国东部地区的累计投资达113.9亿美元，占同期德国对华投资总额的90.3%；中部地区累计吸引德国投资9.4亿美元，占7.5%；西部地区吸引德资最少，仅2.8亿美元，占2.3%（见表9－2）。

表 9-2　　德国对华投资地区分布

年份	东部地区		中部地区		西部地区	
	金额（亿美元）	比重（%）	金额（亿美元）	比重（%）	金额（亿美元）	比重（%）
2002	8.5	92.0	0.6	6.1	0.2	1.9
2003	8.0	93.5	0.4	5.0	0.1	1.5
2004	9.7	91.2	0.8	7.5	0.1	1.3
2005	13.1	85.5	2.1	13.7	0.1	0.8
2006	18.8	94.0	1.1	5.5	0.1	0.5
2007	6.8	93.2	0.4	5.6	0.1	1.1
2008	8.9	98.7	0.1	0.9	0.0	0.4
2009	12.0	98.4	0.2	1.6	0.0	0.1
2010	8.7	98.4	0.1	1.4	0.0	0.2
2011	10.1	89.7	0.2	1.5	1.0	8.8
2012	9.3	64.1	3.4	23.6	1.1	7.7

资料来源：中国商务部外资司。

虽然德国对华投资主要集中在东部地区，但是根据中国商务部外贸司统计的数据，2002 年以来，东部地区吸引德国投资的比重波动较大，且保持降低势态，从 2002 年的 92% 降至 2012 年的 64.1%，已降低 27.9 个百分比。而中部地区和西部地区的投资比重则逐年增加，中部地区的德国投资比重在 2012 年达到 23.6%，比 2011 年增长了 19 倍，西部地区的投资占比也由 2002 年的 1.9% 增至 2012 年的 7.7%，金额实现了 0.2 亿美元到 1.1 亿美元的突破。

从省市分布来看，江苏省、吉林省、北京市和上海市为德国对华投资的主要投资省市。根据中国商务部外贸司统计的数据，2012 年，从外资项目来看，上海吸引 156 家，占总项目数量的 37.2%，此外，江苏和北京分别吸引 79 家和 47 家，占德国对华投资总项目的 18.9% 和 11.2%；从实际使用外资来看，江苏和吉林 2012 年吸引德资金额均为 3.2 亿美元，占德国对华投资总额的 22.1%，位居第一。紧随其后的是北京和上海，分别吸引德国投资 2.4 亿美元、1.9 亿美元，占德国对华投资总额的 16.6%、13.1%。

自2003年至今，德国对中国的直接投资总额逐年增加，虽有波动但较为稳定；从产业分布来看，如今德国对华投资主要集中在第二产业，除此，德国也不断加大对第三产业的投资；从行业来看，德国的投资主要对象为制造业、租赁和商务服务业、批发和零售业；从地区分布来看，东部地区为德国对华投资的主要地区，但占比逐年降低，德国对中国中部地区和西部地区的投资占比正逐年增加；从省市分布来看，江苏省、吉林省、北京市和上海市为德国对华投资的主要投资省市。

9.2　中国与德国贸易状况

自中德两国1972年建交以来，两国之间的贸易规模发展迅速（见图9－2）。在中国的贸易伙伴中，德国分别占中国进口的10%和中国出口的7%。在中国进口来源国排名及出口目的地国排名中，德国均排名第五。德国已经成为中国重要的贸易伙伴国之一。研究中德两国之间的贸易情况，既有助于之后研究德国对华投资与中德贸易的关系，也将有利于我国制定合理的贸易政策。本章将对中德两国的贸易发展情况进行分析。

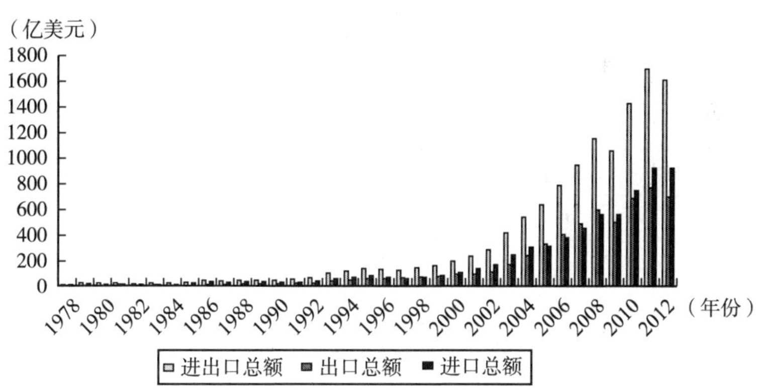

图9－2　1978～2012年中国自德国贸易进出口情况

资料来源：由中国商务部数据及中国国家统计局数据整理所得。

9.2.1　改革开放后中德贸易的发展回顾

1978年十一届三中全会之后，中国开始以经济建设作为中心，大力发展经济。此时的中国需要大量的机械设备和先进科学技术，因此，这一阶段初期，中德贸易增长迅速，1978 年，中德贸易总额为 13.6 亿美元，而 1979 年便增至 22 亿美元，同比增长 61.74%。之后中国政府为了避免再次出现大跃进的局面，对国民经济给予一定限制及调整，使得中德贸易在 1980～1984 年一直处于停滞不前的状况。之后，中德贸易进入大幅增长期。1989 年，中德贸易总额增至 49.9 亿美元，同期中欧贸易额的占比已超过 1/3，是 1981 年中德贸易总额的 267 倍。1993 年之后，中国积极拓展经济国际化进程，对外出口额明显增加，中德贸易发展也进入了快速发展期。

与中欧贸易不同的是，这一阶段中，中国对德国的贸易收支一直为逆差。截止到 2000 年，中德贸易额已升至 196.9 亿美元，其中中国出口 92.8 亿美元，进口 104.1 亿美元，逆差升至 11.3 亿美元（见表 9-3）。

表 9-3　　1978～2000 年中德贸易情况　　单位：亿美元

年份	贸易总额	出口额	进口额	贸易差额
1978	13.6	3.3	10.3	-7.0
1979	22.0	4.6	17.4	-12.8
1980	20.4	7.1	13.3	-6.2
1981	22.2	8.5	13.7	-5.1
1982	17.7	7.9	9.9	-2.0
1983	20.8	8.6	12.2	-3.5
1984	21.4	8.1	13.3	-5.2
1985	31.4	7.3	24.1	-16.7
1986	45.6	10.0	35.6	-25.5
1987	43.6	12.2	31.3	-19.1
1988	49.2	14.8	34.3	-19.5
1989	49.9	16.1	33.8	-17.7
1990	45.4	18.6	26.8	-8.3
1991	54.0	23.6	30.5	-6.9
1992	64.6	24.5	40.2	-15.7
1993	100.1	39.7	60.4	-20.7
1994	119.9	47.6	71.4	-23.8

续表

年份	贸易总额	出口额	进口额	贸易差额
1995	137.1	56.7	80.4	-23.7
1996	131.7	58.4	73.2	-14.8
1997	126.7	64.9	61.8	3.1
1998	143.5	73.5	69.9	3.6
1999	161.1	77.8	83.4	-5.6
2000	196.9	92.8	104.1	-11.3

资料来源：此表由中国商务部数据及中国国家统计局数据整理所得。

9.2.2　中国加入WTO至今

自中国入世后，中德贸易规模迅速扩大。2002年，中德贸易总额达到235.3亿美元，同比增长19.5%。此时的中德双边贸易额已经在中国与欧盟贸易额中占比超过40%。中德贸易的增长速度在2003年达到这一阶段的高峰，高达50.7%，418.8亿美元的贸易总额相当于中国与法国、英国和意大利三个国家贸易额之和。2008年，中德贸易额突破1000亿美元，达到1149.8亿美元。2010年，中德贸易又大幅攀升，中国成为德国全球第三大贸易伙伴，同时也成为德国最大的进口来源国（见表9-4）。

表9-4　2001～2016年中德贸易情况　单位：亿美元

年份	贸易总额	同比增长（%）	进口额	出口额	贸易差额
2001	235.3	19.50	137.7	97.5	-40.2
2002	278	18.2	164.3	113.7	-50.6
2003	418.8	50.7	243.4	175.4	-68
2004	541.2	29.7	303.7	237.6	-66.1
2005	632.5	16.9	307.2	325.3	18
2006	781.9	23.6	378.8	403.2	24.4
2007	941.1	20.4	453.9	487.2	33.2
2008	1149.8	22.2	558.3	591.5	33.2

续表

年份	贸易总额	同比增长（%）	进口额	出口额	贸易差额
2009	1056.8	-8.1	557.6	499.2	-58.4
2010	1423.9	34.7	743.4	680.5	-62.9
2011	1691.5	18.8	927.2	764.3	-162.9
2012	1611.3	-4.7	919.2	692.1	-227.1
2013	1616	0.29	773.4	842.6	69.2
2014	1758	8.8	851.6	906.5	54.9
2015	1567.8	-11.8	876.2	691.6	-184.6
2016	1512.9	-3.5	860.8	652.1	-208.7

资料来源：中国国家统计局（www.stats.gov.cn）。

在贸易差额方面，尽管中国对德国出口一度超过德国对中国的出口速度，使得2005～2008年中国对德国的贸易收支为顺差。但在其余年份，中国对德国的贸易收支均为逆差，而且自2009年之后，中德之间的贸易逆差正在不断扩大。

截止到2012年，中国已经成为德国全球第三大贸易伙伴，第二大进口来源国和第五大出口目的地国。中德贸易也已由建交初期的2.7亿美元增至2012年的1611.3亿美元，增长约596倍，其中中国对德国出口692.1亿美元，进口919.2亿美元，贸易逆差达到了227.1亿美元。2013年中德贸易额1616亿美元，其中，德国对中国出口额773.4亿美元，中国对德国出口额842.6亿美元，同比增长0.29%。据德意志联邦统计局，2014年中德贸易进口额1758亿美元，增长8.8%。其中，德国对华出口851.6亿美元，进口906.5亿美元，分别增长11.3%和6.4%。德国对华贸易逆差从2013年的110.8亿美元将至54.9亿美元。2015年，中德贸易额为1576.8亿美元，同比下降11.8%。其中，中方出口691.6亿美元，下降4.9%；进口876.2亿美元，下降16.6%。

虽然期间中德贸易顺逆差转换，但俨然德国已成为中国重要的贸易伙伴，中德贸易的发展必将在稳定和发展中国与欧盟经贸关系中起着举足轻重的作用。

9.3 中国自德国进口贸易分析

自1972年中德建交以来，中德两国间的贸易规模不断扩大。根据中国商务部及国家统计局统计的数据（见图9-3），在1990年之前，中国自德国的进口增长缓慢，年平均增速仅10%左右。1990~1995年，中国自德国出口增长迅速，由1990年的26.8亿美元增至1995年的80.4亿美元，翻了3倍。2000年自德国的出口额首次突破100亿美元，增至104.1亿美元。随后中国自德国的进口贸易便进入了黄金发展期，以不低于20%的年均增长率成“J”形增长。截至2012年，中国自德国的贸易进口额从1972年的1.8亿美元增至919.2亿美元，增长了510倍。目前，德国已经成为中国第五大进口来源国。

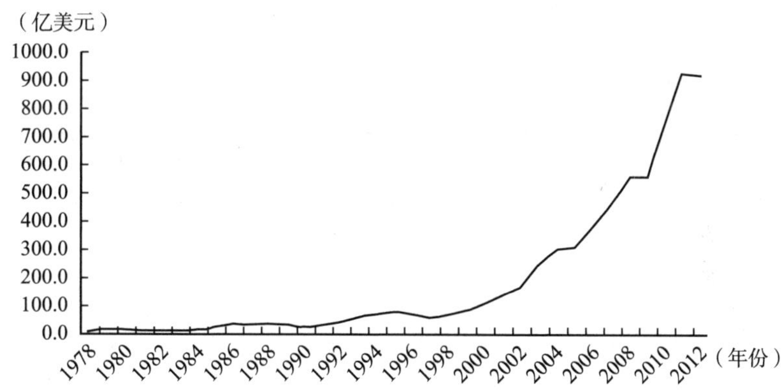

图9-3 1978~2012年中国自德国贸易进口情况

资料来源：由中国商务部数据及中国国家统计局数据整理所得。

在商品种类方面，德国一直以来以资本密集型产品为主要出口商品，技术含量较高。改革开放以来，随着中国经济的蓬勃发展，中国进口商品的种类发生了很大变化。20世纪七八十年代，中国自德国进口的产品主要以钢铁、化工和机械制造产品为主。然而根据国家商务部统计数据（见表9-5），如今中国从德国进口的主要产品有机电产品、运输设备、贱金属及贱金属制品以及光学设备、钟表及医用设备四类商品。2007~2012年，四类商品总额占德国对中国出口全部商品总额的比例均超过80%，分别为85.4%、83.3%、80.8%、85.9%、85.9%和84.8%。其中，机电产品为中国自德国进口的第一大类商品，近年在德国对中国出口总额中占比均超过30%，2012年进口额达到330.6亿美元，同比降低14.6%；运输设备是中国自德国进口的第二大类商品，也是近些年来增长最快的一类商品，由2007年的82.1亿美元增至2012年的282.9亿美元，且年平均增速达到27.6%；光学设备、钟表及医用设备类商品是中国自德国进口的第三大类商品，2011年之前该类商品的进口额排名还屈居第四，但2011年之后超过了原排名第三的贱金属及贱金属制品，截止到2012年，光学设备、钟表及医用设备类商品的进口额为59.3亿美元；贱金属及贱金属制品是中国自德国进口的第四大类商品，虽然呈增加势态，但是由于增速相对缓慢，其所占德国对中国出口总额的比例逐年降低，2012年，贱金属及贱金属制品占比仅为6.2%，进口额为52.7亿美元。除此之外，中国对来自德国的食品类、矿产品和活动物三类商品的进口额逐年增加，三类商品进口总额由2007年的1.1亿美元增加至2012年的10.1亿美元，占比由0.2%上升至1.2%。

表9-5　2007~2012年中国自德国进口主要商品构成（类）　单位：亿美元

商品类别	2007年	2008年	2009年	2010年	2011年	2012年
总值	404.8	492.1	510.7	708.6	899.3	855.5
运输设备	82.1	96.7	115.2	214.5	274.4	282.9
木材及制品	1.4	1.4	1.1	1.6	2.1	1.6
光学、钟表及医用设备	24.4	29.1	28.8	41.3	56.5	59.3
化工产品	19.9	26.4	32.7	41.8	53.5	56.2
塑料及橡胶制品	17.7	20.2	21.4	27.6	31	31.1
纤维素浆；纸张	3.8	3.8	4.4	4.2	5.7	5.2
机电产品	198.8	237.6	227.7	308.8	385.7	330.6
贵金属及贵金属制品	3.2	2.7	1.3	2.4	3.3	2.7
纺织品及其原材料	2.9	3.4	3.1	5.3	6.3	6.3
食品、饮料、烟草	0.5	0.6	0.7	1.1	1.7	2.5
陶瓷及玻璃制品	2.8	2.9	3.1	4.3	5.5	5.3
矿产品	0.6	1	1.2	1.8	2.2	2.6

续表

商品类别	2007 年	2008 年	2009 年	2010 年	2011 年	2012 年
家具、儿童玩具等杂项制品	2.2	2.6	2.7	3.8	5.3	5.3
活动物；动物产品	—	—	0.5	1.1	2.6	5
贱金属及贱金属制品	40.3	46.1	40.7	43.9	55.7	52.7
箱包及皮革制品	0.5	0.7	—	—	—	—
其他	3.7	16.9	26	5	8	6.2

资料来源：中国商务部国别报告．德国货物贸易及德中双边贸易概况（2007～2012 年），表中"—"代表该类商品数据不可查，由于数量较少，已算在其他类中。

9.4　中国对德国出口贸易分析

1978 年以前，中国的对外贸易在计划经济体制下是一种调剂余缺的手段，主要是为了给中国的进口贸易提供外汇保证，在国民经济中处于辅助地位。除此，由于之前的国内政治动乱导致国民经济无法正常运行，中国对德国出口贸易受到了很大影响，仅从建交初期的 0.9 亿美元发展至 1978 年的 3.3 亿美元。十一届三中全会之后，我国开始积极稳妥地发展出口贸易，中国对德国出口的贸易规模也逐年扩大。短短 10 年，便实现了 10 亿美元的突破。1988 年，中国对德国的出口额为 14.8 亿美元。在此后的 20 年内，中国对德国的出口贸易规模以 20% 以上的年均增长率迅速增长。2008 年，中国对德国的出口贸易额达 591.5 亿美元。2011 年，更是增长至 764.3 亿美元，是 1978 年的 232 倍。截止到 2012 年，中国对德国的出口贸易规模为 692.1 亿美元，同比下降 9.4%。如今，德国已成为中国第五大出口目的地国，对中德政治关系发展及中欧经贸关系发展具有至关重要的战略意义（见图 9－4）。

在商品构成方面，中国一直以初级产品及工业制成品中的劳动密集型产品为主。据统计，20 世纪 70～80 年代，我国对德国的出口贸易主要以纺织产品及农副产品为主。随着德国跨国公司的发展及中国改革开放的政策实施，90 年代初期，德国企业先后在中国投资设厂，从德国购入资本密集型产品及机电半成品，在中国加工后再将成品出口到德国及其他各国，这使得中德之间形成简单垂直贸易结构的同时，机电产品的出口额也

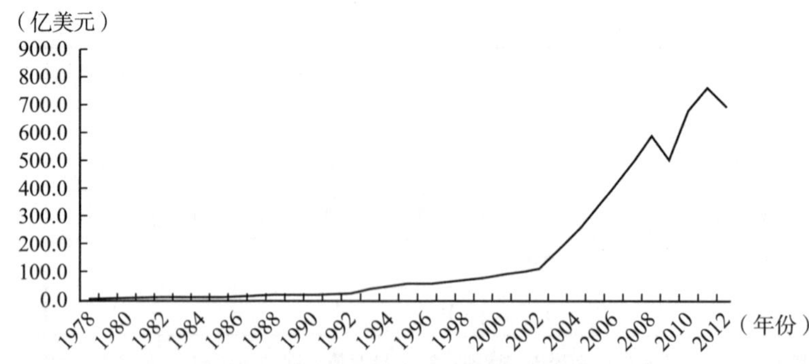

图 9-4 1978~2012 年中国对德国贸易出口情况

资料来源：由中国商务部数据及中国国家统计局数据整理所得。

逐年递增，中国对德国的出口商品种类慢慢发生变化。近些年纺织品已不再是中国对德国出口排名第一的商品，取而代之的是机电产品，纺织品及其原材料位居第二。家具及儿童玩具等杂项制品是中国对德国出口排名第三的商品，三类商品的出口总额在中国对德国的出口中占比超过60%。据国家商务部统计（见表9-6），2007~2012年，这三类商品的出口总额在中国对德国出口总额的占比正逐年降低，2007年为71.2%，2012年就降为66.5%。其中，机电产品是中国对德国出口的第一大类商品，2012年的出口额为352.5亿美元，同比下降11.9%；纺织品及其原材料是中国对德国出口的第二大类商品，其出口额从2007年的81.2亿美元增至2012年的101.1亿美元；家具及儿童玩具等杂项产品是中国对德国出口的第三大类产品，发展态势极不稳定，2007年出口额为68.5亿美元，2008年一度增至91.4亿美元，然后之后在波动中不断下降，2012年仅67.4亿美元。除此之外，近年来中国对德国在初级产品的出口方面态势稳定，在鞋靴等轻工产品、箱包及皮革制品等劳动密集型商品方面的出口额逐渐增加，尤其鞋靴轻工产品，由2007年的16.9亿美元增至2012年的24.8亿美元。

表 9-6 2007~2012 年中国对德国出口主要商品构成（类） 单位：亿美元

商品类别	2007 年	2008 年	2009 年	2010 年	2011 年	2012 年
总值	656.6	866	774.9	839.8	894	784.3
纺织品及其原材料	81.2	112	111.8	104.6	121.3	101.1
贱金属及贱金属制品	44.1	57.7	37.3	39.2	51.3	45

续表

商品类别	2007年	2008年	2009年	2010年	2011年	2012年
化工产品	22.1	38.3	30.5	33.7	38.5	33
光学设备及医用设备	19.1	24	22.1	24.6	29.1	30.5
鞋靴等轻工产品	16.9	23.3	23.6	22.8	27.6	24.8
塑料及橡胶制品	15.5	19.3	16.5	18.9	23	22
运输设备	14	30.5	32.5	77.5	56.3	41.6
箱包及皮革制品	13.5	16.7	14.8	13.9	15.4	14.2
机电产品	317.6	395.2	347.3	387	399.1	352.5
陶瓷及玻璃制品	10.2	12.9	10.9	12.5	12.9	12.7
活动物；动物产品	6.2	8.2	7.5	7.8	8.9	8
木材及制品	5.7	6	5.1	5.4	5.8	5.4
贵金属及贵金属制品	4.9	—	5	5.5	6.7	5.8
家具及儿童玩具等杂项制品	68.5	91.4	90.6	67.7	75.8	67.4
矿产品	—	6.7	—	—	—	—
植物产品	4.4	6.2	5.3	5.7	6.4	6.1
其他	12.8	17.8	14	13.1	15.9	14.3

资料来源：中国商务部国别报告．德国货物贸易及德中双边贸易概况（2007～2012年），表中“—”代表该类商品数据不可查，由于数量较少，已算在其他类中。

上述分析可见，中国加入WTO之后，中德贸易规模扩大迅速，2008年便突破了原定于2010年完成的1000亿美元贸易额；进口贸易方面，目前中国自德国的进口贸易正处于黄金发展期，以不低于20%的年均增长率成“J”形增长，而在进口商品种类上，机电产品、运输设备、贱金属及贱金属制品以及光学设备、钟表及医用设备四类商品是目前中国自德国进口的前四大类商品；出口贸易方面，受2008年世界经济危机影响，中国对德国的出口贸易近年来在波动中保持增长态势，而在商品构成方面，机电产品、纺织品及其原材料和家具及儿童玩具等杂项制品目前是中国对德国出口排名前三的商品。截止到2012年，中国已经成为德国全球第三大贸易伙伴，第二大进口来源国和第五大出口目的地国，这对中德政治关系发展及中欧经贸关系发展具有至关重要的战略意义。

9.5 德国对华直接投资对中德贸易的影响分析

9.5.1 刺激中德贸易规模的扩大

日本学者小岛清（Kiyoshi Kojima）在1978年出版的代表作《对外直接投资论》中提出贸易与投资之间为互补关系的理论。该理论以比较优势理论为基础，认为一国应加快发展本国具有比较优势的产业并进行出口，对外直接投资本国具有比较劣势的产业，贸易使得两国成本差距扩大，比较劣势产业所涉产品的进口贸易额也扩大。同时，资本、技术和人力等要素的差异又扩大了贸易范围。这时，贸易与投资的关系为相互促进。

根据该理论，在对中国进行直接投资时，德国在中国本地设厂，生产本应由德国对中国出口的商品，如机械制品等。虽然这种方式会使得德国对该类商品的出口规模缩小，但是这种投资方式会激发中国对生产该类商品所需的资金、原材料、劳动力及技术等要素需求的增加，而德国可以根据自身情况对其所需的各项要素给予出口和支持。这样既能促进德国对相关要素的出口，又能使得中国增加对该类商品的出口，形成的新贸易构成与德国对华直接投资主要是互补关系。德国近年来不断扩大对中国的直接投资，确实对中国和德国的贸易有促进作用。它一方面带动了德国对机电产品、运输设备、贱金属及贱金属制品以及光学设备、钟表及医用设备等商品的出口；另一方面也促使中国对德国出口机械产品、纺织品及其原材料和家具及儿童玩具等杂项制品等商品。

9.5.2 利于中国对德国出口贸易结构的改善

20世纪70～80年代，我国主要对德国的出口贸易以纺织产品及农副产品为主。1981年起，德国开始对中国进行直接投资。随着德国跨国公司的发展及中国改革开放的政策实施，90年代初期，德国企业先后在中国投资设厂，从德国购入资本密集型产品及机电半成品，在中国加工后再将成品出口到德国及其他各国，这使得中德之间形成简单垂直贸易结构的同时，机电产品的出口额也逐年递增，中国对德国的出口贸易结构慢慢发生变化。

根据中国商务部的统计数据（见表 9－7），如今中国的出口贸易结构已经得到了极大的改善，由原来的以出口纺织品等劳动密集型产品为主变为现在的以出口资本密集型产品为主，如机电产品等。2007 年，中国对德国出口贸易结构中，初级产品占比 1.6%，劳动密集型产品 28.4%，资本密集型产品 70%。2007 年之后初级产品的占比较为稳定，而劳动密集型的出口占比有逐渐降低的趋势，2010 年一度降低至 25.6%，同年资本密集型产品的出口占比攀升至 72.8%。截至 2012 年，中国对德国出口的产品中，初级产品占比 1.8%，劳动密集型占比 27.2%，比 2007 年降低 1.2%，资本密集型产品 71%。这足以说明，中国对德国的出口贸易结构正在不断升级，相信之后劳动密集型工业制成品的比重仍会不断降低，中国对德国的出口将逐渐以高技术产品为主。

表 9－7　　2007～2012 年中国对德国出口贸易结构占比　　单位：%

年份	初级产品	工业制成品		合计
		劳动密集型	资本密集型	
2007	1.6	28.4	70	100
2008	2.4	28.8	68.8	100
2009	1.7	31.8	66.5	100
2010	1.6	25.6	72.8	100
2011	1.7	27.6	70.7	100
2012	1.8	27.2	71	100

资料来源：此表根据中国商务部国别报告数据整理所得，其中工业制成品的分类是根据中国统计局的各产业劳动与资本的投入比划分。

9.6　德国对华直接投资影响中德贸易的实证检验

9.6.1　数据选取与模型分析

为保证结果的准确性，本章把 1993～2012 年 20 年的德国对中国的直接投资与中德两国贸易的统计数据作为样本数据，所需统计数据来自中国商务部网站、国别数据网、中国人民银行网站以及《中国统计年鉴》，借助 Eviews 6.0 软件对数据进行分析。

表 9－8 研究了中国对德国的出口额（EX）、中国自德国的进口额（IM）、中德贸易进出口总额（IMEX）、德国对中国直接投资（FDI）、德国对中国累计直接投资额（AFDI）、上一年德国对中国累计直接投资额（AFDI－1）、上两年德国对华累计直接投资额（AFDI－2）以及汇率（RER）等的相关系数矩阵。

表 9－8　德国对中国直接投资及中德贸易中主要变量的相关系数矩阵

	EX	IM	IMEX	FDI	AFDI－1	AFDI－2	RER
EX	1.0000	0.9759	0.9940	0.5654	0.9970	0.9970	0.7078
IM	0.9806	1.0000	0.9880	0.5143	0.9729	0.9729	0.5749
IMEX	0.9945	0.9958	1.0000	0.5414	0.9910	0.9910	0.7018
FDI	0.4166	0.3966	0.4078	1.0000	0.5820	0.5820	0.3163
AFDI－1	0.9623	0.9492	0.9599	0.5393	1.0000	1.0000	0.7108
AFDI－2	0.9701	0.9613	0.9701	0.5159	0.9978	1.0000	0.7108
RER	0.6585	0.5685	0.6744	－0.0396	0.5699	0.5955	1.0000

注：左下部分为 Pearson 相关系数；右上部分为 spearman 相关系数。

由表 9－8 可以看出，上两年德国对中国累计直接投资额（AFDI－2）与出口额（EX）、进口额（IM）、进出口总额（IMEX）之间存在高度的正相关关系，且高于当年德国对中国直接投资与该三个变量的相关系数，表明德国对华直接投资对贸易影响的滞后效应较为明显；汇率与出口额、进口额和进出口额的相关性较强。

考虑到对外直接投资的时滞效应以及汇率与中德贸易的较强相关性，本章选取上两年德国对华累计直接投资额（AFDI－2）、汇率（RER）和德国对中国直接投资（FDI）分别与中国对德国的出口额（EX）、中国自德国的进口额（IM）、中德贸易进出口总额（IMEX）进行回归。

1. 出口模型分析

研究结果显示：滞后 2 期的德国对中国直接投资累计额（AFDI－2）的估计系数显著为正，表明直接投资对出口贸易的促进作用；第（1）列估计方程结果表明汇率的估计系数显著为正，表明人民币贬值对中德贸易出口有明显的促进作用；第（2）列估计方程结果显著德国对中国直接投资（FDI）估计系数为负，且通过5%的显著性水平检验，说明在短期内，直接投资对出口贸易也存在替代关系，只是效果不如滞后2期的德国对中国直接投资累计额对中德贸易的作用显著性强（见表9－9）。

表9－9　　出口模型估计结果

	LogEX（1）	LogEX（2）	LogEX（3）
logAFDI－2	0.6976*** （11.48）	0.8959*** （9.46）	0.7478*** （10.78）
logRER	1.9261*** （－2.92）		
logFDI		－0.3363** （－2.11）	
常数项	6.4947*** （4.55）	2.5352*** （9.78）	2.3849*** （8.77）
R^2	0.9105	0.8936	0.8658
Adj－R^2	0.9000	0.8811	0.8583
F统计量	86.50	71.40	116.11

注：（）括号内数值为回归系数的z统计量；*、**、***分别代表10%、5%和1%的显著性水平；计量结果保留四位有效数字。

2. 进口模型分析

表9－10的研究结果显示：进口模型模拟效果很好，调整后的R^2均高于0.8。滞后2期的德国对华直接投资累计额（AFDI－2）的估计系数为正，且通过1%的显著性水平检验，表明直接投资对进口贸易的促进作用；第（1）列的汇率估计系数仍为正，但是没有通过常规水平的显著性检验；第（2）列即期的德国对中国直接投资（FDI）系数显著为负，表明在短期内德国对中国的直接投资会部分替代我国从德国的进口贸易。

表 9－10　　　　　　　　　　进口模型估计结果

	logIM（1）	logIM（2）	logIM（3）
logAFDI2	0.6360*** （10.86）	0.8951*** （10.13）	0.6944*** （9.67）
logRER	2.2405 （0.274）		
logFDI		－0.4555*** （－3.06）	
常数项	7.5241*** （5.47）	2.9469*** （12.19）	2.7433*** （9.75）
R^2	0.9067	0.8961	0.8387
Adj－R^2	0.8957	0.8839	0.8297
F 统计量	82.60	73.29	93.58

注：（）括号内数值为回归系数的 z 统计量；*** 代表 1% 的显著性水平；计量结果保留四位有效数字。

3. 进出口模型

表 9－11 研究结果显示滞后 2 期德国对中国的投资额、汇率、即期的德国对中国投资额的估计结果与出口模型、进口模型的估计结果基本一致，仍显示了德国直接投资对贸易的促进作用，以及在短期之内直接投资对贸易存在替代关系。

表 9－11　　　　　　　　　　进出口模型估计结果

	logIMEX（1）	logIMEX（2）	logIMEX（3）
logAFDI2	0.6630*** （11.49）	0.8948*** （10.07）	0.7176*** （10.37）
logRER	2.0947*** （－3.34）		
logFDI		－0.4023** （－2.69）	

续表

	logIMEX（1）	logIMEX（2）	logIMEX（3）
常数项	7.7471 *** （5.72）	3.4573 *** （14.22）	3.2775 *** （12.08）
R^2	0.9134	0.8994	0.8566
Adj－R^2	0.9032	0.8875	0.8486
F 统计量	89.67	75.97	107.49

注：（）括号内数值为回归系数的 z 统计量；*** 代表1%的显著性水平；计量结果保留四位有效数字。

9.6.2 计量检验

1. 建立 VAR 模型

为了保证所建立的模型能够较为准确地反映变量间相互影响的绝大部分关系，协整检验前要确定滞后期 K 值、模型结构以及存在相互关系的变量。

建立出口 VAR 模型为：X =（logEX　logFDI　logAFDI－2　logRER）

建立进口 VAR 模型为：X =（logIM　logFDI　logAFDI－2）

建立进出口 VAR 模型为：X =（logIMEX　logFDI　logAFDI－2）

由于格兰杰因果检验对滞后期的选择比较敏感，因而本书在对最佳滞后期选择时，综合考虑 AIC 准则和 SC 准则，若两者矛盾则根据似然比 LR 统计量来确定最佳滞后期。此处根据 Eviews 6.0 模型滞后期选择确定出口、进口、进出口 VAR 模型的滞后阶数均是 3（见表 9－12、表 9－13、表9－14）。

表 9－12　　出口 VAR 模型的最佳滞后阶数选择

滞后阶数	LR 值	FPE 值	AIC 值	SC 值	HQ 值
0	NA	2.83e－05	0.877210	1.073260	0.896698
1	147.0881	9.47e－10	－9.497779	－8.517528	－9.400340
2	54.71075 *	1.00e－11	－14.45427	－12.68982	－14.27888

续表

滞后阶数	LR 值	FPE 值	AIC 值	SC 值	HQ 值
3	16.65333	4.42e-12 *	-16.73525 *	-14.18660 *	-16.48191 *

注：“ * ”表示所标注数值所在行的滞后阶数就是其所在列的检验标准推荐的最佳滞后阶数；5 个检验标准分别为：Akaike 信息量、最终预测误差、Hannan - Quinn 信息量、修正的 LR 检测统计值（5% 水平）以及 Schwarz 信息量。

表 9 - 13　　进口 VAR 模型的最佳滞后阶数选择

滞后阶数	LR 值	FPE 值	AIC 值	SC 值	HQ 值
0	NA	0.006522	3.480670	3.627708	3.495286
1	113.2187 *	3.19e-06	-4.169638	-3.581487	-4.111175
2	16.32906	2.04e-06	-4.743721	-3.714457	-4.641410
3	15.41762	9.37e-07 *	-5.887414 *	-4.417037 *	-5.741256 *

注：“ * ”表示所标注数值所在行的滞后阶数就是其所在列的检验标准推荐的最佳滞后阶数；5 个检验标准分别为：Akaike 信息量、最终预测误差、Hannan - Quinn 信息量、修正的 LR 检测统计值（5% 水平）以及 Schwarz 信息量。

表 9 - 14　　进出口 VAR 模型的最佳滞后阶数选择

滞后阶数	LR 值	FPE 值	AIC 值	SC 值	HQ 值
0	NA	0.007394	3.606138	3.753175	3.620753
1	111.1080	4.25e-06	-3.881811	-3.293660	-3.823347
2	22.59696 *	1.46e-06	-5.082683	-4.053420	-4.980372
3	12.07195	1.08e-06 *	-5.748424 *	-4.278047 *	-5.602265 *

注：“ * ”表示所标注数值所在行的滞后阶数就是其所在列的检验标准推荐的最佳滞后阶数；5 个检验标准分别为：Akaike 信息量、最终预测误差、Hannan - Quinn 信息量、修正的 LR 检测统计值（5% 水平）以及 Schwarz 信息量。

2. 单位根检验

为避免出现伪回归，确保格兰杰因果检验的有效性，本章使用 ADF 检验法分别对 logEX、logIM、logIMEX、logRER、logFDI 和 logAFDI - 2 序列进行单位根检验，看结果是否为同阶平稳，结果如表 9 - 15 所示。检验发现，在 10% 的显著性水平下，logFDI 和 logAFDI - 2 变量的原序列是平稳序列，原序列变量 logEX、logIM、logIMEX、logRER 都不是平稳序列，通过一阶差分检验，上述序列都是一阶平稳的，即都具有一阶单整性。因此，本章利用各变量的一阶差分变量进行格兰杰因果检验。

表9－15　　　　ADF检验结果

变量	检验形式（C，T，L）	ADF检验（t－统计量）	10%临界值	P值	结果
logEX	（c，n，0）	－0.537732	－2.655194	0.8629	不平稳
DlogEX	（c，n，1）	－3.349227	－2.660551	0.0276	平稳
logIM	（c，n，0）	0.405199	－2.655194	0.9776	不平稳
DlogIM	（c，n，1）	－2.935503	－3.040391	0.0608	平稳
logIMEX	（c，n，0）	0.031275	－2.655194	0.9505	不平稳
DlogIMEX	（c，n，1）	－3.212615	－2.660551	0.0360	平稳
logRER	（c，n，0）	2.383749	－2.660551	0.9999	不平稳
DlogRER	（c，n，0）	－19.69621	－2.660551	0.0000	平稳
logFDI	（c，n，0）	－5.355584	－2.655194	0.0004	平稳
DlogFDI	（c，n，1）	－5.544270	－2.660551	0.0003	平稳
logAFDI－2	（c，n，0）	－3.856589	－2.655194	0.0095	平稳
DlogAFDI－2	（c，n，1）	－6.391590	－2.666593	0.0001	平稳

3. 协整检验

由ADF检验结果可知，logEX、logIM、logIMEX、logRER、logFDI和logAFDI－2序列皆为一阶平稳序列，即为同阶单整。因此，在正式格兰杰因果检验之前，还需各变量之间的协整关系。

（1）模型稳定性。所有特征值都落在单位圆（实数轴为横坐标，虚数轴在纵坐标，圆点为圆心1为半径的圆）以内或者特征值的模都小于1，这一条件是VAR模型稳定的充要条件。出口、进口、进出口VAR模型的单位根检验结果如图9－5、图9－6、图9－7所示，显然均满足模型稳定性条件，可以对VAR模型进行下一步的协整关系检验。

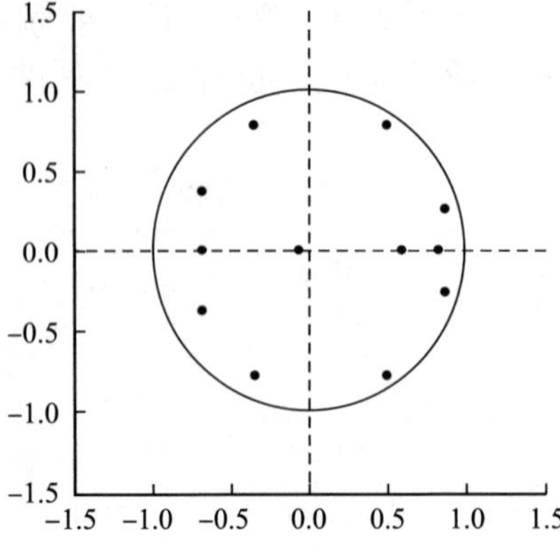

图 9－5　出口 VAR 模型的稳定性检验

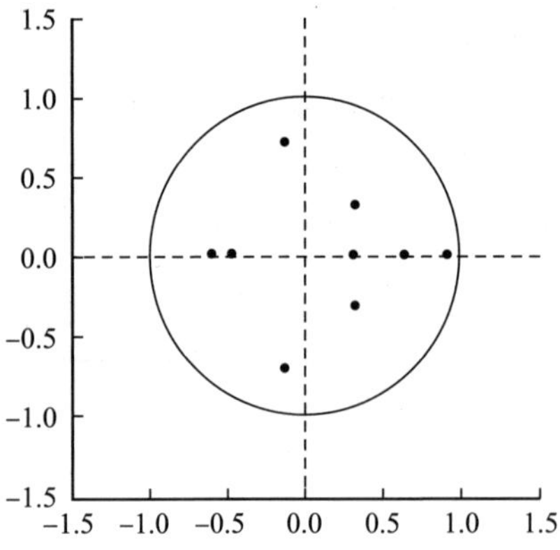

图 9－6　进口 VAR 模型的稳定性检验

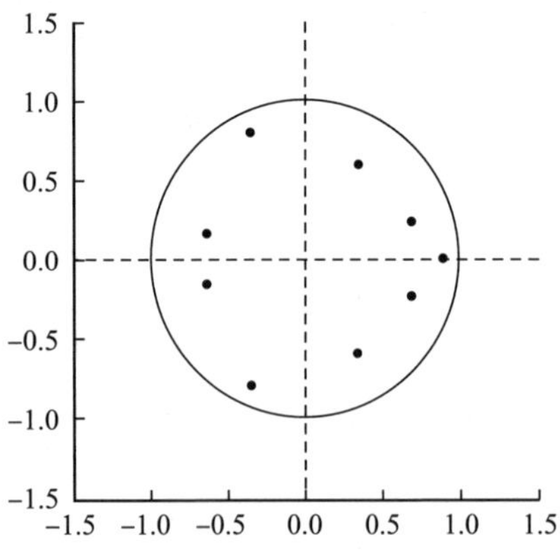

图 9－7　进出口 VAR 模型的稳定性检验

（2）VAR 模型下的协整关系。本章利用 Johnansen 法检验时间序列样本的协整关系。协整结果（见表9-16、表9-17、表9-18）表明中德贸易的出口、进口和进出口总额与德国对中国直接投资的累计额、当年的德国对中国直接投资存在协整关系，即中德贸易出口与德国对中国直接投资、中德贸易进口与德国对中国直接投资、中德贸易进出口总额都存在长期均衡关系。

表9-16　　　　出口模型协整检验结果

Hypothesized		Trace	0.05	
No. of CE(s)	Eigenvalue	Statistic	Critical Value	Prob. **
None *	0.990696	152.3152	47.85613	0.0000
At most 1 *	0.927663	68.12356	29.79707	0.0000
At most 2 *	0.553509	20.84790	15.49471	0.0001
At most 3 *	0.296637	6.333870	3.841466	0.0005

Trace test indicates 4 cointegrating eqn (s) at the 0.05 level.

表9-17　　　　进口模型协整检验结果

Hypothesized		Trace	0.05	
No. of CE(s)	Eigenvalue	Statistic	Critical Value	Prob. **
None *	0.907892	72.40373	29.79707	0.0000
At most 1 *	0.598595	29.47739	15.49471	0.0002
At most 2 *	0.515602	13.04728	3.841466	0.0003

Trace test indicates 3 cointegrating eqn (s) at the 0.05 level.

表9-18　　　　进出口模型协整检验结果

Hypothesized		Trace	0.05	
No. of CE(s)	Eigenvalue	Statistic	Critical Value	Prob. **
None *	0.946127	81.24821	29.79707	0.0000
At most 1 *	0.595040	28.66787	15.49471	0.0003
At most 2 *	0.497767	12.39645	3.841466	0.0004

Trace test indicates 3 cointegrating eqn (s) at the 0.05 level.

4. 格兰杰因果关系检验

协整关系只能说明变量之间的长期稳定关系和趋势，为明确各变量间的因果关系，需要进行格兰杰因果关系检验，结果如表9－19所示。分析结果表明，出口额、进口额以及进出口额与滞后2期的德国对中国投资累计额的变动存在双向格兰杰因果关系；出口与即期的直接投资额变动不存在显著的格兰杰因果关系；即期直接投资额与进口和进出口额变动存在单向格兰杰因果关系，其中即期直接投资额是进口额和进出口额的格兰杰原因，反之不成立；出口与汇率存在双向显著的格兰杰因果关系。结果的经济学含义是：考虑到直接投资的时滞效应，滞后2期的德国对中国直接投资与中德贸易相互影响，相互促进，具有明显的互补关系。

表9－19 格兰杰因果检验结果

原假设	F统计量	P值	结论
EX不是AFDI－2的格兰杰原因	2.64749	0.0619	拒绝
AFDI－2不是EX的格兰杰原因	3.23466	0.0691	拒绝
IM不是AFDI－2的格兰杰原因	2.39118	0.0574	拒绝
AFDI－2不是IM的格兰杰原因	11.0439	0.0016	拒绝
IMEX不是AFDI－2的格兰杰原因	3.75710	0.0432	拒绝
AFDI－2不是IMEX的格兰杰原因	13.8760	0.0007	拒绝
EX不是AFDI的格兰杰原因	0.93659	0.4588	接受
AFDI不是EX的格兰杰原因	1.66205	0.2374	接受
IM不是AFDI的格兰杰原因	1.18108	0.3654	接受
AFDI不是IM的格兰杰原因	5.41696	0.0179	拒绝
IMEX不是AFDI的格兰杰原因	0.80288	0.5203	接受
AFDI不是IMEX的格兰杰原因	4.26082	0.0351	拒绝
EX不是RER的格兰杰原因	3.98330	0.0418	拒绝
RER不是EX的格兰杰原因	6.70638	0.0093	拒绝

5. 脉冲反应

本书利用脉冲反应函数研究分析AFDI－2、FDI对EX、IM和IMEX

的冲击反应。图 9 -8 到图 9 -9 显示了脉冲—响应分析结果。其中横轴为滞后期数，滞后 10 期；纵轴表示因变量对自变量冲击的响应程度，虚线区域为响应函数在正负两倍标准差的置信区间。

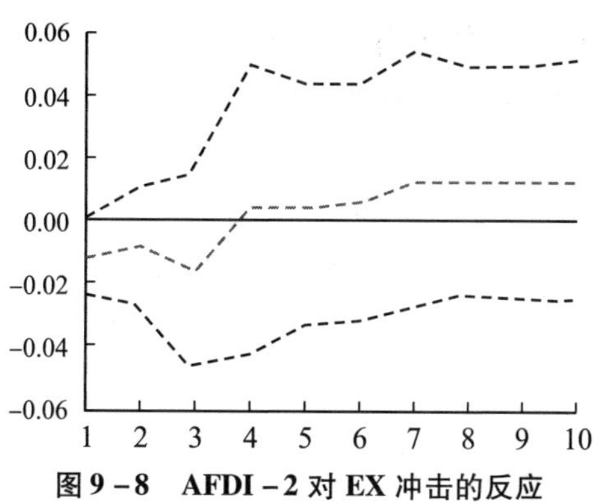

图 9 -8　AFDI -2 对 EX 冲击的反应

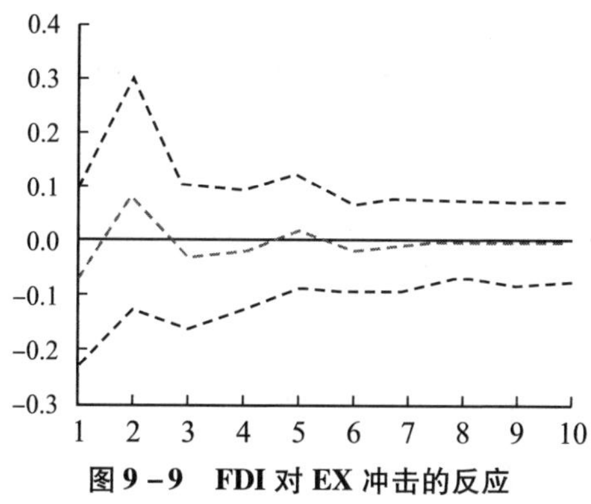

图 9 -9　FDI 对 EX 冲击的反应

图 9 -8 显示滞后 2 期的德国对中国直接投资额对出口额的冲击响应值在第 4 期之前为负，第 4 期之后为正，并在第 7 期得到最大值且逐渐趋于平稳。具体地，前期出现负向波动，分析认为：一方面考虑到直接投资存在滞后效应，德资企业在投资的最初几年尚未达到预期生产水平，从而对中德出口的促进作用还未完全表现出来；另一方面德国对中国投资的目的之一就是抢占中国巨大的销售市场，德资企业在华投资建厂后，许多产品在华就地销售，因而对中德出口会产生一定的负向影响。图 9 -9 显示即期直接投资对出口额的冲击效应在前两期为负，同滞后 2 期的投资响应基本一致，但是即期直接投资对出口贸易的冲击响应在第 3 期就呈明显增

强趋势，且很快趋于平稳。

图 9 – 10 显示滞后 2 期的德国对中国直接投资额对进口额的冲击响应值基本呈现负向响应，前几期波动较大，在第 9 期滞后响应效果逐渐减弱。图 9 – 11 显示即期德国对中国直接投资对进口额的冲击响应，前 3 期为负向，后期逐渐减弱。分析认为图 9 – 10 和图 9 – 11 的脉冲反映结果均显示了德国对中国的直接投资对进口强烈的替代作用。

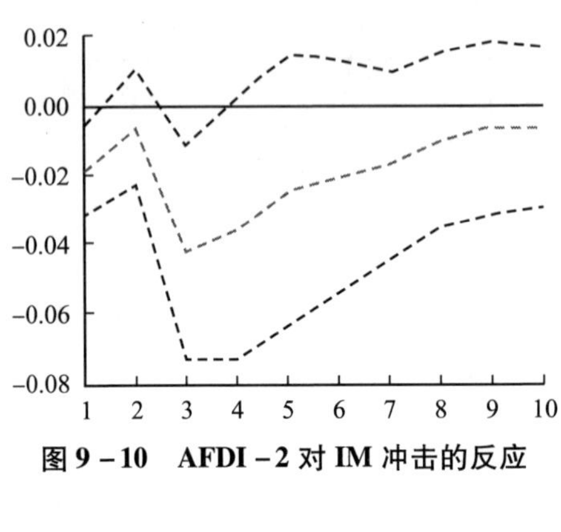

图 9 – 10　AFDI – 2 对 IM 冲击的反应

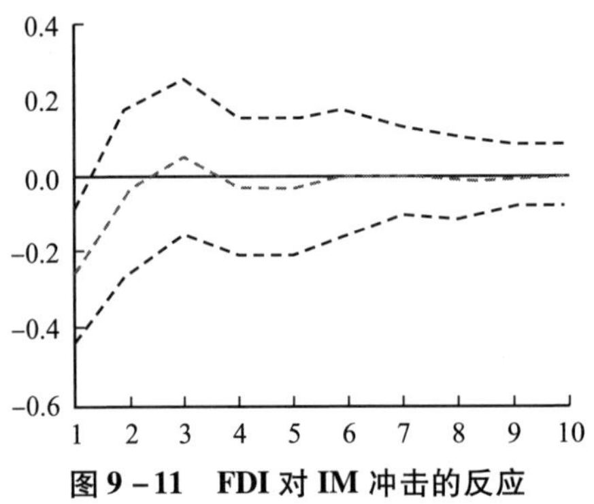

图 9 – 11　FDI 对 IM 冲击的反应

图 9 – 12 和图 9 – 13 显示了滞后 2 期的德国对中国直接投资额和即期德国对中国直接投资对进口额的响应效果，发现对出口总量的分析，更倾向于进口方面的特征。分析认为：一直以来，中德进出口贸易总额基本呈逆差状态，我国从德国的进口量除 1997 年、1998 年及 2005 年外，都远远大于我国对德国的出口量。通过对进出口总量脉冲的分析可见，我国从德国的进口大于我国向德国的出口。

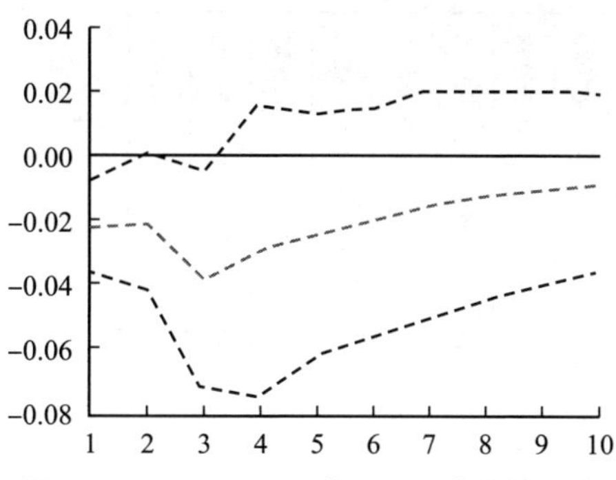

图9－12　AFDI－2对IMEX冲击的反应

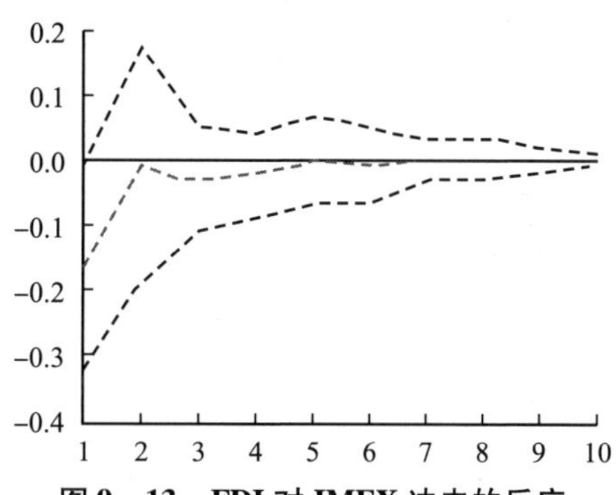

图9－13　FDI对IMEX冲击的反应

6. 方差分解

计算每个变量冲击在系统总贡献中所占的份额也是相对重要的，便于进一步分析研究，本书将EX、IM和IMEX变量的预测方差分解为其他变量和自身共同作用的结果。表9－20分别研究了AFDI2、FDI的变动分别对EX、IM和IMEX变量变动的贡献率，使用Eviews 6.0软件分析哪些因素对出口、进口以及进出口的影响最大，影响多少以及作用时滞。从表9－20可以看出，在影响出口的诸多因素中，无论从短期还是长期来看，滞后2期的直接投资（AFDI－2）都是最为重要的决定因素，在第9期其影响高达10%以上；即期投资对出口的解释力度不断增强。而在影响进口和进出口的诸多因素中，即期的直接投资对其解释力度最强，其中对进口的解释力度在第4期高达23%以上，在后期基本维持在21%左右；对进出口的解释力度不断增强。上述分析结果表明，在总体上，滞后的直接投资是出口的主要影响因素，而即期的直接投资则对进口和进出口的影响较高。

表 9－20　对出口、进口和进出口方差的分解

时期	出口模型				进口模型				进出口模型			
	S. E.	IM	AFDI－2	FDI	S. E.	IM	AFDI－2	FDI	S. E.	IMEX	AFDI－2	FDI
1	0. 133731	100. 0000	0. 000000	0. 000000	0. 000000	100. 0000	0. 000000	0. 000000	0. 098863	100. 0000	0. 000000	0. 000000
2	0. 153624	99. 31134	0. 545356	0. 000295	0. 143010	88. 93658	0. 824637	10. 23878	0. 115679	95. 84643	2. 306094	1. 847477
3	0. 170334	97. 88415	1. 603559	0. 247533	0. 264754	84. 28785	5. 980100	9. 732048	0. 123412	95. 08298	2. 031325	2. 885692
4	0. 180487	96. 72809	2. 080237	0. 794818	0. 396853	71. 73241	4. 898420	23. 36917	0. 132801	87. 51073	1. 927189	10. 56208
5	0. 182649	95. 89381	2. 089253	1. 459990	0. 556946	71. 15118	6. 101005	22. 74782	0. 133272	87. 11447	2. 262881	10. 62264
6	0. 185046	93. 67549	3. 327328	2. 347983	0. 649200	66. 28051	10. 88571	22. 83378	0. 134064	86. 10025	3. 298122	10. 60163
7	0. 187100	91. 72185	4. 387430	3. 194492	0. 696230	63. 87594	13. 60068	22. 52338	0. 136082	83. 97289	4. 695779	11. 33133
8	0. 191633	88. 50485	7. 059596	3. 746074	0. 689475	62. 73933	15. 13536	22. 12530	0. 139748	80. 42240	6. 328822	13. 24878
9	0. 197364	84. 90505	10. 38965	4. 050990	0. 654308	61. 24146	16. 78021	21. 97833	0. 143517	77. 05464	7. 712858	15. 23250
10	0. 202919	82. 02055	13. 21533	4. 145121	0. 618996	59. 78950	18. 36359	21. 84692	0. 147202	73. 99900	8. 816477	17. 18452

实证检验可以得出以下基本结论：一是德国对中国直接投资与中德贸易是长期均衡的关系，短期内德国对中国直接投资对中德两国贸易有替代效应，但是长期内两者是互补关系；二是德国对中国的直接投资可以促进中德贸易的发展，而中德贸易的发展也可以让德国对中国的直接投资发展更顺利；三是德国对中国的直接投资影响具有滞后性，一定时间后才会在中德贸易中呈现出来；四是人民币汇率贬值有利于中国对德国的出口贸易发展。

9.7 “一带一路”倡议下中德投资与贸易的良性互动展望

德国素有欧洲“十字路口”之称，是通往欧洲各个国家的交通枢纽。“一带一路”在欧洲推进过程中，德国的技术、金融能力都可以较好地配合中国相关战略的实施。在整个“一带一路”区域内德国都可以为中国的项目计划提供支持，实现共赢。在基础设施建设方面，德国已加入亚投行，并作为亚投行的创始成员国，其将在亚投行倡导的基础设施建设项目的金融支持方面发挥重要作用。在推进人民币国际化方面，德国作为欧洲重要的金融中心，其金融人才和地理上“欧洲心脏”的位置都为德国作为区域人民币结算中提供了极佳条件。在物流领域，中欧间贸易额庞大，通过“一带一路”的物流基础设施及软件环境建设以及德国在欧洲的重要物流中心的地位，将更巩固其作为整个中欧大物流中重要的一环。由于德国在欧洲扮演着举足轻重的经济强国的作用，其还是稳定欧洲经济的重要因素。中国要想顺利地实施“一带一路”政策，欧洲的政治经济稳定是必要条件之一。所以德国无论是从中东欧的经济发展来说，还是从欧洲整体与“一带一路”倡议的对接来说，都能起到关键作用。中德同为制造业和出口大国，经济互补性较为突出，共建“一带一路”旨在以政策沟通、设施联通、贸易畅通、资金融通、民心相通的“五通”为主要内容，通过中国市场和德国技术的结合、中国速度（效率）和德国质量的联手以及“中国制造”和“德国制造”的整合对接，探索彼此合作的新领域和新空间，充分发挥两国经济合作潜力，加强利益的契合点，共同打造高水平的中德合作共赢关系。

发展中德贸易是保持和发展两国关系的一个基础。长期、持续和较快地发展中德贸易，有利条件是主要的。其中最重要的是双方经济和贸易的互补性；此外两国对外政策的相似性也是一个重要的有利条件。中德地方合作近年来日益活跃，已成为双边经贸关系的重要补充。比如太仓中德企业合作基地就是中德地方合作的突出典范，有机融合了“德国质量”与“中国速度”，充分发挥了各自的比较优势。德国在自动化方面的技术处于世界领先地位，而中国随着人口老龄化的加剧、产业升级以及环境保护的需要，未来，中德经贸合作还要深化在智能制造、金融、节能环保等一批新兴产业的合作。此外双方可以通过互办文化年或者经济年，加深民间彼此的了解，促进两国的经济文化互进互融，以点带线，以线带面，促进中德双方共同繁荣、互惠共赢。

第 10 章

中国与中东欧贸易和投资的良性互动

10.1 中国与中东欧成员国的“一带一路”对接

10.1.1 “16 +1 合作”为“次区域合作”的先行者

中国—中东欧合作是中欧“次区域”合作整体布局中的重要部分，除了中国—中东欧合作之外，渐渐凸显的还有中国—北欧国家合作、中国—南欧国家合作，以上几个区域的合作可以统称为次区域合作。中欧次区域合作是服务于中欧整体合作的，是对中欧合作的新实践尝试和补充。

从历史、地缘上来看，中东欧 16 国与中国具有相似的历史印记，苏联解体后，这些国家纷纷寻求各自的发展，同属于转型国家。由于地处欧洲大陆的最东边，相对于欧洲其他的地区来说更加靠近中国，是中国联通欧洲的地理要塞。中国—中东欧合作框架将是发掘中国与欧洲国家之间合作潜力的里程碑，是拉近中国与欧洲关系的契合点。中国—中东欧国家合作突破了传统的中欧经贸关系，将互联互通建设同产能合作联系起来，符合双方共同的需求，中国—中东欧合作丰富了中欧合作的内涵，拓宽了中欧合作的基本面。

中东欧由于历史和加入欧盟时间较短的缘故，相对于欧洲其他地区来说经济发展比较缓慢，落后于欧洲其他地区，中东欧国家的人均 GDP 是欧洲平均水平的40%。中国与中东欧国家合作有助于弥补东西欧差距，推动欧洲一体化更加平稳的发展，中国—中东欧合作有利于欧盟的稳定，有利于推进欧盟一体化的进程。中国—中东欧国家合作坚持尊重欧盟的态度，承认其在一体化中的主导地位，坚持在欧盟框架下与中东欧国家成员开展相关合作。坚持在欧盟框架下发展好中国—中东欧国家合作有利于缓解欧盟对中国—中东欧合作的疑虑，对于中国深化与欧盟的合作具有重要作用，也能给其他的次区域化合作树立良好的榜样。

10.1.2 中国与中东欧国家合作的现状

1. 贸易合作现状：中国与中东欧贸易显著增长

近年来，中国与中东欧 16 国之间贸易发展迅速。2014 年，双边进出口贸易额为 602.2 亿美元，较 2009 年（323.7 亿美元）增长 86.1%，占中欧贸易总额的比重从 2009 年的 8.9% 上升至 9.9%。其中，中国对中东欧出口额从 263.5 亿美元增至 437.1 亿美元，增长 65.9%，中国从中东欧进口额从 60.5 亿美元增长到 165.2 亿美元，增长 173%。中国从中东欧国家进口增速表现抢眼，不仅明显快于同期中国从欧盟 91.2% 的进口增速，也远高于同期中东欧国家对全球 55.8% 的出口增速，在国际金融危机和欧元区主权债务危机之后，一定程度上使中东欧国家与中国经贸合作更加紧密。

16 国中，波兰、捷克、匈牙利、斯洛伐克以及罗马尼亚是中国在中东欧的主要贸易伙伴；同时，中国也是 5 国在亚洲的最大贸易伙伴。2014 年，中国与 5 国的贸易合计 481.5 亿美元，占中国与中东欧贸易额的 80%。自 2013 年以来，随着中国与中东欧经贸合作机制的健全，中国在巩固与中东欧主要贸易伙伴商品出口增速的同时，与波黑、黑山两个中东欧发展经济体的贸易往来呈现加速发展态势，2014 年中国与它们的贸易同比分别增长 185.8% 和 106.1%。据欧洲统计局数据统计显示，基础设施和能源领域投资主要集中在巴尔维亚、波黑、马其顿和黑山等巴尔干半岛的东南欧国家，近年来表现突出。中国在塞尔维亚有诸多项目，包括摩拉瓦运河水电站、多瑙河米海洛·卜平大桥建设等。

2. 中国对中东欧国家出口市场结构

中国对中东欧国家出口市场结构可归纳为表 10－1，为简化起见，将

1995～2015年分为1995～2001年、2002～2008年、2009～2015年三个阶段。

表10－1 1995～2015年中国对中东欧国家出口贸易市场结构

国家	1995～2001年		2002～2008年		2009～2015年		1995～2015年		
	出口额（亿美元）	比重（%）	出口额（亿美元）	比重（%）	出口额（亿美元）	比重（%）	出口额（亿美元）	比重（%）	平均增速（%）
阿尔巴尼亚	0.8	0.6	5.5	0.5	21.7	0.8	28.0	0.7	16.5
波黑	0.0	0.0	1.9	0.2	6.0	0.2	8.0	0.2	38.2
保加利亚	3.6	2.5	47.6	4.3	66.6	2.5	117.8	3.0	19.0
克罗地亚	3.1	2.2	53.4	4.8	87.1	3.3	143.5	3.7	33.2
捷克	19.8	13.9	171.1	15.4	492.0	18.5	682.8	17.4	22.6
爱沙尼亚	3.6	2.5	24.2	2.2	66.1	2.5	94.0	2.4	22.7
匈牙利	37.7	26.0	232.8	21.0	410.6	15.4	680.6	17.4	14.9
拉脱维亚	1.1	0.8	26.1	2.4	74.7	2.8	101.9	2.6	40.4
立陶宛	1.7	1.2	33.2	3.0	91.6	3.4	126.4	3.2	37.8
马其顿	0.2	0.2	2.6	0.2	5.2	0.2	8.1	0.2	30.4
黑山	2.5	1.8	10.1	0.9	7.6	0.3	20.3	0.5	13.6
波兰	50.5	35.4	268.2	24.2	814.3	30.6	1133.0	28.9	18.6
罗马尼亚	13.1	9.2	143.5	12.9	208.7	7.8	365.3	9.3	16.2
塞尔维亚	0.0	0.0	13.5	1.2	27.4	1.0	40.8	1.0	7.5
斯洛伐克	2.6	1.8	47.1	4.2	170.0	6.4	219.7	5.6	25.1
斯洛文尼亚	2.7	1.9	28.2	2.5	113.1	4.2	144.0	3.7	27.0
合计	142.7	100	1109.1	100	2662.5	100	3914.3	100	19.4

资料来源：UN Comtrade。

从表10－1和图10－1可以看出，1995～2015年中国对中东欧各国出口贸易的特点：

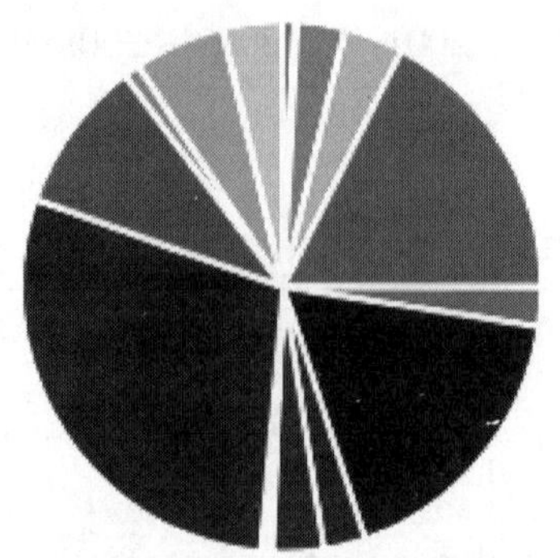

■ 阿尔巴尼亚 ■ 波黑 ■ 保加利亚 ■ 克罗地亚
■ 捷克 ■ 爱沙尼亚 ■ 匈牙利 ■ 拉脱维亚
■ 立陶宛 ■ 马其顿 ■ 黑山 ■ 波兰
■ 罗马尼亚 ■ 塞尔维亚 ■ 斯洛伐克 ■ 斯洛文尼亚

图 10 -1 1995 ~2015 年中国对中东欧各国出口额占比

资料来源：根据 UN Comtrade 数据库整理而得。

第一，从出口量上看，表 10 -1 描述了中国对中东欧各国的出口占比情况，可以看出，与中国贸易量最大的前 5 个国家依次为波兰、匈牙利、捷克、罗马尼亚和斯洛伐克，分别占比为 28.9%、17.4%、17.4%、9.3%、5.6%，共占中国对中东欧 16 国出口总额的 78.6%，说明这 5 个国家在中国对中东欧国家的出口贸易中做出了巨大的贡献，仍要继续加强与这些国家的经贸合作。与中国贸易量最小的 5 个国家依次为波黑、马其顿、黑山、阿尔巴尼亚和塞尔维亚，分别占比为 0.2%、0.2%、0.5%、0.7%、1.0%，仅占中国对中东欧 16 国出口总额的 2.6%，几乎可以忽略不计。虽然这剩余 11 个国家对中国的进口总额仅为中东欧 16 国对中国进口总额的 21.4%，但也正说明了这些国家存在巨大的经贸合作潜力，因此，要重点开拓这些市场，不断加强与这些国家的经贸合作。

第二，在这三个阶段，除黑山外，中国对中东欧各国的出口额均呈上升趋势。究其原因，可能是因为黑山经济仍严重依赖欧元区市场，并且由于经济增长放缓，持续采取财政紧缩政策，对外贸易明显下降。

第三，从增长速度上看，1995 ~2015 年中国对中东欧国家出口额平均增长速度最快的前 5 个国家依次是拉脱维亚、波黑、立陶宛、克罗地亚和马其顿，平均增长速度分别为 40.4%、38.2%、37.8%、33.2%、30.4%，但是从表 10 -1 中可以看出，对这 5 个国家的出口额仅占对中东欧总出口额的9.9%，由此可见，虽然这5个国家平均增长速度较快，但对中国对中东欧的出口总额所做贡献较小，之所以平均增长速度较大，可能是因为基期的出口量较小，此外，可以看出中国与这些国家的发展前景较为良好。

10.2　中国对中东欧直接投资现状

2003年以来，特别是欧盟扩大后，中国在中东欧国家的投资项目持续增加，投资领域涉及机械、电子、电信、化工、印刷、农业、汽车、物流、新能源等部门。华为、中兴、联想、TCL、苏州胜利、中国一拖、长城汽车和比亚迪汽车等企业已进入中东欧市场。近年来，中国企业在中东欧的并购活动也取得进展。2011年1月底，烟台万华化学集团以12.6亿欧元成功收购匈牙利宝思德公司96%的股权，成为世界第三大聚氨酯生产商；2012年1月，广西柳工集团完成对波兰企业HSW集团的并购；2013年5月，襄阳汽车轴承股份有限公司收购波兰工业发展局持有的波兰KFLT轴承公司89.15%的股份。中国在中东欧国家的投资由不足1亿美元增至20亿美元左右。

10.2.1　投资规模分析

由于中国对外直接投资起步较晚，中国对中东欧国家的可查投资数据始于2003年，因此本章以2003~2015年中国对中东欧国家的投资额为对象进行分析。

从流量上看，2015年，中国对中东欧国家的投资额为1.63亿美元，仅占当年中国对外直接投资流量的0.14%，虽然投资流量相比较于2003年的0.07亿美元增加了约23倍，但占比却比2003年的0.24%有所下降，这说明中国对外直接投资流量的增幅远远大于中国对中东欧国家投资的增幅。图10-2描述了2003~2015年中国对中东欧国家直接投资的流量及增长率，可以看出，2004~2010年，中国对中东欧国家的投资均呈上升趋势，且在2010年，中国对中东欧国家的投资额以756.8%的高增长率上升至4.19亿美元，创造了历史新高，占当年中国对外直接投资总额的0.61%。2011年，中国对中东欧的投资额较2010年出现了大幅下降，降至1.3亿美元，主要是因为当年中国对匈牙利的投资额减少了约3.58亿美元。2011~2015年，中国对中东欧的投资呈现出在波动中上升的趋势。

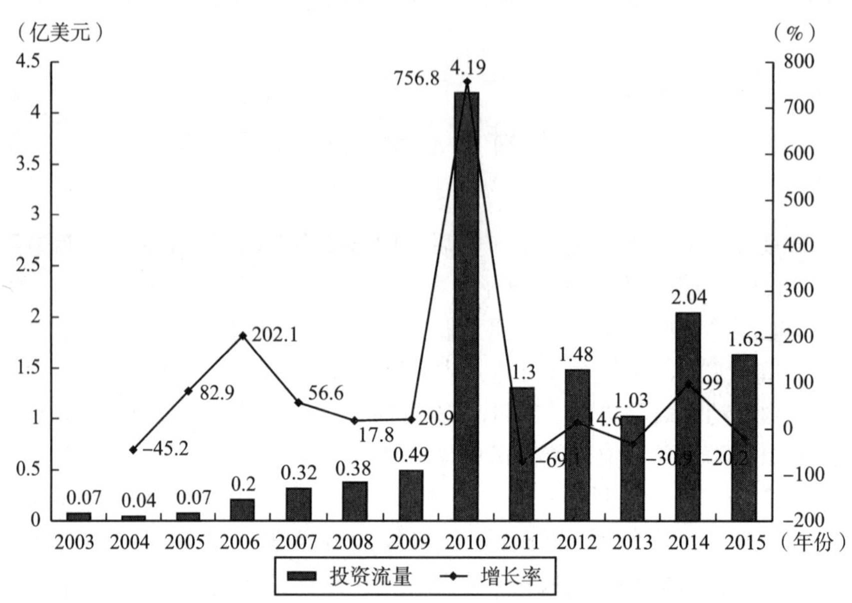

图10-2 2003~2015年中国对中东欧国家投资流量

资料来源：各年中国对外直接投资统计公报。

整体来看，中国对中东欧的投资额呈现出上升的趋势，但占中国对外直接投资总额的比重非常小，因此，在中国对外直接投资能力逐渐增强的基础上，应重视对中东欧市场的投资，尤其在“一带一路”倡议背景下，要深化与中东欧国家的投资合作。

从存量上看，截至2015年，中国对中东欧国家的投资总额为19.77亿美元，仅占2015年中国对外直接投资存量的0.18%，投资存量相较于2003的0.42亿美元增加了约46倍，占比相较于2003年的0.13%有所提升，这说明在中国对外直接投资快速增长的时候，中国对中东欧的投资存量也在快速上升。图10-3描述了2003~2015年中国对中东欧国家投资的存量和增长率。可以看出，中国对中东欧的投资存量整体呈现出稳步上升的趋势，其中有两个高增长点，第一次出现高增长是2006年，投资存量以237.9%的高增长率上升至2.4亿美元，说明2006年中国加快了对中东欧国家的投资，另外，高增长率也与2005年之前中国对中东欧国家的投资存量基数较小有关；第二次出现高增长是2010年，投资存量以107.6%的高增长率上升至8.53亿美元，这可能是因为金融危机之后，中国经济复苏，加快了对中东欧国家的投资。除这两个高增长点以外，其余年份的投资存量均在较小的波动中增长。由此可见，中国对中东欧国家的投资前景较好，加上在“一带一路”倡议背景下，中国领导人有充分挖掘中国与中东欧经贸合作潜力的政治意愿，因此，应顺应国家战略，加快与中东欧国家经贸合作进程。

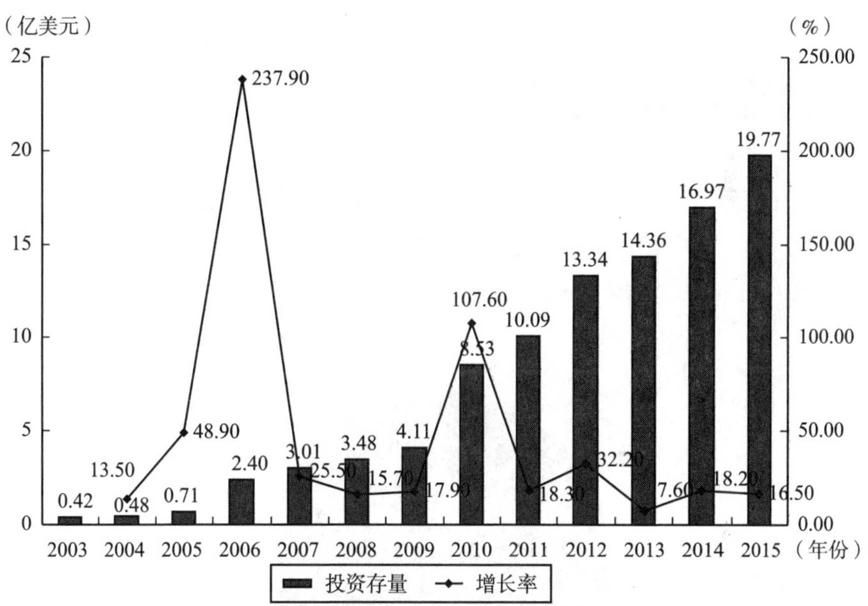

图10－3　2003～2015年中国对中东欧国家投资存量

资料来源：各年中国对外直接投资统计公报。

10.2.2　投资地区分析

截至2015年，中国对中东欧16国的投资存量为19.77亿美元。图10－4统计了截至2015年，中国对中东欧各国的投资存量，其中，投资存量最大的6个国家依次是匈牙利、罗马尼亚、波兰、保加利亚、捷克、斯洛伐克，投资存量均超过1亿美元，分别为5.711亿美元、3.648亿美元、3.521亿美元、2.36亿美元、2.243亿美元、1.278亿美元。

图10－5是2015年中国对中东欧各国投资存量占中国对中东欧投资

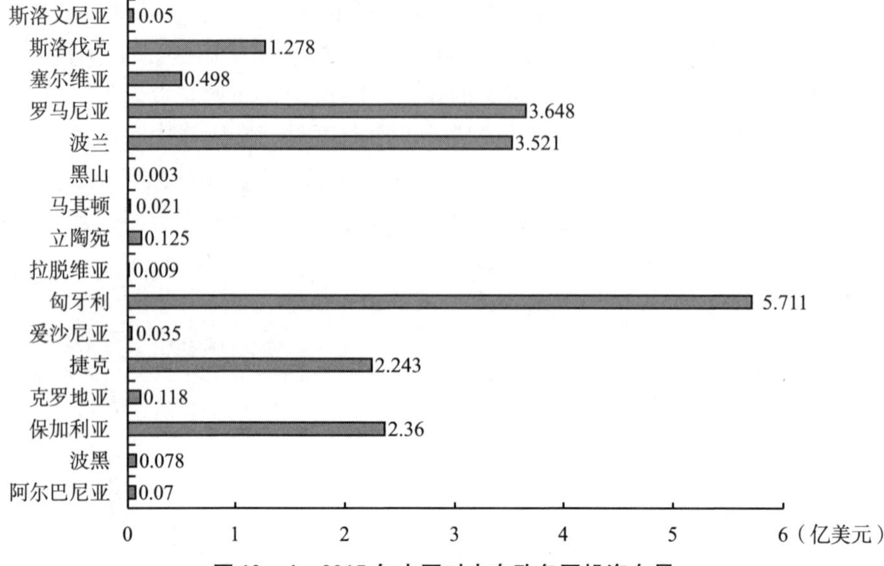

图 10－4　2015 年中国对中东欧各国投资存量

资料来源：中国对外直接投资统计公报。

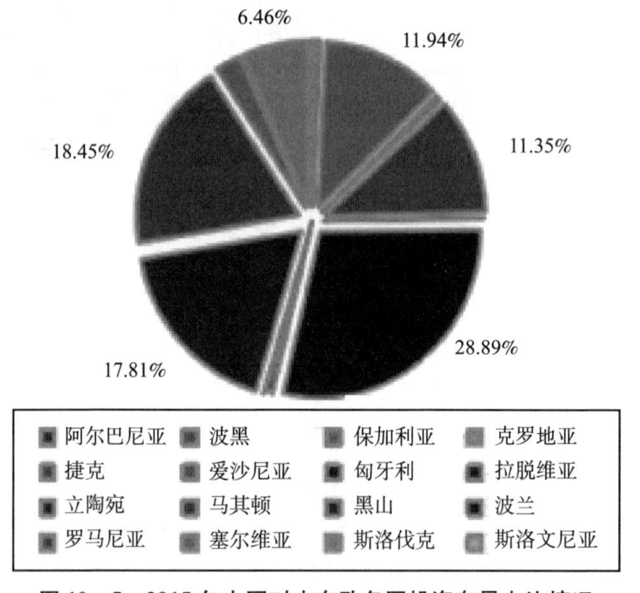

图 10－5　2015 年中国对中东欧各国投资存量占比情况

资料来源：根据中国对外直接投资统计公报整理而得。

总额的占比情况，可以看出，中国对匈牙利罗马尼亚、波兰、保加利亚、捷克、斯洛伐克的投资存量占中国对中东欧16国投资总额的28.89%、18.45%、17.81%、11.94%、11.35%、6.46%。对这6个国家的投资存量占对中东欧16国投资总额的94.90%，尤其是对匈牙利的投资，几乎占了对中东欧16国投资总额的1/3，而对其余10个国家的投资存量仅占了5.10%，可见，中国对中东欧国家的投资主要集中于匈牙利、罗马尼亚、波兰、保加利亚、捷克、斯洛伐克6个国家，其中又以匈牙利为主。

中国对中东欧国家的投资主要集中于这6个国家有一定的原因：

最近几年中国和匈牙利的全方位的合作项目非常多，目前匈牙利将中国看作是其最主要的投资者。在如今的匈牙利投资市场中，中国投资者是最多的海外投资者，加上匈牙利开放的投资移民政策，使得想要申请匈牙利的永居权利比较方便，这就自然使得每年选择到匈牙利投资的中国的个人投资者和企业家非常多。

罗马尼亚近年来经济增长迅速，在吸引中国投资方面有较多优势。首先，罗马尼亚地理位置得天独厚，拥有黑海最大港口康斯坦察港及多瑙河—黑海航道，是中国进入欧洲的重要门户之一；其次，罗马尼亚在基础设施项目建设上有大量需求，如高速公路、高速铁路、桥梁、机场、电站等，中国企业在这些项目上有很好的技术，且有配套资金支持，因而两国合作互补性强；最后，罗马尼亚在清洁能源、旅游资源方面都有值得开发的地方。

波兰经济增长快速、劳动力市场灵活性高，投资环境较为稳定，整体经济状况良好，具有较好的工业基础和科技实力。波兰政府对吸引外资较为支持，出台了一系列激励政策，包括经济特区的所得税豁免、不动产税豁免，以及对购买新技术及研发中心的优惠的税务抵扣。另外，波兰还从国家层面及欧盟层面为投资者提供现金补助，以支持新的投资和创造就业岗位。波兰当前处于经济增长阶段，被称为“欧洲最大工地”，铁路、高速公路、发电厂等基础设施都值得投资。在“一带一路”倡议中，波兰是中国通向欧洲的关口和接口，在地理位置、交通等方面具有很大的优势，因此，波兰是非常值得中国投资的地区。

保加利亚视中国为重要的战略投资伙伴，一直积极参加中国与中东欧国家的“16+1”合作，助力地区整体发展，其政府也一直致力于创造良好的投资环境，包括低公司税和各项优惠政策以及优势明显的人力资源。另外，保加利亚希望积极参与丝绸之路经济带的建设，成为中国与欧洲之间的天然桥梁。

捷克地理位置优越、劳动力成本较低、交通网络完善，对于外资具有很强的吸引力，捷克是中国进入欧洲的潜在桥梁，总体上捷克是中国非常合适的投资平台。中国对捷克投资增速显著，目前已有超过20家中国企业在捷克进行投资，投资行业涉及制造业、金融服务业、电信业、文化和娱乐业。同时，有更多的中国企业对探索捷克市场充满兴趣，特别是制造业、交通基础设施及核能源领域。

斯洛伐克处于中欧腹地，与奥地利、捷克等工业强国相连，亦与匈牙利、波兰、乌克兰等农业大国相邻，近几年经济增长非常迅速。中国—中东欧“16+1”平台拓宽了目前双方合作领域。斯洛伐克在汽车、机械、电器制造等领域有很强的基础，在IT技术、医药科研、农业、环保和食品加工等多个领域希望能与中国开展广泛合作；斯洛伐克金融环境稳定，是中东欧国家中为数不多使用欧元的国家，希望中国的银行尽早在斯洛伐克设立分支机构；此外，斯洛伐克在基础设施建设和能源领域特别期待中国的投资。

10.2.3 投资方式分析

从上面可见，中东欧地区人力、资本、产业等投资基础都较好，并且获取欧盟市场和技术比较便利，这些都为中国投资中东欧提供了良好机遇。实际上，中国也已经意识到中东欧作为投资战略目的地的重要性，并采取了一系列积极举措（见表10-2）。目前中国对中东欧国家的投资方式有以下特点：

表10-2　中国-中东欧合作的一些成果　单位：亿美元

时间	投资内容	投资方	金额
2011年10月至2014年12月	塞尔维亚泽蒙—博尔查跨多瑙河大桥	中国铁路工程公司	260
2013年5月	塞尔维亚E763高速公路项目建设	山东高速项目	330
2013年11月	塞尔维亚科斯拉次电站（燃煤）项目	中国机械设备工程公司	716

续表

时间	投资内容	投资方	金额
2013年5月	波黑斯坦纳里火电站项目	四川东方电气公司	675
2013年11月	马其顿两条高速公路项目	中国水电建设集团国际工程公司	—
2014年12月	黑山公路项目	中国路桥工程公司	110
2015年12月	匈赛铁路塞尔维亚段现代化改造重建项目	中交集团、中国铁路国际有限公司	—
2016年	中国－中东欧国家物流基础设施投资	—	—

资料来源：根据商务部资料整理而来。

第一，整体布局投资产业。中国对中东欧国家的投资主要采取整体迁移产品生产、加工以及销售链，通过绿地投资、并购、合资等方式将具体的生产模式落地中东欧，如基础设施、机械制造、信息和服务业以及农产品开发等。从以往通过港口、机场的交通运输到在本地建设产业园以及后勤设施，从以往只注重人员集中和静态销售的贸易中心建设到重视开发投资产业的价值链和多样化。如今中国在中东欧投资具有一定的选择性，尤其是部分中东欧国家具有地理位置、劳动力水平、产业基础等优势，其中，波兰、匈牙利以及东南欧部分国家成为中国的重要选择地点。

第二，投资特色产业。目前中国在中东欧的特色投资产业已基本成型，主要是围绕中国的人力资本、技术比较优势和长期积累的先发性优势，并结合中东欧有实际投资需求的产业进行开展，包括基础设施建设、通信技术建设与研发、机械制造与加工以及清洁能源投资。中国在中东欧的基础设施投资势头较好；中国信息和通信技术公司中兴和华为的投资几乎遍布整个中东欧国家，业务覆盖范围也较为广泛，在中东欧影响较大；在机械制造与加工业方面，中国在匈牙利、保加利亚、塞尔维亚等中东欧国家投资汽车生产线和电器；在清洁能源方面，中国在中东欧也取得了一定的成就，在核电站、火力发电站、水电站等方面都加快了资本和技术投资。在取得上述投资成果时，中国也在中东欧国家加快建设产业园和工业园，以鼓励和吸引更多的中国投资者，扩大中国在中东欧的投资影响力。同时，中国企业也在尝试介入投资中东欧国家传统的优势产业如农业、林业、渔业等方面。

第三，以点带面，开发投资中东欧重点国家。中国对中东欧国家进行投资时，并不追求一步到位，在整个区域全面开展，而是更看重具有突出优势或各种综合指标较为均衡的国家，比如匈牙利、波兰等。匈牙利是中东欧国家中华商和中资机构最为集中的国家，中国在匈牙利主要投资领域为化工、再生能源、信息技术、电子、电信等行业。截至 2015 年，中国在匈牙利直接投资存量为 5. 711 亿美元，其中，2011 年，烟台万华化学集团以 12. 6 亿欧元成功收购匈牙利宝思德公司 96% 的股权，是中国企业目前在中东欧地区最大的投资项目。波兰是中国企业进入欧洲的重要门户，截至 2015 年，中国在波兰直接投资存量为 3. 521 亿美元，投资领域涉及生物医药、新能源、商贸服务、机械电子制造、房地产等。从上面可知，中国的投资重点主要在匈牙利、罗马尼亚、波兰、保加利亚、捷克和斯洛伐克，截至 2015 年，直接投资存量依次为 5. 711 亿美元、3. 648 亿美元、3. 521 亿美元、2. 36 亿美元、2. 243 亿美元、1. 278 亿美元，重点投资这些国家必定会带动整个中东欧地区的投资。

第四，大力改善对中东欧的投资软环境。中国政府一直积极推动和中东欧的文化交流，开展各项投资交流论坛，并派遣“投资促进团”到中东欧国家推进投资，加强信息和经验的交流共享，尤其是经常邀请中东欧国家主管官员来华参加培训，中国还设立了中国和中东欧文化研究基金及交流机制等来推进对中东欧国家的了解。

总体来说，对中东欧地区的投资一直是中国短板，但也由此说明未来对中东欧的投资具有巨大的潜力。匈牙利、罗马尼亚、塞尔维亚在涉及中国利益上一直采取支持态度，因此，应积极开发与这些国家的关系，予以重点开发。不宜在中东欧 16 国整体铺开所有布局建设，应多做试点，寻找有多重利益结合点的国家，将投资工作做深做实。

10. 3 中国与中东欧国家贸易的良性互动

为更好地加深中国对中东欧的经贸合作，本节通过测算中国对中东欧国家的贸易结合度指数和贸易互补性指数来分析中国对中东欧的贸易互补性和贸易潜力。

10.3.1　中国对中东欧贸易结合度指数分析

贸易结合度指数是指一国对某贸易伙伴国的出口占出口总额的比重与该贸易伙伴国进口总额占世界进口总额的比重之比，它反映了两国在贸易方面相互依存的程度，其数值越大，表明两国在贸易方面的联系越紧密，贸易结合度指数的计算公式如下：

$$TCD_{IJ} = (X_{IJ}/X_I)/(M_J/M_W) \qquad (10-1)$$

其中，TCD_{IJ}表示 I、J 两国间的贸易结合度；X_{IJ}表示 I 国对 J 国的出口额；X_I 表示 I 国出口额；M_J 表示 J 国进口总额；M_W 表示世界进口总额。如果 $TCD_{IJ} < 1$，表示 I、J 两国在贸易方面联系松散；如果 $TCD_{IJ} = 1$，则为平均水平；如果 $TCD_{IJ} > 1$，表明 I、J 两国在贸易方面联系紧密。如果 TCD_{IJ}在不断提高，则表明两国贸易越来越密切。表 10 - 3 计算了 2006 ~ 2015 年这 10 年的中国对中东欧各国的贸易结合度。

表 10 - 3　　2006 ~ 2015 年中国对中东欧各国贸易结合度指数

国家	2006 年	2007 年	2008 年	2009 年	2010 年	2011 年	2012 年	2013 年	2014 年	2015 年
阿尔巴尼亚	0.28	0.25	0.43	0.48	0.42	0.51	0.64	0.57	0.59	0.73
波黑	0.04	0.07	0.07	0.05	0.04	0.04	0.04	0.08	0.21	0.01
保加利亚	0.98	0.32	0.35	0.27	0.25	0.30	0.29	0.28	0.28	0.26
克罗地亚	0.52	0.69	0.65	0.56	0.65	0.66	0.57	0.54	0.37	0.35
捷克	0.33	0.41	0.45	0.51	0.55	0.50	0.41	0.41	0.43	0.43
爱沙尼亚	0.40	0.41	0.39	0.34	0.50	0.58	0.56	0.47	0.46	0.45
匈牙利	0.55	0.62	0.65	0.73	0.73	0.65	0.55	0.49	0.46	0.42
拉脱维亚	0.49	0.53	0.62	0.51	0.69	0.75	0.74	0.70	0.64	0.54
立陶宛	0.37	0.38	0.39	0.38	0.41	0.41	0.46	0.41	0.38	0.32
马其顿	0.10	0.17	0.12	0.12	0.10	0.13	0.12	0.08	0.09	0.10
黑山	0.21	0.22	0.27	0.35	0.32	0.34	0.57	0.31	0.54	0.48
波兰	0.41	0.47	0.50	0.53	0.53	0.51	0.59	0.52	0.54	0.56
罗马尼亚	1.53	0.35	0.40	0.46	0.47	0.44	0.36	0.33	0.34	0.34
塞尔维亚	0.29	0.22	0.25	0.20	0.20	0.19	0.20	0.18	0.17	0.17

续表

国家	2006年	2007年	2008年	2009年	2010年	2011年	2012年	2013年	2014年	2015年
斯洛伐克	0.17	0.29	0.31	0.27	0.30	0.32	0.29	0.32	0.28	0.28
斯洛文尼亚	0.25	0.28	0.33	0.34	0.51	0.52	0.50	0.53	0.54	0.59
中东欧16国	0.52	0.43	0.45	0.48	0.50	0.48	0.46	0.43	0.43	0.38

资料来源：根据 UN Comtrade 数据整理而得。

从表10-3可以看出，2006~2015年中国对中东欧各国的贸易结合度几乎都小于1，对中东欧16国总体的贸易结合度未超过0.6，说明中国对东欧国家的贸易依赖度较低，贸易联系不紧密，可能由于地缘关系，中东欧国家与欧盟的联系更为紧密。

从各个国家的情况来看，中国对波兰、阿尔巴尼亚、斯洛文尼亚的贸易结合度整体处于上升的趋势，其中中国对阿尔巴尼亚的贸易结合度从2006年的0.28上升至2015年的0.73，说明中国与波兰、阿尔巴尼亚、斯洛文尼亚的贸易关系逐渐变强；中国对匈牙利、拉脱维亚、立陶宛、罗马尼亚的贸易结合度处于先上升后下降的状态，说明中国与这几个国家的贸易关系从逐渐密切的状态又趋于松散；中国对保加利亚、克罗地亚的贸易结合度整体处于下降的状态，说明中国与其贸易关系正逐渐松散；中国对捷克、爱沙尼亚、黑山、塞尔维亚、斯洛伐克的贸易结合度处于比较平稳的状态，说明中国与其贸易关系整体较为平稳；而中国对波黑、马其顿的贸易结合度则非常小，几乎都小于0.2，说明中国与其贸易联系非常松散。

中国对中东欧国家较低的贸易结合度一方面反映了过去和当前中国对中东欧国家的贸易联系较为松散，对中东欧国家的出口规模较小；但另一方面也反映出未来中国对中东欧的出口贸易还存在巨大潜力。因此，在“一带一路”倡议背景下，中国应加强与中东欧国家的贸易联系，扩大贸易规模，在现有基础上不断挖掘对中东欧国家的贸易潜力。

10.3.2 中国对中东欧贸易互补性指数分析

一般认为，如果I国集中出口的产品正好与J国的集中进口的产品一致，那么两国的贸易就具有互补性。衡量贸易互补性比较直观的方法是彼得·德赖斯代尔（Peter Drysdale）在1967年提出的贸易互补性指数。计算公式为：

$$C_{IJ} = \sum_k C_{IJ}^k \frac{X_w^k}{X_w} = \sum_k RCA_{xi}^k RCA_{mj}^k \cdot \frac{X_w^k}{X_w} \quad (10-2)$$

其中，$C_{IJ}^k = RCA_{xi}^k \cdot RCA_{mj}^k$，为 I 国 J 国间单个产品 k 的贸易互补性指数，代表用出口来衡量的 I 国在 k 产品上的显性比较优势，而 RCA_{mj}^k 表示用进口来衡量的 J 国在 k 产品上的显性比较劣势，具体计算公式如下：

$$RCA_{xi}^k = \frac{X_i^k / x_i}{X_w^k / x_w} \quad (10-3)$$

$$RCA_{mj}^k = \frac{M_j^k / M_j}{X_w^k / X_w} \quad (10-4)$$

其中，X_i^k 和 X_w^k 分别为 I 国和世界在 k 产品上的出口额；X_i 和 X_w 分别为 I 国和世界的出口总额；M_j^k 为 J 国 k 产品的进口额；M_j 为 J 国进口总额。RCA_{xi}^k 越大，则 I 国在 k 产品上的显性比较优势越大，RCA_{mj}^k 越大，则 J 国在 k 产品上的显性比较劣势越大。当两者均较大时，表示 I 国在 k 产品上有较强的比较优势，而此时 J 国在 k 产品上恰有较大的比较劣势，因而认为两国在 k 产品上呈现出较强的互补性，$C_{IJ}^k = RCA_{xi}^k \cdot RCA_{mj}^k$ 的值越大，贸易的互补性就越强。

在此基础上，用世界贸易中各类产品的份额作权数，对单品种互补指数加总，即可得到两国的综合贸易互补性指数。当 >1 时，说明两国的贸易互补性强，并且越大，互补性越强；当 ≤1 时，说明两国的贸易互补性弱，并且越小，互补性越不明显。

根据以上公式及《国际贸易标准分类》第三次修订版（SITC. Rev3）中对货物贸易的一级分类方法，以中国为出口侧，计算出 2006～2015 年中国对中东欧 16 国总体间贸易互补性指数，如表 10－4 所示。

表 10－4　2006－2015 年中国对中东欧 16 国总体间贸易互补性指数

种类	2006 年	2007 年	2008 年	2009 年	2010 年	2011 年	2012 年	2013 年	2014 年	2015 年
SITC0	0.57	0.53	0.48	0.51	0.52	0.53	0.53	0.50	0.44	0.45
SITC1	0.16	0.16	0.15	0.17	0.17	0.19	0.19	0.17	0.17	0.20
SITC2	0.22	0.19	0.20	0.15	0.15	0.15	0.15	0.14	0.15	0.16
SITC3	0.11	0.12	0.11	0.11	0.10	0.09	0.08	0.08	0.08	0.11

续表

种类	2006年	2007年	2008年	2009年	2010年	2011年	2012年	2013年	2014年	2015年
SITC4	0.02	0.04	0.05	0.04	0.03	0.03	0.04	0.04	0.04	0.04
SITC5	0.49	0.50	0.58	0.49	0.56	0.66	0.63	0.62	0.61	0.60
SITC6	1.81	1.79	1.85	1.67	1.65	1.81	1.87	1.89	1.86	1.92
SITC7	1.28	1.40	1.53	1.55	1.56	1.61	1.57	1.57	1.41	1.40
SITC8	1.86	1.88	2.00	1.90	1.87	1.97	1.98	1.95	1.85	1.78
SITC9	0.06	0.03	0.02	0.02	0.01	0.01	0.01	0.01	0.01	0.01
综合	1.03	1.06	1.07	1.05	1.05	1.07	1.05	1.06	1.04	1.07

资料来源：根据 UN Comtrade 数据库整理而得。

从表 10－4 可以看出：

第一，整体上来看，2006～2015 年中国对中东欧国家的综合贸易互补性指数整体上较为平稳，基本稳定在 1 以上。这说明中国对中东欧国家存在稳定且显著的贸易互补关系，这与两者间的生产要素禀赋和比较优势相吻合。

第二，中国与中东欧国家的贸易互补性存在明显的行业差异。资源密集型产品（SITC 4）的贸易互补性较弱，尤其第 4 类产品即动植物油、脂和蜡互补性非常弱，贸易互补性指数均低于 0.05，几乎没有互补性。劳动密集型产品（SITC6、8）即按原料分类的制成品、杂项制品的贸易互补性较强，贸易互补性指数均超过了 1.5，其中，第 8 类产品略有下降的趋势。资本与技术密集型产品（SITC5、7、9）中的第 7 类产品即机械及运输设备的贸易互补性非常强，在快速增长后趋于稳定，贸易互补性指数几乎均超过了 1.4；而第 5 类和第 9 类产品的互补性较弱，尤其是第 9 类产品即未另分类的其他商品和交易互补性非常弱，贸易互补性指数几乎均低于 0.03。由上面可知，中国对中东欧国家出口额最多的前三类产品依次是 SITC7、SITC8、SITC6，2015 年，对这三类产品的出口额占对中东欧国家总出口额的比重依次为 46.92%、30.04%、15.94%，这与两者间的贸易互补性相一致。结合出口现状及贸易互补性可知，中国对中东欧的劳动密集型产品和资本与技术密集型产品的贸易互补性较强，并且资本与技术密集型产品在中国对中东欧国家的出口贸易中的影响越来越大。为分析中国对中东欧各国的贸易互补性情况，以中国为出口侧，表 10－5 计算了 2015

年中国对中东欧各国的贸易互补性指数。从表10-5可以看出：

表10-5　　2015年中国对中东欧各国贸易互补性指数

国家＼SITC	0	1	2	3	4	5	6	7	8	9	综合
阿尔巴尼亚	0.78	0.46	0.11	0.12	0.10	0.47	2.27	0.65	2.03	0.04	0.88
波黑	0.94	0.57	0.16	0.17	0.11	0.63	2.58	0.75	1.67	0.00	0.94
保加利亚	0.51	0.31	0.46	0.19	0.04	0.66	1.85	0.92	1.22	0.01	0.85
克罗地亚	0.77	0.26	0.10	0.19	0.06	0.68	2.07	0.88	2.33	0.00	1.01
捷克	0.34	0.15	0.12	0.08	0.03	0.54	1.95	1.68	1.89	0.00	1.16
爱沙尼亚	0.55	0.45	0.17	0.16	0.02	0.47	1.54	1.20	1.56	0.02	0.92
匈牙利	0.29	0.11	0.10	0.10	0.02	0.58	1.55	1.71	1.32	0.01	1.06
拉脱维亚	0.69	0.65	0.20	0.14	0.06	0.57	1.65	1.08	1.71	0.02	0.93
立陶宛	0.68	0.46	0.20	0.25	0.07	0.72	1.42	0.88	1.38	0.01	0.81
马其顿	0.65	0.23	0.18	0.14	0.11	0.58	4.06	0.74	1.13	0.00	1.03
黑山	1.40	0.79	0.13	0.13	0.09	0.51	1.75	0.81	2.34	0.00	0.96
波兰	0.49	0.16	0.17	0.09	0.04	0.67	1.96	1.34	2.02	0.00	1.09
罗马尼亚	0.50	0.19	0.15	0.08	0.03	0.64	2.32	1.32	1.59	0.01	1.07
塞尔维亚	0.42	0.27	0.22	0.14	0.03	0.72	2.07	1.02	1.25	0.02	0.90
斯洛伐克	0.32	0.15	0.12	0.10	0.03	0.42	1.71	1.74	2.17	0.00	1.18
斯洛文尼亚	0.50	0.19	0.30	0.13	0.03	0.73	2.15	1.15	1.65	0.00	1.01
中东欧整体	0.45	0.20	0.16	0.11	0.04	0.60	1.92	1.40	1.78	0.01	1.07

资料来源：根据UN Comtrade数据库整理而得。

第一，2015年，中国对克罗地亚、捷克、匈牙利、马其顿、波兰、罗马尼亚、斯洛伐克、斯洛文尼亚这八个国家的贸易互补性较强，贸易互补性指数均大于1；而对阿尔巴尼亚、波黑、保加利亚、爱沙尼亚、拉脱维亚、立陶宛、黑山、塞尔维亚这八个国家的贸易互补性不强，但也均接近于1，说明中国对这八个国家的贸易互补性虽然不强，但也并非很弱。

第二，2015年在资源密集型产品（SITC0-4）上，除对黑山在第0类产品即食品和活动物类存在较强的贸易互补性，中国对中东欧各国在资源密集型产品上的贸易互补性均较弱，尤其是，中国对中东欧各国在第4

类产品即动植物油、脂和蜡上的贸易互补性非常弱，对16国的贸易互补性指数几乎均小于0.1。

在劳动密集型产品（SITC6、8）上，中国对中东欧各国的贸易互补性均较强。在第6类产品即按原料分类的制成品上，中国尤其对阿尔巴尼亚、波黑、克罗地亚、马其顿、罗马尼亚、塞尔维亚、斯洛文尼亚这7个国家存在非常强的贸易互补性，贸易互补性指数均大于2；在第8类产品即杂项制品上，中国尤其对阿尔巴尼亚、克罗地亚、黑山、波兰、斯洛伐克这5个国家存在非常强的贸易互补性，贸易互补性指数均大于2。

在资本与技术密集型产品（SITC5、7、9）上，只有在第7类产品即机械及运输设备上，中国对捷克、爱沙尼亚、匈牙利、拉脱维亚、波兰、罗马尼亚、塞尔维亚、斯洛伐克、斯洛文尼亚这9个国家存在较强的贸易互补性；而在第5类和第9类产品上，中国对中东欧各国的贸易互补性较弱，尤其在第9类产品上，中国对中东欧各国的贸易互补性非常弱，贸易互补性指数均小于0.05，几乎没有互补性。

通过分析中国对中东欧国家的贸易结合度和贸易互补性可知，过去中国对中东欧国家的出口规模较小，贸易联系较为松散，但中国对中东欧国家的贸易互补性整体较强，尤其在劳动密集型产品和资本与技术密集型产品上，这将成为未来中国与中东欧国家扩大贸易、加强经济合作的巨大动力和潜力。因此，在“一带一路”倡议背景下，结合中东欧国家优越的自然地理位置及日益提升的国际地位和影响力，加强与中东欧国家的贸易合作，深度挖掘对中东欧的贸易潜力，将有利于双方的经济发展以及社会福利的提高，并且具有重要的战略意义。

10.4 中国对中东欧直接投资潜力分析

10.4.1 中国对外直接投资绩效指数分析

对外直接投资绩效指数（OND）是联合国贸发会议（UNCTAD）提出的用来反映一国在世界投资市场上的真实地位，是指一段时间内（通常为1年），一国对外直接投资流量占全球对外直接投资流量的比例与该国GDP占全球GDP的比例的比值。计算公式为：

$$OND=\frac{\frac{OFDI_i}{OFDI_w}}{\frac{GDP_i}{GDP_w}} \tag{10.5}$$

其中，OND 表示对外直接投资绩效指数；$OFDI_i$ 表示一国当年对外直接投资流量；$OFDI_w$ 表示当年全球对外直接投资总流量；GDP_i 表示该国GDP规模；GDP_w 表示世界GDP规模。如果 $OND>1$，表示该国对外直接投资流量在全球所占规模小于其GDP在全球所占规模，也即业绩突出；反之，如果 $OND<1$，则表示该国对外直接投资流量在全球所占规模小于其GDP在全球所占规模，即业绩低下；如果 $OND=1$，表示该国对外直接投资流量在全球所占规模较其GDP在全球所占规模相当，即业绩正常。表10－6计算了2003～2015年中国对外直接投资业绩指数，其中，$OFDI_c$ 表示中国对外直接投资流量；$OFDI_w$ 表示全球对外直接投资总流量；GDP_c 表示中国GDP规模；GDP_w 表示世界GDP规模；OND 表示中国对外直接投资业绩指数。

表10－6　　2003～2015年中国对外直接投资业绩　　单位：亿美元

年份＼指标	$OFDI_c$	$OFDI_w$	GDP_c	GDP_w	OND	$OFDI_c$ 增长率（%）	OND 增长率（%）
2003	28.5	5628	16600	388760	0.12		
2004	55	9202	19550	437790	0.13	92.98	12.86
2005	122.6	8808	22860	473920	0.29	122.91	115.60
2006	211.6	13232	27520	513110	0.30	72.59	3.33
2007	265.1	19965	35520	577560	0.22	25.28	－27.59
2008	559.1	19288	45980	633450	0.40	110.90	84.96
2009	565.3	11010	51100	600440	0.60	1.11	51.08
2010	688.1	13200	61010	658530	0.56	21.72	－6.74
2011	746.5	16900	75730	731730	0.43	8.49	－24.15
2012	878	13900	85610	746820	0.55	17.62	29.11
2013	1078.4	14100	96070	767760	0.61	22.82	10.92
2014	1231.2	13500	104820	786300	0.68	14.17	11.93
2015	1456.7	14700	110080	741520	0.67	18.32	－2.43

资料来源：根据中国对外直接投资统计公报、世界投资报告整理计算而得。

从表 10－6 可以看出：

第一，中国对外直接投资发展较快，但绩效水平仍然偏低。2003 年，中国对外直接投资流量仅为 28.5 亿美元，占世界对外直接投资总流量的 0.51%，2015 年，中国对外直接投资流量为 1456.7 亿美元，较 2003 年增加了约 50 倍，占世界对外直接投资总流量的 9.91%，除 2009 年外，每年的增长速度都较快，由此可见，这十几年间，中国对外直接投资正在快速发展。然而中国对外直接投资绩效却仍然不佳，OND 均小于 1，说明我国对外直接投资流量在全球所占规模大于 GDP 在全球所占规模，业绩较低，可见我国距离对外直接投资大国还有相当大的距离。

图 10－6 是中国对外直接投资流量增长率和对外直接投资业绩指数增长率的折线图，从图中可以看出：

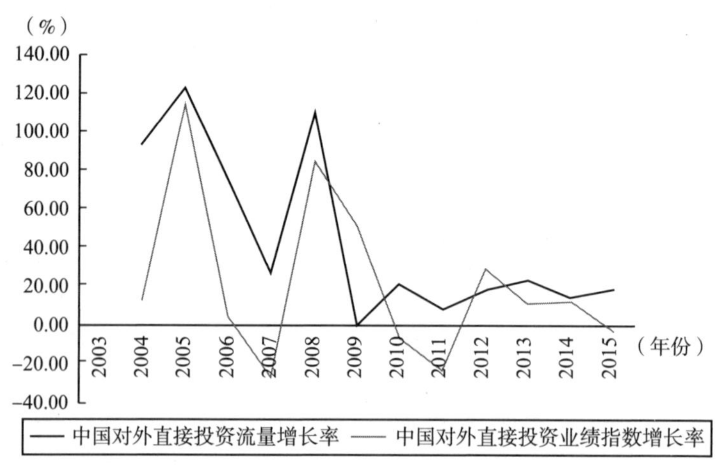

图 10－6 2003～2015 年中国对外直接投资流量和业绩指数增长率比较

资料来源：根据中国对外直接投资统计公报、世界投资报告整理计算而得。

第一，除 2009 年和 2012 年外，中国对外直接投资流量增长速度均高于对外直接投资业绩指数增长速度。由此可见，中国对外直接投资业绩指数的增长速度赶不上对外直接投资流量的增长速度，也即中国对外直接投资绩效水平低于中国对外直接投资发展速度。

第二，虽然中国对外直接投资业绩指数整体上比较低，均小于 1，但从表 10－6 和图 10－6 可以看出，除 2007 年、2010 年、2011 年和 2015 年出现负增长外，其余年份的增长速度都较快。可见，中国对外直接投资绩效虽然偏低，但整体呈现上升的趋势，到2015年，中国对外直接投资业绩指数已由2003年的0.12上升至0.67，上升了约5倍，说明中国对外直接投资从起步到现在，虽然对外直接投资绩效跟不上对外直接投资的发展速度，但整体也在稳步上升，与正常水平差距不大。

由此可见，中国对外直接投资的绩效水平存在较大的上升空间，按目前的发展趋势，未来中国对外直接投资绩效达到正常水平甚至突出水平大有潜力，因此，要更好地发挥比较优势，稳步提升绩效水平。

10.4.2　中国对中东欧直接投资业绩指数分析

为衡量一国引进外商直接投资（FDI）的实际成绩，联合国贸发会提出引进外资业绩指数（$IFPE_i$），是指一国FDI流入量占全球FDI流入量的比例与该国GDP占全球GDP比例的比值。计算公式为：

$$IFPE_i = \frac{FDI_i/FDI_w}{GDP_i/GDP_w} \tag{10-6}$$

其中，$IFPE_i$ 表示引进FDI业绩指数，FDI_i 表示一国当年引进的外商直接投资流量，FDI_w 表示当年全球外商直接投资流入总量，GDP_i 表示该国GDP规模，GDP_w 表示世界GDP规模。如果 $IFPE_i > 1$，表示该国引进的 *FDI* 在全球所占规模大于其GDP在全球所占规模，即引进的FDI大于根据其GDP规模所能引进的FDI的期望值，表示该国吸引FDI成功；反之，如果 $IFPE_i < 1$，表示该国引进的FDI在全球所占规模小于其GDP在全球所占规模，即引进的FDI小于根据其GDP规模所能引进的FDI的期望值，表示吸引FDI不成功，这可能与其经济不稳定、竞争力低下、相关政策安排或实施不利等情况有关；如果 $IFPE_i = 1$，则表示该国引进的FDI在全球所占规模与其GDP在全球所占规模相当，即该国引进的FDI与根据其GDP规模所能引进的FDI的期望值一致。

对外直接投资业绩指数和引进外商直接投资业绩指数，构建了中国对中东欧直接投资业绩指数，将中国视为中东欧各国直接投资的来源国，同时考虑投资存量比投资流量更能反映中国的直接投资对该国社会经济发展的影响，因此，将中国对中东欧直接投资业绩指数定义为：中国对中东欧某国的对外直接投资额（存量）占中国对外直接投资总额（存量）的比重与该国GDP占中国GDP比重的比值，即该国吸引中国投资与其经济规模的相对数值，计算公式为：

$$OND_c^j = \frac{\frac{ODI_j}{ODI_c}}{\frac{GDP_j}{GDP_c}} \tag{10-7}$$

其中，OND_c^j 表示中国对中东欧某国的直接投资业绩指数；ODI_j 表示中国对该国的直接投资存量；ODI_C 表示中国对外直接投资存量；GDP_j 表示该国国内生产总值；GDP_c 表示中国国内生产总值。如果 >1，表示中国对该国的直接投资（或该国吸引中国直接投资）超过其经济规模，即中国对该国的直接投资（或该国吸引中国直接投资）业绩水平突出；如果 <1，则表示中国对该国的直接投资（或该国吸引中国直接投资）业绩水平较低；如果 =1，表示中国对该国的直接投资（或该国吸引中国直接投资）与其经济规模相当。

为了消除中国对中东欧国家短期直接投资异常波动导致的误差，计算业绩指数时采用四年期平均值进行测算比较，测算了 2004 ~ 2007 年、2008 ~ 2011 年和 2012 ~ 2015 年 3 个时期中国对中东欧各国直接投资业绩指数。计算结果如表 10 - 7 所示。

表 10 - 7　2004 ~ 2015 年中国对中东欧 16 国直接投资业绩指数

国家	2004 ~ 2007 年		2008 ~ 2011 年			2012 ~ 2015 年		
	业绩指数	排名	业绩指数	排名	增长率（%）	业绩指数	排名	增长率（%）
阿尔巴尼亚	0.0015	11	0.0055	7	266.67	0.0064	8	16.36
波黑	0.0099	3	0.0059	4	-40.40	0.0047	9	-20.34
保加利亚	0.0035	5	0.0092	3	162.86	0.0397	2	331.52
克罗地亚	0.0016	10	0.0025	10	56.25	0.0023	11	-8.00
捷克	0.0021	8	0.0046	8	119.05	0.0136	5	195.65
爱沙尼亚	0.0020	9	0.0055	6	175.00	0.0018	13	-67.27
匈牙利	0.0101	2	0.0404	1	300.00	0.0520	1	28.71
拉脱维亚	0.0025	7	0.0004	16	-84.00	0.0003	16	-25.00
立陶宛	0.0034	6	0.0020	11	-41.18	0.0031	10	55.00
马其顿	0.0007	14	0.0004	15	-42.86	0.0020	12	400.00
黑山	0.0010	12	0.0015	14	50.00	0.0009	15	-40.00

续表

国家	2004~2007年		2008~2011年			2012~2015年		
	业绩指数	排名	业绩指数	排名	增长率（%）	业绩指数	排名	增长率（%）
波兰	0.0051	4	0.0058	5	13.73	0.0070	7	20.69
罗马尼亚	0.0151	1	0.0118	2	-21.85	0.0146	3	23.73
塞尔维亚	0.0006	15	0.0016	12	166.67	0.0078	6	387.50
斯洛伐克	0.0007	13	0.0027	9	285.71	0.0140	4	418.52
斯洛文尼亚	0.0006	16	0.0016	13	166.67	0.0013	14	-18.75
平均值	0.0038		0.0063		65.79	0.0107		69.84

资料来源：根据中国对外直接投资统计公报、世界投资报告整理计算而得。

从表10-7可以看出：

第一，从整体发展趋势来看，中国对中东欧16国的直接投资业绩整体上升。2004~2007年，中国对中东欧16国直接投资业绩指数平均值为0.0038；2008~2011年，业绩指数上升至0.0063，相较于2004~2007年提高了65.79%；2012~2015年，业绩指数上升至0.0107，相较于2008~2011年提高了69.84%，相较于2004~2007年提高了181.58%。由此可见，中国对中东欧16国的直接投资业绩平均水平整体处于上升的趋势。

第二，从业绩水平来看，中国对中东欧16国的直接投资水平较低，离正常水平还有很大差距。根据表10-7中业绩水平排名情况可知，2004~2007年，中国对中东欧直接投资业绩水平最高的前5个国家依次是：罗马尼亚、匈牙利、波黑、波兰、保加利亚，业绩指数依次为：0.0151、0.0101、0.0099、0.0051、0.0035；2008~2011年，中国对中东欧直接投资业绩水平最高的前5个国家依次是：匈牙利、罗马尼亚、保加利亚、波黑、波兰，业绩指数依次为：0.0404、0.0118、0.0092、0.0059、0.0058；2012~2015年，中国对中东欧直接投资业绩水平最高的前5个国家依次是：匈牙利、保加利亚、罗马尼亚、斯洛伐克、捷克，业绩指数依次为：0.0520、0.0397、0.0146、0.0140、0.0136。可以看出，三个时期中，2012~2015年，中国对匈牙利的直接投资业绩平均水平最高，但也仅为0.0520，与正常水平距离较大，并且远低于中国对外直接投资业绩整体水平，2004~2015年，中国整体对外直接投资业绩指数最低为0.13，可见，中国对中东欧国家的直接投资业绩水平还远低于中国对外直接投资整体水平。

第三，从各个国家来看，中国对中东欧16国的直接投资业绩发展不平衡。与各时间段的业绩指数平均值相比较，2004～2007年这一时间段中，只有对罗马尼亚、匈牙利、波黑和波兰这4个国家的业绩指数超过了平均值0.0038；2008～2011年时间段中，只有对匈牙利、罗马尼亚和保加利亚这3个国家的业绩指数超过了平均值0.0063；2012～2015年时间段中，只有对匈牙利、保加利亚、罗马尼亚、斯洛伐克和捷克这5个国家的业绩指数超过了平均值0.0107。在这三个时间段中，对阿尔巴尼亚、保加利亚、捷克、匈牙利、波兰、塞尔维亚、斯洛伐克这7个国家的直接投资业绩水平一直在提高。

同时，在整体平均业绩上升的基础上，各国间的业绩指数差距在增大，2004～2007年，中国对中东欧直接投资业绩指数的最大值和最小值分别为0.0151（罗马尼亚）和0.0006（斯洛文尼亚），极差为0.0145；2008～2011年，业绩指数的最大值和最小值分别是0.0404（匈牙利）和0.0004（拉脱维亚），极差为0.04；2012～2015年，业绩指数的最大值和最小值分别为0.0520（匈牙利）和0.0003（拉脱维亚），极差为0.0517，可以看出，这三个时间段中，中国对中东欧直接投资的业绩指数最大值和最小值差距分别为0.0145、0.04和00517，差距在逐渐增大，中国对各国的投资业绩水平发展不平衡，并且不平衡的程度在逐渐扩大。

从对各国直接投资业绩水平排名来看，三个时间段的前五名分别是罗马尼亚、匈牙利、波黑、波兰、保加利亚；匈牙利、罗马尼亚、保加利亚、波黑、波兰；匈牙利、保加利亚、罗马尼亚、斯洛伐克、捷克，可以看出，2004～2007年和2008～2011年，业绩指数前五名除名次有波动，5个国家并没有变化，到2012～2015年，波兰从第五名下降至第七名，波黑从第四名下降至第九名，同时斯洛伐克从第九名上升至第四名，捷克从第八名上升至第五名，罗马尼亚、匈牙利、保加利亚这3个国家的业绩指数仍位于前五名中。在这三个阶段中，只有对保加利亚、捷克、匈牙利、塞尔维亚、斯洛伐克这5个国家的直接投资业绩水平排名一直在提高，可见对这五个国家的投资趋势良好。

研究结论：

在对中东欧的贸易互补性上，过去中国对中东欧国家的出口规模较小、对中东欧整体及各国的贸易依赖度均较低，贸易联系并不紧密；但中国对中东欧国家的整体贸易互补性较强，尤其对克罗地亚、捷克、匈牙利、马其顿、波兰、罗马尼亚、斯洛伐克、斯洛文尼亚这8个国家的贸易互补性指数均大于 1，贸易互补性较强，并且中国对中东欧的贸易互补性存在明显的行业差异，对劳动密集型产品及资本与技术型产品的贸易互补性较强，且资本与技术型产品的贸易互补性的影响在逐渐提高。

在对中东欧的投资业绩上，虽然中国对外直接投资发展速度较快，但中国对外直接投资整体业绩较低，并且对外直接投资绩效赶不上对外投资的发展速度；而中国对中东欧国家的直接投资业绩水平还远低于中国对外直接投资整体水平，并且发展极不平衡，近年来，只有对匈牙利、罗马尼亚、保加利亚的投资业绩达到了当期对中东欧国家的平均业绩水平，业绩水平相对较高的前几名波动不大；但从整体发展趋势来看，中国对中东欧 16 国的直接投资业绩整体水平处于上升的趋势，尤其对阿尔巴尼亚、保加利亚、捷克、匈牙利、波兰、塞尔维亚、斯洛伐克这 7 个国家的直接投资业绩水平一直在提高。

总之，目前中国对中东欧国家的贸易互补性较强、在投资方面的业绩水平较低，但业绩水平整体呈现上升的趋势。中国与中东欧合作潜力巨大。

10.5　“16 +1 合作”与“一带一路”倡议的良性互动

当前，中国国内产业结构面临转型和升级的难题，中国企业具有“走出去”的强大内生需求，因此需要不断开辟新的贸易“领地”。中东欧国家拥有高度开放的新兴市场，且是欧亚大陆地缘上的交通枢纽，是理想的合作对象。

在这一背景下，中国政府积极提出“16 +1 合作”，是发现和发展中东欧国家经济和实现中国优质过剩产业生产能力转移的一个有效探索。而“一带一路”倡议的支撑点之一便是推动中国的优质过剩工业生产能力向“一带一路”沿线国家转移，以此推动这些国家的经济发展，并带动国内经济结构的优化升级。

中东欧位于欧亚大陆的枢纽地带，是进入欧洲市场的交通要道。中国—中东欧合作可以确保中国和中东欧国家在基础设施互通互联方面拥有有效的沟通协商机制，从而在顶层设计上为欧亚大陆中东欧段的互通互联提供有效的制度保障。从 2013 年到现在，中国—中东欧建设了很多的铁路、大桥、高速公路项目，这些建成和顺利通车或者正在建设中的项目都是“16 +1 合作”的有效成果，都将直接或者间接地推动中欧其他区域合作的发展。

“16 +1 合作”是一个开放、共享的平台，其功能是协调国内外各方向力量，积极地推进中国与中东欧国家的全方位合作，从而为中欧合作以及“一带一路”倡议贡献力量。“16 +1 合作”不仅引入了中国有实力的优质国企参与中国—中东欧的投资项目，还积极地鼓励金融机构、民间资本参与其中，有助于在各方面形成多元的利益互动效应，从整体推动产业链、金融产品、集体或者个体要素等向中东欧市场的转移或者汇集，提振“一带一路”倡议在中东欧的市场信心。

“一带一路”的发展可以从“16 +1 合作”平台建设中汲取经验，比如欧盟和西欧国家最初对这一机制表示出的关切，以及中东欧国家（特别是欧盟成员国）由于没有取得的经济效果而对其感到的遗憾。中东欧作为联通欧亚大陆的纽带，其各个国家拥有开放成熟的市场，多个国际金融机构、非政府组织均选址于此。把中国优势产能同中东欧国家的发展需求、西欧发达国家的关键技术结合起来，开展第三方合作，不仅可以支持中东欧国家以低成本加快发展、扩大就业，促进中国产业转型升级，也有利于欧洲东西部平衡发展、加快一体化进程。因此，“16 +1 合作”有助于“一带一路”建设在中东欧区域形成良性互动效应。

自 2012 年中国—中东欧合作模式（16 +1）启动以来，中国与中东欧国家之间的合作已经渐入佳境，双方贸易额持续增加，双方的进出口总额由 2009 年的 324 亿美元增长到 2015 年 562 亿美元，并在 2014 年首次突破 600 亿美元的大关（见图 10 –7）。

中国与中东欧国家的合作将成为实现“一带一路”倡议的第一个重要载体，为更好地与欧盟的“容克计划”对接提供了很好的实践基础和范例。中国与中东欧国家长期保持着良好的外交关系，近年来，在中欧关系稳步发展的基础上，中国与中东欧各国的合作成为了中欧关系中的新亮点，彼此的政治与经贸关系跃上了一个新台阶。“一带一路”倡议的提出，进一步提升了中国与中东欧地区合作的价值和意义。

中国—中东欧合作中可能遇到一些问题，“一带一路”倡议的持续推进也可能遇到一些挑战。

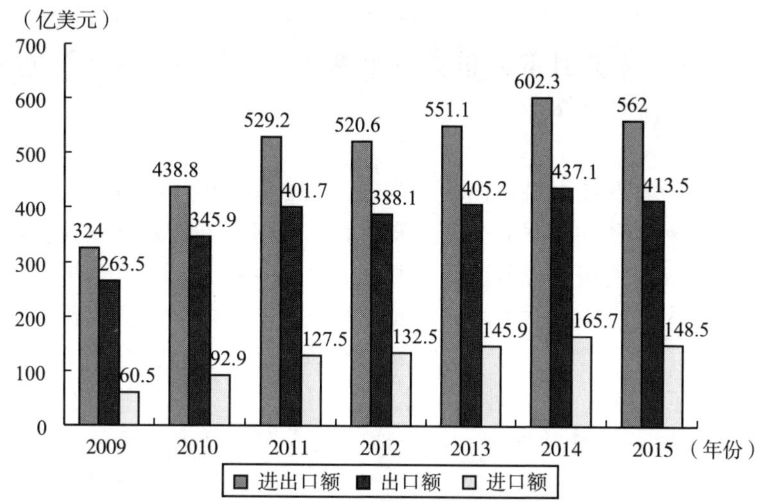

图 10－7　2009～2015 年中国与中东欧 16 国进出口贸易额

资料来源：中国海关、国家统计局。

10.5.1　处理中国—中东欧合作时应考虑到欧盟层面的顾虑

中东欧地区是传统地缘政治视角下的敏感地带。自 2012 年中国提出建立中国—中东欧国家合作机制，推进与该地区国家政治和经贸关系的强化以来，便屡次受到美国、欧盟等西方国家的猜忌和影响。部分欧盟成员国总是存在冷战思维，认为中国提出的“16＋1 合作”是分化欧盟，是对欧盟的“分而治之”，担心长久下去中东欧会“亲中疏欧”，从而对中国提出的中国—中东欧合作存在质疑和猜忌。尚未消除的冷战思维可能会增加“一带一路”建设在中东欧地区推进的困难和复杂性。

10.5.2　贸易不平衡问题突出，应给予关注

2014 年，中国对中东欧国家贸易顺差为 271.9 亿美元，占双边贸易额的 45.2%。只有马其顿存在 4.66 万美元的逆差。引起双边贸易不平衡的原因可能是双方贸易结构比较单一，而且在 16 个国家中贸易总额超过百万美元的只有 10 个国家。可以预计的是这种贸易的不平衡性在未来一段时间内将持续发生。如果不能很好地处理这种贸易的不平衡性势必会严重影响“16＋1 合作”，甚至使“一带一路”倡议在中东欧或者欧盟地区的持续开展，出现不应该出现的贸易摩擦或者贸易壁垒。

10.5.3 考虑到不同国家发展水平，“16+1合作”应根据具体国家情况具体对待

中东欧国家发展水平不同，国与国之间的基本国情差别很大。捷克、斯洛伐克、匈牙利、克罗地亚以及波罗的海三国市场化程度较高，经济发展较好，投资环境相对规范。尤其值得关注捷克在“16+1合作”中的地位。捷克是中国在中东欧地区的主要经贸合作伙伴之一。据欧盟统计局统计，2015年捷克与中国的双边贸易额达到132亿欧元，较2005年增长逾5倍，占到了中东欧16国对华贸易总额的近20%。作为中东欧地区传统工业强国，在1918年建国前，捷克地区工业生产已占到奥匈帝国工业产值的70%以上，跻身世界主要工业国之列。自20世纪90年代经济转型以来，其宏观经济稳定度优于其他转型国家，借助自身产经优势，受益于欧洲产业转移和资本流动，多年来其经济保持较高增速，特别是汽车、电子加工、高科技研发等产业的竞争力日益增强，与波兰、匈牙利等国一起成为欧洲地区引人注目的新兴经济体。2015年，捷克经济增长率达到4%，是2007年欧债危机以来增长最快的一年，经济增速在欧盟国家中居前列。值得一提的是，目前制造业对捷克经济增长的贡献率大于绝大多数欧盟国家，从而使其成为欧洲地区工业立国的典范国家之一。中国是捷克的第二大投资国，截至2016年10月，中国对捷克投资累计达20多亿美元，已有超过20家中国企业在捷克进行投资，所投资行业涉及制造业、金融服务业、电信业、文化和娱乐业。比如中国华信与捷克J&T金融集团的两名原始股东将签署战略合作协议。主要内容包括：华信将收购J&T金融集团50%的股权，并购买俄罗斯J&T Zao银行股权，中国华信也成了J&T金融集团最大股东，双方将在欧洲及中国开展更多元化的深度合作。近年来中捷政经关系不断升温，不少中国企业抓住“走出去”和“一带一路”发展机遇，在捷克进行产业投资和战略布局，成为在捷克及中东欧市场的先行者和领军者。同时，有更多的中国企业对于探索捷克市场充满兴趣，特别是制造业、交通基础设施及核能源领域。

其他中东欧国家仍处在经济和社会发展转型的过程中。因此与中东欧16国开展合作时应该密切地关注不同国家的不同情况，因地制宜地提出符合每个国家的合作项目，积极深入开展与当地文化传统相一致的产业投资，吸纳当地劳动力，解决就业问题，从而以此推动与每个国家更深层次的发展。

第 11 章

欧盟非股权投资模式

11.1 国际生产非股权模式的兴起

“非股权安排”早在 20 世纪六七十年代就已出现，只是在近几年才有不断发展的趋势，并逐渐成为当代国际资本流动的一个主要形式。与股权式投资相比，非股权安排不涉及资金投入或投入很少，所以大大降低了企业的投资风险；与贸易出口方式相比较，非股权有效地避免了东道国的关税与非关税壁垒，将其产品打入东道国市场。当一些国家既限制某些外国产品进入，同时又严格控制外国投资的情况下，非股权安排往往成为进入或维持在这些国家市场的唯一途径。这种途径在《2011 年世界投资报告》中被称为直接外资和贸易之间的“中间道路”，给国际生产带来重大影响。

在国际生产方式的研究中，学者们大都集中在对外直接投资和贸易两个方面，而对于非股权安排的研究较少。有的学者认为非股权安排是在跨国公司进行海外直接投资中遭遇到种种条件的限制后不得已而采取的新的跨国经营形式。但这仅是就它的最初萌生所进行的一般分析。非股权安排形式有多种，主要包括合约制造、许可贸易、特许经营、服务外包、管理合约、订单农业等，通过这几种方式可以看出：订单农业、合约制造主要涉及第一和第二产业，服务外包和特许经营等其他类型主要涉及第三产业。非股权经营几乎涉及各行各业。联合国贸发会议发布的《2011 年世界投资报告》指出，全球范围内跨境非股权经营模式在 2010 年产生超过 2 万亿美元的销售额，这一模式塑造着新的世界贸易和投资格局，对发展具有重要影响。目前，越来越多的跨国公司采用非股权经营模式，这使得发展中国家和转型经济体更紧密地融入了快速变化的全球市场和产业链，强化其本国潜在的生产能力，也同时增进了其国际竞争力。因此对非股权经营的发展及其影响因素进行研究对我国经济发展具有重大意义。

11.2 非股权模式的基本特点及影响因素

11.2.1 非股权安排的基本特点

1. 低成本、低风险

与股权式投资不同，非股权安排在进入外国市场时，投入资金很少或不涉及资金投入，因此能够有效降低企业的投资风险。与新建投资或者跨国并购两种模式相比较，非股权安排减少或者不需要新建项目的建设和生产前的准备工作，例如：不需要购买建设用地和工厂设施，不需要劳工，从而大大节约了资金支出。与跨国并购的模式相比较，非股权安排不需要花费巨额资金投入和目标企业的价值评估。由于降低了资本投入，非股权安排的政治风险和经营风险都大大降低。此外，企业在东道国并没有实物资产，可以避免征收，尽管会出现各方面经营不当等最坏情况，损失仍会比股权式投资的损失小。很明显，非股权式安排能够最大程度地保护企业的利益，是实现市场渗透的一种灵活战术。

2. 有效的进入东道国市场

较之于企业的贸易出口的方式，非股权安排不需要向东道国缴纳关税，也能够轻松避免非关税壁垒，能够有效进入东道国市场。由此带来的广告效应和宣传效果，能够为以后企业扩大东道国市场占有率奠定良好的基础。对一些设定高额关税限制外商产品进入、严格控制外资的国家来说，非股权安排是唯一有效进入这些国家市场的方式。此外，如果东道国国家关税和非关税壁垒安排出现变动对出口国家造成影响时，非股权安排能够有效避免这种风险。

3. 扩大企业技术和管理经验的使用

非股权安排能够有效扩大企业技术和管理经验的使用。企业的专利技术和管理经验是过去研发和生产经营活动自我总结的结果，属于沉没成本。扩大企业专业技术和管理经验的使用不需要额外的成本投入，能够为企业扩大研发投资的产出提供一条新的途径。此外，企业的专利具有一定的有效保护期限，扩大技术的利用能够避免专利的废弃。

4. 企业对外直接投资的前奏和补充

鉴于非股权安排风险低、成本低，并且企业能够短期迅速获得报酬的优点，很多企业将非股权安排作为企业对外直接投资、进入国外市场的第一步。企业非股权安排给企业在国外开展生产活动积累了一定的经验，更加熟悉东道国的市场环境政治、法律、人文等方面，更利于企业进一步在东道国开展经营活动。当然，非股权投资也存在一些缺点。

5. 技术扩散和管理经验外传的风险

非股权安排在扩大企业技术和管理经验使用的同时，由于无法对被许可方进行有效的控制和监督，存在技术扩散和生产管理经验外传的风险，从而对本企业的利益造成一定的不利影响。

6. 培养潜在竞争对手

企业实施非股权经营中，有可能会因为许可证协议未能明确产品经营市场范围、市场份额，或许也有可能协议期满后，东道国企业利用学习到的经验和技术，仍推出类似的产品，占领市场份额等，对企业造成一定的商业风险。

7. 不利于维护企业的形象

由于东道国企业在一定的市场范围内代表本企业的形象或者使用本企业的生产商标等，如果未能满足协议中的生产经营要求，不符合规定，则存在损害本企业形象的可能性。此外，本企业无法对东道国的许可方进行有效合理的监督、控制，一旦造成形象的损害也难以及时挽回。

11.2.2　影响非股权安排的因素

1. 东道国环境和投资国环境

东道国的市场容量、市场竞争的强度、市场营销的可利用状况与水平对于企业选择非股权安排和采取非股权安排的方式都有很大程度的影响。此外，东道国政府对贸易和外资所采取的政策对企业是否选择非股权安排也有一定的指导性；政治、经济、法律、自然、人文等因素对非股权安排也起到重要作用。

本企业所面临的市场容量、市场结构、市场竞争强度等因素也影响着企业的海外经营。若企业面临的国内市场较小，则可以选择通过利用非股权经营的方式寻求海外市场。此外，本国的生产成本过高和本国政府的外向经济政策也会刺激企业积极发展海外市场经济。不同的产品类型、产品适应性、产品年龄等因素也会影响企业是否选择非股权经营和选择何种方式。一般来说，技术密集型、年龄短、服务型的产品更适合采用非股权安排的方式进入东道国市场。

企业在管理、资本、技术和营销等方面掌握的资源越多在跨国经营方式的选择上就拥有越大的选择权；与此同时，企业规模的大小对企业是否采取非股权的安排也具有关键作用。通常来说，由于非股权经营的安全性和易快速盈利性，如果企业的资源有限、规模较小，则可以尝试选择非股权安排的形式。

2. 非股权安排影响企业投资模式选择的内在机理

经济全球化的趋势越来越明显，竞争对手国际化、生产资源分布全球化、利益相关者全球化等大背景下，跨国企业不仅需要有一系列切实可行的风险控制和经营管理系统，更需要具备扩大海外市场整体战略和方案措施。跨国企业是否能够在全球价值链中优化配置生产资源、积极协调价值链的各个环节是跨国企业在全球化竞争中具备核心竞争力的关键。具备充足资金和先进生产技术的西方发达国家通过产品内分工将自身生产活动中的非核心部分转移至发展中国家，并集中资源和资金专注于产品的研究、发展、设计、更新、品牌营销等价值链的高端环节。积极利用本国的市场和更先进的生产资源，与此同时，也积极占用发展中国家的低端生产资源，西方发达国家借助经济全球化的大趋势积极掌控着全球利益分配权，最大限度地满足自己的利益。

如何根据企业自身实际情况采取适当的形式立足于经济全球化是每个跨国企业应当考虑的关键问题。在价值链的各个环节中，企业既可以选择内部化方式也可以选择外部化方式。内部化方式，是企业通过股权安排，把价值链中的某一或某些环节转移至国外，成为直接投资的方式。其优势在于能够保持企业的所有权优势并能够克服外部市场的不完善性。外部化方式，是通过产品分工，外包一些生产环节，即非股权安排。这种方式，跨国企业凭借自身的研发设计优势和生产管理经验优势，利用自己在全球价值链高端的地位向全球价值链低端的企业转移低端生产环节。其中，满足要求的发展中国家企业积极配合其生产要求，借助于发达国家跨国企业的技术、生产经验支持，改善生产技术、优化生产流程，努力适应经济全球化的发展趋势。非股权安排的方式尽管不能实现跨国企业对其他企业的直接有效的管理和控制，但新型的合作关系可以发挥彼此的比较优势，使得双方更能适应经济全球化发展的要求，对双方产生长远的积极影响。

跨国企业若想在经济全球化中取得成功，要具备成熟的海外投资战略和方案，不能盲目追求海外规模的扩大和过度关注海外扩张速度。如何主导全球价值链，并具备全球价值链生产环节的选择权，处于全球价值链高端的治理者地位才是跨国企业需要真正考虑的。根据全球市场需求的变化，利用自己在全球价值链的主导位置，积极利用价值链低端的生产要素和资源，实现掌控全球价值链的最终利益分配。处于全球价值链顶端的跨国企业，可以选择非股权的形式将企业的生产活动外部化。举例来说，一个跨国公司可以到生产资源、能源丰富的国家和地区进行资源开发和利用，到具备良好的市场资源、人才资源和投资环境的国家和地区进行产品的研发和高技术生产环节的设计，到经济不发达、劳动力成本低廉的国家和地区建厂生产。跨国企业究竟选择直接投资还是非股权经营，要依据自身企业的具体因素，结合本国和东道国国家的环境，具体而行。

11.3　欧盟非股权经营模式在中国的发展

《2011年世界投资报告》中指出，在2010年全球跨境非股权经营模式活动中，合约制造和服务外包占非股权经营额的50%以上，其次是特许经营和许可经营各占总额18%左右。

尽管非股权涉猎的领域很广，由于研究的稀少性，数据资料很难获得，所以本书主要对世界投资报告提到的服务外包、合约制造和特许经营三个方面进行尝试性研究。

11.3.1 欧盟服务外包在中国的发展

《中国离岸软件外包市场2012～2016年预测与分析》报告指出：2011年中国承接的离岸软件外包市场规模达到41.23亿美元，同比增长22.8%。2012年，我国共签订服务外包合同金额612.8亿美元，同比增长37%；执行金额465.7亿美元，同比增长43.8%。分别相当于2009年的3倍和3.4倍。其中，承接国际服务外包合同金额438.5亿美元，同比增长34.4%；执行金额336.4亿美元，同比增长41.1%。分别相当于2009年的3倍和3.3倍。预计未来5年将会持续以25.3%的复合增长率快速攀升。随着国内服务外包市场的释放，中国有望超过印度，成为全球离岸外包第一承接国家（见图11－1）。

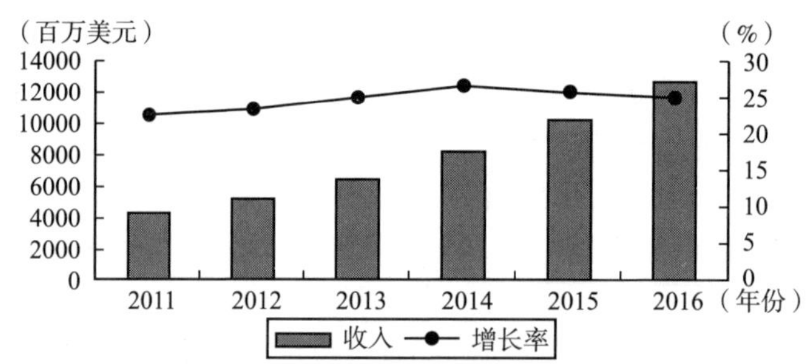

图11－1 中国离岸软件外包市场规模

资料来源：IDC，《中国离岸软件外包市场2012～2016年预测与分析》。

美国、欧盟和日本成为我国主要发包市场。2012年我国承接美国、欧盟、日本的外包执行额依次为89.4亿美元、54.6亿美元和48.3亿美元。美国是全球第一大发包方，市场具有高成长性，同样也是我国最大的离岸市场；由于日本与我国在地缘、区位方面有优势，同时在文化方面有相类似的地方，因此也是我国主要离岸市场之一；欧洲是全球第二大发包市场，但我国在欧洲市场的优势尚不明显。与美国服务外包模式不同，欧洲主要采取近岸为主的服务模式。虽然我国拥有着发达国家无法比拟的劳动成本优势，但在欧洲市场上，我国还远不及爱尔兰，中国仍不是欧盟服务外包主要的承接国。

欧盟的离岸服务外包业务开展得较晚，总量也不太多，但是其发展却是非常迅速的。

欧盟金融业服务外包的一个特点是，信息服务外包以及信息与其他业务流程捆绑在一起的外包占了最大的比重。相对于其他行业，金融服务业拥有最高额的资讯科技预算，每年的 IT 支出占收入的 7%。因此，金融机构普遍具有强烈的 IT 外包动力。近几年，受美国金融业服务外包发展的影响，欧盟金融服务外包也开始向更具战略性的领域进军，如业务流程外包（BPO）和知识密集流程外包（KPO），这些发展意味着金融机构与第三方（服务提供商）的关系将更具战略意义，这是一种从外包具体的业务转变成更具战略性的合作经营的趋势。

从外包活动范围上看，欧盟很多外包活动都是在国内发生的。究其原因，主要是欧盟大部分国家如德国、法国和荷兰等国家的跨国公司在开展离岸服务外包的过程中，受到了各自严厉的法规约束和自身市场情况的限制。从外包承接地的选择上看，近岸外包是欧盟服务外包模式的一个特点。随着欧盟区域经济一体化的不断发展，欧盟的服务外包大多外包给欧盟区内的国家。其中，爱尔兰以毗邻欧洲地缘、人文优势使欧洲成为其承接外包的主体市场。爱尔兰是欧元区唯一的母语是英语的国家，此特征成为爱尔兰承接服务外包的重要突破口。目前在欧洲市场上，43% 的计算机、60% 的配套软件都是在爱尔兰生产的。随着欧盟区域经济一体化的向东发展，近几年把东欧国家作为离岸外包目的地。因为无论从法律层面，还是语言、文化、地理方面等因素，欧盟内国家都具有相当优势，如斯洛伐克在信息技术服务（ITO）方面吸引了大量业务。

欧洲的服务外包业务在银行业表现比较突出。欧盟银行的服务外包业务以后台支持性业务为主，最常见的包括资讯技术设备（硬件安装，维护，软件开发）和信用卡处理，这些业务往往是大部分甚至一揽子外包出去。为了保持核心竞争力，银行的一些核心业务会被限制外包，如财务管理、风险管理或资产管理之类的业务，大多数银行很少进行这种业务的外包。但是，当银行机构与服务提供商同属于一个大集团时，核心业务就经常在集团内不同公司间进行外包。随着全球金融业竞争不断加剧，银行机构不得不扩大其业务外包的范围，欧盟银行对必须自身保留的核心竞争力的业务界定也出现逐渐模糊的趋向，被严格限制外包的业务逐渐减少。欧盟银行机构为了各种动机而选择不同的业务外包方式。一般来说，业务外包动机有：降低成本，享用新技术，集中发展核心业务，规模经济，利用外部资源，改善服务质量以及寻求灵活发展等。

以汇丰银行为例。作为从中国起家并有着170余年历史的老牌金融企业，汇丰控股无疑在诸如为中国企业提供融资和服务等传统业务方面已经做得风生水起。以汇丰与国内知名的电子商务企业——实华开电子商务集团达成的股权协议为例，汇丰就依托实华开网上全球交易市场的电子商务平台为中国的2000多家大中型制造业企业提供国际结算服务，仅此一项，汇丰每年就进账不菲。不过，伴随着2006年人民币业务的全面开放，汇丰的市场开发重点逐渐转移到个人金融服务这一银行新兴业务领地。私人消费金融业务（包括信用卡、无担保个人贷款和房屋净值贷款）是汇丰一直在精耕细作的领地。由于该领域往往招致监管机构和消费者利益团体的严格审查和监督而风险有加。而汇丰通过Household为欧美等地5000多万名客户提供消费信贷、信用卡、汽车贷款、物业按揭等方面的服务。而在汇丰控股目前的消费者贷款和垫款总额中，个人贷款的比例已占到了52%。同其他外资银行相比，汇丰在中国开拓个人金融服务市场有着得天独厚的“本土化”优势。实际上，作为和内地关系密切的外资银行，汇丰在中国的“本土化”战略可谓蓄谋已久。早在2000年，汇丰控股就把其中国业务的总部从香港迁至上海浦东，成立“汇丰驻中国总代表处”。汇丰中国内地雇员92%都是国内员工。这些熟知中国市场和消费习惯的本土员工无疑将成为汇丰从中国继续掘金的主力阵容。2002年，汇丰开始逐步扩大持有的平安保险的股权，并进入中国基金业。汇丰银行在中国的发展充分验证了上述的动机。

11.3.2 欧盟合约制造在中国的发展状况

合约制造（Contract Manufacturing）是指一个企业接受另外一个企业的委托，进行制造和提供服务的一种赢利行为，在这种模式下进行委托制造和提供服务的企业称为合约制造商（Contract Manufacturer，CM）。当涉及合约制造时，经常会出现OEM、ODM、EMS几个名词，因为这几个词跟合约制造是紧密相连的。鲁子明（2009）对三者进行了如下定义：OEM（original equipment manufacture）为原始设备制造商：指对那些最初开发、设计或提出产品概念的公司，这些公司通常享有知名度，拥有自己的品牌，比如IBM、DELL、Nokia等。ODM（original design manufacture）为原始设计制造商：指那些不仅能提供产品制造服务，而且可以提供产品设计方案供客户选择的厂商。EMS（electronic manufacturing service）为电子制造服务商：指那些专门根据客户设计方案，提供产品制造服务的厂商。其制造的产品范围相当广泛，通常没有特定的标准产品，拥有全球性的制造及价值链，比如伟创力（Flextronic）、捷普（Jabil）等。一般来说，原始设备制造商（ODM），承担产品的研究与开发、市场推广、销售和技术服务的组织与协调。合约制造商则是按原始设备制造商的产品生产指令，依据与原始设备制造商达成的协议，组织产品生产运作与制造，并直接从原始设备制造商处得到酬劳的制造企业。三者的关系如图11－2所示。

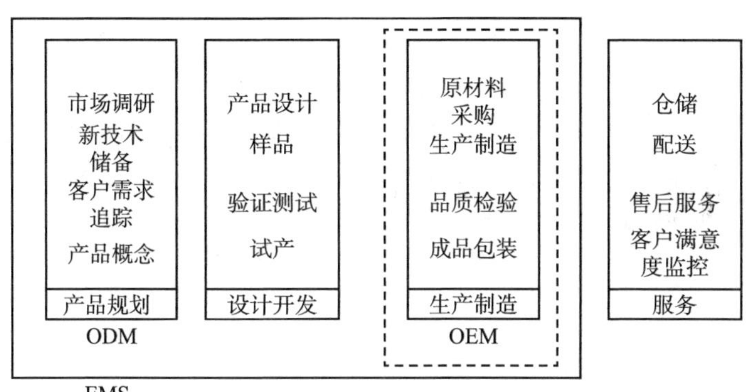

图11－2 OEM、ODM和EMS三者之间的关系

资料来源：中国行业资讯网研究部汇总整理，www.china－consulting.cn。

《2011年世界投资报告》中显示，合约制造是各种非股权经营模式中创造经济效益最高的一种模式（见表11－1）。同时，合约制造所涉及的行业领域也在不断扩张，但其主要集中在一些技术、资本密集型产业，如电子产业、制药业和汽车部件原始设备制造业等。

表11－1 2010年全球某些产业合约制造销售额 单位：10亿美元

合约制造——某一些技术/资本密集型产业	销售额
电子	230～240
汽车部件原始设备制造	200～220
制药	20～30
合约制造——某些劳动力密集型产业	
服装	200～205

续表

合约制造——某一些技术/资本密集型产业	销售额
制鞋	50～55
玩具	10～15

资料来源：根据《2011年世界投资报告》整理得出。

欧盟的优势产业几乎涵盖了半导体、计算机、消费电子、通信及软件等电子信息产业所有关键领域和重点产品。西欧电子信息产业跨国公司拥有资本规模优势、品牌优势、大量专利技术和技术标准，居产业链的中高端。其中，在电信设备制造业方面，爱立信和诺基亚西门子两大公司在全球排名前五。欧洲手机公司几乎将手机的制造都转移给了合同制造商（CM），合同制造商负责组装、安装软件、测试、运输。合同制造商在匈牙利设有一个大规模的组装软件的中心，年产能力为700万台手机（见图11-3）。

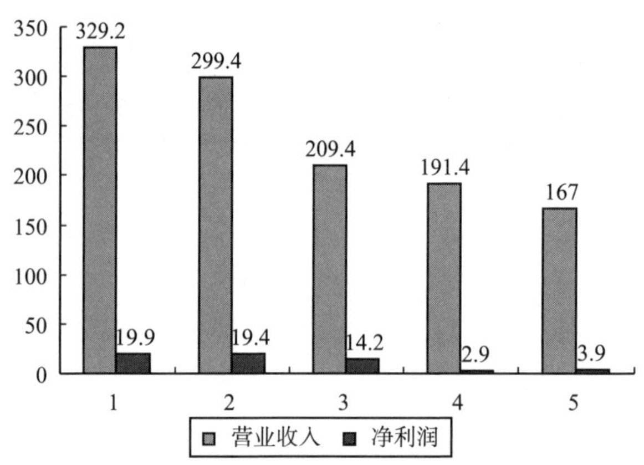

图11-3 2011年全球五大通信设备制造商业绩

资料来源：华为2011年公报。

随着对技术、知识密集型行业的投资愈来愈多，对合约制造商的需求也逐渐从OEM向ODM/EMS过渡。例如：爱立信公司1876年成立于瑞典的斯德哥尔摩。从早期生产电话机、电话交换机发展到今天，爱立信的业务已遍布140多个国家，是全球领先的提供端到端全面通信解决方案以及专业服务的供应商。爱立信同中国的业务来往可追溯到1892年。1985年，爱立信在北京开设中国第一个办事处，1994 年成立了爱立信（中国）有限公司，现更名为爱立信（中国）通信有限公司。中国一直是爱立信全球最重要的市场之一。索尼爱立信的 ODM 供应商是台湾华冠电子有限公司（Arima）和伟创力电子有限公司，EMS 供应商是艾科泰电子有限公司（Elcoteq）、台湾富士康控股有限公司（Foxconn）、伟创力电子有限公司（Flextronics）和北京索爱普天移动通信有限公司（BMC）。艾科泰电子有限公司是纯粹的 EMS 厂商，它基本只负责印刷电路板的组装，不负责整机的组装和出货。富士康控股公司从做手机的塑料件开始，逐步介入 EMS，现在发展成为 ODM 厂商。伟创力电子有限公司在 2002 年就接收了以前除北京爱立信移动通信公司及北京索爱普天移动通信有限公司的前身外的其他的全部爱立信工厂，从一开始就是索爱公司的工业化合作伙伴和电子加工服务商，后来也逐步发展为 ODM 服务商。爱立信对于北京索爱普天移动通信公司的战略是加强工业化合作，作为自己控制的全球的唯一的生产基地。北京索爱普天有限公司的工业化项目的成本对于伟创力是有优势的，但是由于地域的关系，瑞典的研发中心还会将部分产品放在瑞典的伟创力工厂来做工业化，然后也会将部分产品放在位于珠海的伟创力公司来生产。欧盟在华的合约制造主要是由于很多著名品牌的公司将生产基地转移到中国，而能够为这些大型跨国公司提供服务的其他国家的 ODM 和 EMS 厂商随之也将业务扩张到中国领域。

11.3.3　欧盟特许经营在中国的发展状况

随着 2004 年中国取消了对外资出资比例、设点数量和设点地区的限制，大量的外资零售企业涌入中国。从外资零售企业在中国大陆业态选择方面，大型超市、超市和百货店是开店数量最多、分布最广的三种业态，其中，大型超市在各种业态的占比中最大。而进入中国的欧美零售企业则主要是以开设大型超市、超市、仓储会员商店、家具建材商店等为主，凭借强大的资本实力、高效的物流配送体系和先进的信息技术手段以抢占最有利的地理位置进行最有利的布局。

表 11 -2　2012 年排名前十位的外资连锁企业在中国的经营情况

序号	2011 年外资排名	企业品牌名称	总部所在地	2012 年销售规模（含税万元）	2012 年门店总数（个）
1	1	大润发	中国台湾	7247000	219
2	4	沃尔玛	美国	5800000	395
3	3	百胜餐饮集团中国事业部	美国	5220000	5200
4	2	家乐福	法国	4527386	218
5	5	五星电器	美国	2418530	252
6	6	特易购（TESCO）	英国	2000000	111
7	7	百盛商业集团有限公司	马来西亚	1971258	48
8	10	锦江麦德龙现购自运有限公司	德国	1790000	64
9	9	乐天玛特	韩国	1631829	99
10	12	欧尚	法国	1630461	54

资料来源：CCFA。

表 11 -2 数据显示出 2012 年在中国投资排名前十的外资连锁企业的经营状况，在前十位连锁企业的销售规模中，美国和欧盟的企业占据了绝大多数，约为 70%。其中，来自于欧盟的连锁企业数量由原来 3 家增长到 4 家。在这 4 家欧盟连锁企业中，除了麦德龙是仓储式会员店外，其余三家都是大型综合超市。同时，麦德龙和欧尚是所有企业发展和扩张速度最快的两个企业，麦德龙和欧尚的销售规模分别同比增长了 29.7% 和 18.5%，门店数分别同比增长了 18.5% 和 20%。因此，本部分将以排名前十位中的欧盟连锁企业家乐福、特易购（TESCO）、麦德龙和欧尚为研究对象，对欧盟在华特许经营的发展模式进行探索。

1. 四大连锁企业在华发展的现状

（1）总体规模。自从我国零售业在 2004 年 12 月 11 日开始对外全面开放以来，外资零售企业进入速度逐渐加快，销售规模也在迅速地扩张。

从图 11 -4 中可以看出，欧盟四大零售企业在华的销售额基本上处于逐年递增的趋势，其中家乐福的销售额远远领先于其他三家企业的销售额，这与家乐福较早地进入中国市场和快速地扩张模式是分不开的。除了 2009 年外，在 2005 ~2010 年，家乐福的增长速度均保持在 14% 以上，从

2011年开始增速逐渐下降，其原因是家乐福从很多地区关闭门店，退出市场；而特易购、欧尚和麦德龙三者的销售规模很近似，虽然三者的销售规模到2012年均在2000000万元以下，但其增长速度却很快，在2010～2012年，欧尚和特易购的增长速度都超过20%，麦德龙的增长速度更是突飞猛进，增速超过50%。

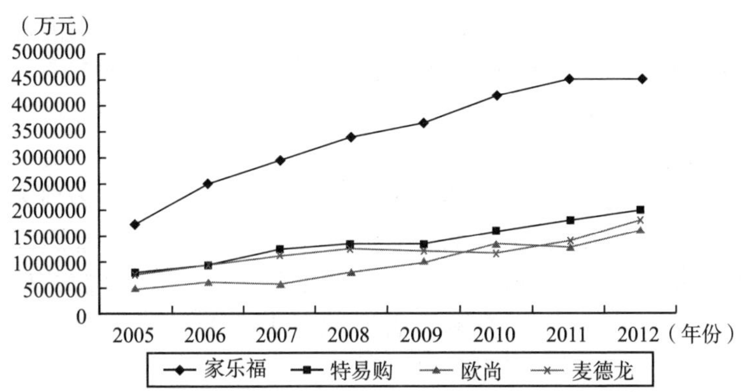

图11－4　2005～2012年四大零售商在华销售规模

资料来源：根据联商网数据整理。

（2）区域分布。由于东部沿海地区的投资环境好、市场机会多、购买力强，所以绝大多数企业进入中国后将其作为首选地进行投资。但随着中国在零售业方面限制条件的取消，外资零售商在华投资的区域也发生了很大的变化（见图11－5）。

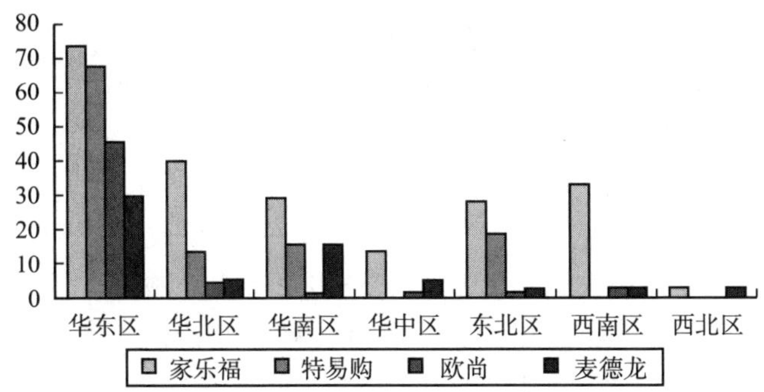

图11－5　2012年欧盟四大连锁超市企业在华门店分布情况

资料来源：根据联商网数据整理。

从各企业的分布情况看，家乐福在每个区域都有经营门店，除西北区以外，其他地方所设门店数都超过 20 家；麦德龙虽然在华的门店数较少，但是在中国各区域都有其门店。特易购到目前为止没有在西南区和西北区占领市场。而欧尚大部分的门店集中在华东区，在其他区域的门店分布很少，每个地区不超过 5 家店铺。

从整体上看，欧盟四大连锁企业几乎在中国所有区域都设有销售网点，其分布大致可以分成三大区域：第一区域，华东区域。四大连锁企业在华东区开设门店数量最多，均超过 30 家，占比全国 50% 左右，主要集中在上海和江苏两大城市；第二区域，华北区、华南区和东北区。三大区在全国占比中比较接近，大都在 12% 左右，主要集中在北京和辽宁；第三区域，华中区、西南区和西北区。这三区中的投资最少，三者门店总数不足 15%。其中西北区最少，占比不足 2%。虽然四大连锁企业大部分门店聚集在华东区域，但是其投资方向已经向中国二三线城市转移。例如，截止到 2012 年，家乐福在华新开门店 18 家，其分布在南京、昆明、成都、沈阳和哈尔滨等二三线城市。

2. 欧盟连锁企业在华的发展模式

零售企业在国际经营的管理方式有两种：一种是标准化；另一种是本土化。标准化是指零售商在进行海外扩张时，将在母国成熟的经营管理方式与策略向东道国进行标准化复制的过程；而本土化则是零售商根据东道国的具体环境，进行相应的调整变革，以适应东道国消费者的需求。在欧盟四大连锁企业中，家乐福、特易购和欧尚在华的经营业态是以大型综合超市为主，而麦德龙则是以仓储式商店为主要经营模式，因此下面选择家乐福和麦德龙来进一步分析其在华的发展模式。

（1）家乐福的发展模式——本土化高于标准化。管理模式的本土化：在组织方面，法国家乐福采用的是中央集权制，即总部统一下达命令，各部门统一执行。而中国是个地区分割、各地区环境差异大的国家，中央集权制在中国显然行不通。因此，在中国，家乐福采取人治和授权的灵活管理方式，主要体现在营采分离，赋予店长很大的权利。所以，家乐福 95% 以上的店铺经理人是中国人，管理制度、经营模式都带有明显的中国特色。

选址模式的本土化：家乐福在欧洲的选址一般采取的是“郊区包围市中心”的策略，其做法是在单位租金相对便宜而占地面积更大的郊区设立自己的卖场，同时要求以私家车方便达到、公共汽车 8 公里车程、不超过 20 分钟的心理承受力为原则设立。而中国是一个以市中心为居住和消费主体的国家，其公路建设和私家车的普及率远不及欧洲一些国家，因此"到市中心消费"成为人们的普遍选择。因此，家乐福大多选择人口较为密集且交通更为便利的一线城市的市中心开设分店，有利于客源的充足性和稳定性。谢媛（2013）指出，家乐福为了保证开业后一定能吸引当地顾客，其每决定开一家分店时，都要对当地人口增长、居住条件、生活方式、消费水平、传统习俗、宗教信仰、意识形态、储蓄情况、都市化水平等因素进行详细而严格的调查与论证。

采购的本土化：家乐福从 5 个大区的采购部门手里挑选了 56 家供应商，构建起家乐福部分集中采购体系，在采购方式上，家乐福十分注重本土化，在中国本土的采购比例已高达 90%。例如，在法国本土的家乐福卖场中通常是看不到活鱼的，一般是将整条洗干净的鱼放在冰块上卖。而中国人一般喜欢买活鱼，最好能像农贸市场那样洗好杀好，然后放在塑料袋里。家乐福针对此需求，在卖场里加入了玻璃柜，将活鱼养在柜子里，这样就解决了消费者对活鱼的消费需求。

1995 年进入中国市场的家乐福以其本土化的模式在中国迅速发展和扩张，曾在中国零售外资排名中长期占第一位。但自 2009 年开始，家乐福在中国开始面临店面数和营业额双输的局面：从门店数量上看，家乐福开店 22 家，主要竞争对手沃尔玛开店数为 50 家以上，门店总数第一次超过家乐福；从营业规模上看，台资竞争对手大润发以 404 亿元人民币的总销售额超越家乐福而排名外资零售第一。进入 2010 年，家乐福的困境没有多大的改善，反而有加速下滑的趋势。家乐福已经陆续关闭了许多店。家乐福之所以出现这种局面，其根源在于家乐福在"本土化"进程中产生的弊端没能引起家乐福的重视。中国零售业态经过 20 多年的发展，已经发生了诸多变化，最为显著的是从单纯讨好消费者、永远低价、盘剥供应商开始向供应链和谐共生转变。

从表 11 - 6 可以看出，2006 ~ 2012 年，家乐福在华门店总数整体是呈现上升趋势的，这与采取适当本土化战略是分不开的，但从 2010 年之后，家乐福新增门店数开始下降。

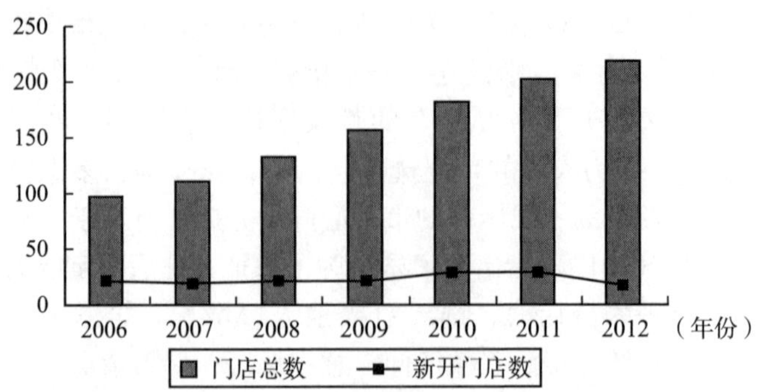

图 11-6　2006～2012 年家乐福在华门店数量情况

资料来源：根据联商网数据整理。

（2）麦德龙的发展模式——标准化高于本土化。麦德龙进入中国的业态选择定位于仓储式商店，从发达国家和地区的仓储商店产生和发展情况来看，城市郊区化和卫星化以及家庭轿车的普及是仓储商店赖以生存的条件，因此仓储式会员店对城市的经济发展程度要求比较高。在零售业态要素方面，家乐福和沃尔玛都根据中国实际进行了本土化创新。而麦德龙则一直发展现购自运制商场，坚守仓储业态。麦德龙进入中国后大部分还是坚守着母国发展的模式，造成在中国进行本土化的困境。其原因如下：

与批发零售业态的竞争：麦德龙的目标顾客锁定在中小零售商、酒店、工厂、企事业单位、政府和团体等，那么其相对应的竞争对手就是那些传统的批发商和专业批发销售市场以及其他的一些大型卖场。折扣是批发零售业的一项重要的营销措施，一般的批发商往往采取的是多买多折扣，少买少折扣的营销理念。而在麦德龙购物的客户只有持有会员卡且用现金支付的情况下才享有折扣，但折扣的幅度与购买量之间没有对应的关系，即无论购买的商品数量多还是少，其给予折扣的幅度是一样的。因此，从这一方面看，麦德龙相比一般的批发商没有太大的优势。麦德龙没有针对中国消费者在折扣方面的需求而进行相应的本土化改革，使其丧失了很多的客户，没有机会将自己的优势得以充分的发挥。

有限的专业客户和“透明发票”制：麦德龙经营中使用的是会员制，而其所谓的“会员”是要求那些具有法人资格的酒店、工厂及中小型零售商等。进入麦德龙商场的顾客必须有会员卡，否则无法进行结账消费。同时，麦德龙开具的发票过于“透明”，这与中国现实的一些情况格格不入。在企业机关管理粗放、不严格的情况下，采购员趁机与供应商勾结，吃回扣、做假账现象比比皆是。那麦德龙的“透明发票”对于那些想趁机揩油的采购者来说是个麻烦。

而德国人的严谨注定了麦德龙为了规范自身在中国的采购关系及长期发展，坚持实行“透明发票”制，即使因此流失了很多的客户，也没有打算取消这种制度的意愿。据统计，麦德龙成都店开业两个月，便遭遇进货商和消费者纷纷退货的现象，从账面上反映出来的损失达 100 多万元。除此之外，麦德龙在中国的高层管理者大都是德国人，德国人的固执和照章办事与中国的人文环境格格不入，公司员工上下级之间关系疏离，不利于信息的传递和理解。虽然麦德龙在很多方面没有根据中国的国情采取相应的本土化的策略，但也有很多地方为了迎合当地情况进行了相应的调整。下面以其采取物流模式为例进行说明。

麦德龙在德国的物流模式是以自营物流为主，在 1995 年进入中国后，创店之初试图复制这种模式，但从中国的硬件设施来看，我国没有四通八达且免费的高速公路，高额的运输费用大大增加了物流成本，使跨国零售企业自建物流成为不可取的行为。因此，麦德龙摒弃了母国的主要物流模式，进入中国初期就分别以供应商物流和第三方物流为主。麦德龙结合中国实际情况，寻找到了一个较好的物流管理模式，即货物由供应商直送，通过麦德龙本部的配送中心发送，放置少量库存做中央仓库三种模式的最佳组合。针对中国的情况，麦德龙调整了现购自运方式，增加了客户自助送货服务，这项服务为在麦德龙商场购物的顾客提供了送货的方便。

11.4　影响欧盟非股权模式在中国发展的因素

11.4.1　与法律政策有关的知识产权保护问题

来自欧美服务外包多涉及发包方信息服务的知识产权，所以欧美发包方在进行发包区位选择时非常注重接包国的知识产权保护力度。目前，我国知识产权保护力度不够，虽然对某些侵权行为做出了明确的法律保护，但对离岸外包企业来说，维权成本很高，所以仍感觉到知识产权保护缺失，这使得很多欧美发包商因担心知识产权受到侵害而不敢向我国发包。其中，卡尔·帕西尼等（Carl J. Pacini et al.，2008）指出，在离岸外包中，大约70% ~80%的发包方认为商业秘密比其他知识产权重要。在离岸服务外包方面，中国与印度之间存在明显差距，其中重要的原因就是涉及知识产权保护的问题。

11.4.2 与知识密集型产业相适应的人力资源问题

高的人力资源水平是提高企业生产效率的一个非常重要的因素，这也是服务外包的发包商选择供应商所考量的一个重要指标，包括劳动力成本和劳动力素质。很多品牌企业之所以将生产基地转移到中国，其中非常重要的一点是劳动力成本。到目前为止，中国约有13.75亿人口，其中15~59岁劳动年龄人口约为9.4亿人，约占总人口比重的69.2%，我国的劳动力资源丰富。工资水平是衡量一国劳动力成本的重要指标，东道国的工资水平是跨国公司实施外包战略时重视的关键因素。

近年来我国劳动力成本在上升，但与国际相比，我国劳动力具有一定的比较优势。2000~2012年，中国制造业小时劳动力成本增长了5倍，年均增速16.5%，同期美国和德国制造业小时劳动力成本年均增速分别为3%和5%，巴西和菲律宾年均增速为8.2%和6.4%。而从相对优势看，中国劳动力成本仍有较大的比较优势。相对来看，2013年中国制造业小时劳动生产率分别是泰国的1.71倍，是菲律宾的2.44倍，年均创造增加值是巴基斯坦的6.5倍，是越南的5.13倍，我国劳动力素质在不断提高。虽然我国现在劳动力工资有所增长，但并不意味着我国不再具有劳动力竞争优势。预计在未来20年我国还将处于二元经济的不发达阶段，农业富余劳动力还需要持续实现转移，劳动力总量庞大、供给充足的现象将长期存在。从人口的角度看，中国的人口峰值将在三四十年间出现，这说明中国劳动力丰富的基本国情短期内不会出现根本改变。

现在中国承接的不再只是简单的制造业外包，还有很多外包属于劳动与知识密集型产业。比如对于服务外包行业，它的特殊性决定了外包承接方的比较优势不仅取决于人力资源的禀赋和成本，而且取决于人力资源的素质。高素质的从业人员才能创造高质量的服务。印度之所以在承接软件外包方面取得成功，一个重要原因就是印度拥有丰富的专业人才储备。虽然，我国后备人才充足，2015年，普通高等教育本专科共招生737.85万人，高考录取率达78.33%，有明显上升，2010~2015年分别为：68.7%、72.3%、75%、76.7%、74.5%、78.33%，2015年中国高等教育的总规模达3647万人，高等教育的毛入学率达40.0%，高等教育基本实现了大众化，但是，我国的教育存在高等教育内容与社会需求脱节的问题，高校毕业生无法满足承接服务外包企业的需要。例如在语言交流方面，中国软件产业从业人员的英文水平明显不如印度，只有少数人能够流利地讲英语，特别是与专业对应的英语交流，所以，在开展外包业务时，国内软件公司很难派出技术语言都过硬的程序员，这导致我国软件产业在对外交流、获取信息、英文软件开发等方面处于劣势。

11.4.3　对欧盟通用产品国际标准化知识的匮乏问题

在现在的国际贸易中，通过标准化战略抢占国际产业竞争的制高点，争夺国际标准的主导权，已成为世界范围内的共识，其背后所体现的是国际地位和国家的经济利益。在经济全球化背景下，标准化不只是一项基础工作，而是企业和国家的发展战略问题。标准化早已经成为获得国家竞争优势、改变国际分工的重要手段。

欧盟最早重视标准化的制定。1998年欧盟就通过了《关于标准化在欧洲的作用的决议》，自此开始了欧盟标准化战略。该战略由2001年的《国际标准化政策原则》和2002年的《关于标准化的决定》等文件构成，自此欧盟标准化发展程度越来越高，越来越严格，不仅有欧盟标准，许多国家还有自己的国家标准。与此同时，欧盟国家的大型企业积极地结成企业联盟，控制着各大标准化组织，通过标准化组织主导最新的标准和技术要求的制定，进而抢占着国际产业竞争的制高点。凡是进入到欧盟的产品，必须达到欧盟标准要求。由于欧盟非股权经营模式不同，每一种形式所适用的行业所适用的标准也都有所不同。比如，合约制造更适合在生产制造行业的标准，不同的行业又有不同的标准，无论是资本密集型产业，如电子制造业、汽车零部件制造业、医药生产行业等，还是劳动密集型产业，如服装制造、鞋类制造、玩具制造等，都有严格的标准要求；而特许经营的零售行业、餐饮业拓展到服务业、建材行业、医药行业、酒店行业、旅游业等行业标准更为严格。

我国从政府到企业的标准化意识都相对淡薄。国家对国际标准化组织的活动重视不够，相比于欧盟，由于我国标准化运行机制不完善，管理体制不合理，导致标准信息不对称，与市场需求脱节，主要表现在标准与市场、经济和社会需求严重脱节，技术标准的制定与科研、生产实践相脱节。相当多的企业没有充分认识到标准化对提高企业竞争力的积极作用，缺乏将专利与技术标准高度集成的意识，标准化意识相对淡薄，缺乏完善的企业技术标准化体系。在承接非股权经营方面，无论是人才还是技术，往往都达不到欧盟标准化要求。

11.5 欧盟在华非股权投资的贸易影响

11.5.1 通过承接欧盟非股权投资，带动了中国金融、软件和商业服务业的进出口，优化了我国进出口商品结构

表 11－3 中国金融、软件和商业服务业进出口占比

		2004 年	2005 年	2006 年	2007 年	2008 年	2009 年
进出口	金融业（%）	5.01	5.09	5.40	4.90	4.90	4.88
	信息传输、计算机服务和软件业（%）	2.81	2.88	3.21	3.49	4.08	4.21
	租赁和商务服务业（%）	28.88	28.48	29.26	31.46	31.32	31.63
出口	金融业（%）	0.76	0.93	0.75	0.93	1.15	1.57
	信息传输、计算机服务和软件业（%）	3.33	3.13	4.02	4.52	5.32	5.95
	租赁和商务服务业	32.34	31.50	31.71	33.35	31.8	35.55
进口	金融业（%）	8.68	8.78	9.64	8.62	8.37	7.57
	信息传输、计算机服务和软件业（%）	2.36	2.66	2.48	2.53	2.94	2.79
	租赁和商务服务业（%）	25.89	25.79	27.01	29.68	30.78	28.44

资料来源：根据《中国国际收支平衡表》各年整理。

从表 11－3 可以看出：随着通讯、计算机和信息服务业技术水平的提高，其服务产品的可贸易性也不断提高。

11.5.2 通过承接欧盟非股权投资，加快了我国第三产业的发展及产业结构调整

近几年，随着我国经济开放程度的不断提高和入世承诺的逐步兑现，越来越多的外资金融机构以“商业存在”的形式进入我国，带动了我国金融服务业的整体发展。随着软件承接地软件服务业务的发展，中国软件业的后发优势也逐渐显现。各种形式的特许经营在中国的发展，在带动出口的同时，我国各类产业的产业增加值的比重也发生了较大的变动，主要非股权投资行业的产业增加值比重呈不断提高的趋势（见表11－4）。

表11－4　　中国主要非股权投资行业增加值占比

	2004年	2005年	2006年	2007年	2008年	2009年
金融业（%）	8.35	8.59	9.59	11.97	11.32	12.00
信息传输、计算机服务和软件业（%）	6.56	6.49	6.02	5.39	5.98	5.51
租赁和商务服务业（%）	4.07	3.97	3.70	3.39	4.27	4.18

资料来源：根据《中国统计年鉴》各年整理。

11.5.3 欧盟合约制造模式提升了我国在全球价值链中的地位

合约制造已逐渐成为许多跨国企业外部采购的一种重要模式和趋势。在电子、汽车、医药和服装等行业，更多的原始设备制造商选择了全部外包核心部件或者终端产品制造，将重心放在研发、设计或市场等领域。欧盟跨国公司利用中国的企业为它们提供合约制造的目的主要包括两个方面：一是利用中国的廉价劳动力和较高的生产率，大幅降低生产成本；二是利用本土化生产，打开巨大的中国市场。

欧盟的优势产业几乎涵盖了半导体、计算机、消费电子、通信及软件等电子信息产业所有关键领域和重点产品。西欧电子信息产业跨国公司拥有资本规模优势、品牌优势、大量专利技术和技术标准，居产业链的中高端。随着欧盟越来越多的世界著名厂商将生产转移到中国，中国成为全球的“大车间”。我国合约制造的显著特点之一是高技术中小企业和民营中

小企业充当主力军。现在，越来越多的大型企业把其原本由内部完成的某些非核心业务外包出去，且大量的全球企业在我国境内生产商品，我国的中小型企业将会有大量的机会进入全球产业价值链的某些环节。因此，我国中小型企业需要更快、更有效地进入全球高新技术产业的价值链之中。

我国合约制造商通过承接外包业务学习了欧盟品牌先进的管理方法和生产制造技术，以给对方生产授权贴牌产品为契机，通过“拿来主义”的方法，大胆吸纳欧盟成熟的技术、先进的生产线和设备，利用中国劳动生产率和生产成本的优势，整合自己的资源，达到低成本、高品质、规模化的生产经营。

11.5.4 欧盟特许经营在中国的发展，有助于推动我国标准化发展

特许经营体系的一个重要特征就是整个体系内经营和销售的产品和服务质量的高度一致性和标准化。特许经营的发展本身就将为某些难于标准化的服务行业确立事实上的标准，从而提高整个行业的服务质量。因此特许经营的发展不但能够有助于向社会提供高质量的产品和服务，而且能带动相关行业产品和服务的标准化建设。事实证明采用特许经营方式发展业务的国内企业，大多都能够迅速扩大业务规模，同时整个业务体系的运转更趋标准化。正是因为有了特许经营，我国许多行业如快餐业、洗衣业、汽车美容业等才得以迅速发展。

非股权安排之所以在其发展中越来越受到人们的重视，关键还在于这种形式本身具有独特的优越性：对投资国来说，投资国企业采用非股权安排既可以从东道国那里得到稀缺的和廉价的生产要素，利用好当地优势，又可以免受控制、挤破当地经济之嫌，易被东道国所接受。这种形式灵活多样、容易实施。它一般不受投资国和东道国政治经济条件的限制；对东道国来说，接受非股权安排能够吸收各种国外先进技术，有利于现有企业和现有生产工艺的改造。

第 12 章

结论和展望

12.1 研究结论

12.1.1 欧盟各国对华直接投资发展极其不平衡

首先，从欧盟对华投资国别分布看，欧盟各国虽然经济发展程度普遍比较高，但是在对华直接投资方面表现出明显的差异性。对华直接投资额长期排在前六位的国家依次是德国、荷兰、法国、英国、法国和意大利。同时这些国家也是全球重要的对外直接投资国之一，相比这些国家在全球的对外投资总额，对华直接投资在其对外投资总额中所占的比重都不高。而新晋欧盟国家对华直接投资数额都很小。

其次，从投资产业看，1979～2012 年制造业投资额占其对华直接投资总额的 85% 左右，占比最重；分布在化工、橡胶和塑料制品工业也比较多；然后是金属制品、机械和设备工业，电气、电子工业位等。欧盟对华直接投资在制造业和服务业所占的比例关系是 83∶13，而欧盟在世界其他地区的两个产业投资的比例关系为 20∶80。

最后，从欧盟对华直接投资同美国、日本、中国香港等经济体的对比来看，欧盟对华直接投资有两个显著特点：一是欧盟对华投资以绿地投资的方式比较多，而以兼并收购的方式相对较少。一般来说，新建投资对东道国当地经济增长的关联和拉动作用较大。二是欧盟在华投资几乎都投向了与制造业相关的一些产业，多为技术和资本密集型投资。众所周知，外资要素密集程度和科技水平的高低往往以直接投资的项目平均规模作为主要衡量指标，欧盟对华投资一直以来单个项目投资金额较大，技术含量较高。2012 年，欧盟对华直接投资的平均项目金额达 360 万美元，美国为 228 万美元，欧盟是美国的 1.6 倍；亚洲国家平均项目金额共 481.33 万美元。欧盟对华投资倾向于资本技术密集型产业，尤其是在转让技术方面，欧资企业明显优于美资企业，更优于日资企业。

12.1.2 我国对欧盟各国贸易额逐步扩大，贸易基本呈现顺差状态

首先，从进出口额来看，从 1997 年开始，我国对欧盟的贸易由逆差转为顺差，且顺差逐年扩大。

其次，在欧盟原 15 国中，在出口方面，我国向德国、荷兰和英国的出口数量最多，另外对意大利、法国、西班牙和比利时的出口也是非常可观的。尤其是中德之间的贸易关系是中国和欧盟国家贸易关系中最稳固的。20 世纪 90 年代初期，德国企业先后在中国投资设厂，从德国购入资本密集型产品及机电半成品，在中国加工后再将成品出口到德国及其他各国，这使得中德之间形成简单垂直贸易结构的同时，机电产品的出口额也逐年递增，中国对德国的出口贸易结构慢慢发生变化。随着我国同德国在新能源方面的合作加强，同德国的贸易关系仍有较大发展空间。值得注意的是近年来我国对北欧国家和其他成员国的出口增加趋势明显。在进口方面，我国从德国、法国、意大利的进口数量和比例较大，尤其是德国制造业在 GDP 中占比相对较高，且制造业在发达国家中也保持了高水平竞争力，特别是大型民用飞机、汽车等机电产品领域仍然具有较高的附加值。因此中国从德国进口的主要产品有机电产品、运输设备、贱金属制品以及光学设备、钟表及医用设备四类商品。从其他国家的进口数量较少，但是在我国与奥地利的贸易中，我国的进口远远大于出口，我国一直处于逆差的状态。

最后，在与欧盟新 11 国的贸易方面，我国对欧盟新 11 国的产品出口额远远低于同欧盟原 15 国的出口额，分析显示，自 1994 年起我国同欧盟新 11 国的贸易就开始出现了顺差，一直持续到现在，且顺差额自 2001 年以来有了非常大的提升。虽然说我国同新 11 国与同原 15 国的贸易额有很大差距，但是同新 11 国的贸易额增长速度非常快。2011 年是 2001 年的

12.5 倍。从具体国家来看，我国对波兰的出口额这些年一直处于榜首，是新晋 11 国中唯一出口额过百亿美元的国家。随后是捷克和匈牙利。从我国进口的主要欧盟新成员国有斯洛伐克、匈牙利、捷克和波兰。因此无论从出口和进口来看，我国与新进欧盟 11 国的贸易国别比较集中，即波兰、斯洛伐克、捷克、匈牙利 4 国，与其他国家的贸易交往比较少。但是近年来我国向欧盟新 11 国的出口额也呈稳步上升趋势，未来还有很大发展空间。

12.1.3　我国与欧盟成员国的贸易竞争力指数基本呈上升趋势

从测算的贸易竞争力指数来看，在欧盟原 15 国当中，我国对希腊的 TC 指数最高，其次是荷兰和卢森堡。我国与德国的 TC 指数只有 2005 ~ 2008 年为正，其余均为负。说明德国作为制造业大国，贸易竞争力不容小觑。我国与瑞典的贸易中，处于进出口基本平衡的状态。而与奥地利的 TC 指数一直为负，说明我国与奥地利的贸易中，进口远大于出口，贸易竞争力较弱。从测算的中国对欧盟新成员国贸易竞争力指数来看，我国对欧盟新晋国家的 TC 指数基本为正，说明我国对这些国家以出口为主，贸易竞争力强，一直处于顺差地位。尤其是在高技术产品和中高技术产品的贸易中，过去的十年里我国拥有很大顺差，说明我国这两大类产品在新 11 国有很大的市场潜力。

值得注意的是 2009 年受到金融危机的影响，我国对欧盟新 11 国中低技术产品的出口减少了几乎 50%，这说明我国大量生产中低技术产品的中小企业防范和经受经济风险的能力差，需要引起我们的关注。

12.1.4　我国与欧盟贸易结构比较合理，中高技术占主导地位

从进出口商品结构来看，在高技术、中高技术、中低技术和低技术产品中，2000 年之前，我国对欧盟原 15 国的出口中，低技术产品的出口量高于或持平于其他产品。2001 年之后，四种技术水平的产品出口量均明显增长，中高技术水平产品增长速度最快，出口量也最大，其次是高技术产品，而低技术产品虽然也有很大增长，但是地位却已经逊于中高技术产品和高技术产品。虽然受 2009 年金融危机的影响，四类产品的出口都有一定程度的下降，但 2010 年之后回弹趋势强劲。在高技术以及中高技术产

品中，我国对欧盟原15国出口额较多的产品有精密仪器和铁道及电车，其次是核反应堆和药品，而车辆及其零件排在中高技术产品里出口额最低的位置。在我国对欧盟原15国中低及低技术产品中，出口最多的是衣物、纤维等纺织品，其次是各类金属制品。我国对欧盟新11国的产品出口，在2003年之前，低技术产品一直高于其他三类产品，2004年中高技术和高技术产品才纷纷超过了低技术产品，并且这两类产品的出口量从此之后呈急速上升趋势，远远高于中低技术和低技术产品的出口量。值得说明的是食品类产品是我们所挑选的商品类别中，出口欧盟最少的中低技术产品。这是由于欧盟对进口食物的标准要求是很高的，有《欧盟食品法》和欧盟食品准入制度等严格的规定，我国目前很多食品还不符合欧盟的食品准入制度。

在进口方面，我国从欧盟原15国中进口的中高技术产品一直是四种类型中最多的，增长速度也是最快的，其次是高技术产品。因此，综合来看，我国从欧盟原15国进口的产品中，中高技术和高技术产品占主要地位。其中机电设备是我国从欧盟15国进口最多的商品，其次是航空航天类产品。

值得注意的一点是，2009年受金融危机的影响，我国从欧盟中低技术产品的进出口都大幅度下降，而且是自1995年以来第一次出现逆差。这说明我国中低技术产业受危机的影响较大，产业发展具有不稳定性。我国中小企业是出口中低技术产品的主力军，这些企业往往缺乏规避各种经济风险的能力，如果金融支持和政府扶持力度再不够，一旦有经济危机的发生，便会发生大量中小企业倒闭的问题。中小企业的发展，不仅关乎我国对外经济的竞争力，而且关乎就业和民生，这是急需我们思考和解决的问题。

12.1.5 外资流动可以同时促进东道国和投资国出口商品结构不断升级

理论与实证研究表明，外资的进入使东道国具有比较优势的产品种类在增加，东道国不仅可以生产原来的比较优势产品（劳动密集型产品），同时还能生产部分资本密集型产品。这会导致东道国的出口商品结构升级。另外，由于对外投资国的比较优势产品种类相对减少，它必然面临着竞争压力，这种压力会刺激对外投资国加大研发力度，提高技术水平，从而开发出新的资本、技术密集型产品。实证研究结果表明，欧盟各国 FDI 对我国不同类别商品的出口影响，从总体上来看，对中高技术和高技术产品的影响比较显著，对中低技术产品和低技术产品的影响较弱。这说明欧盟对华直接投资更多地作用于我国中高级技术产品的出口，对我国的出口商品结构有提升作用。因此，从这种意义上来说，外资进入东道国会产生两种结果：第一，它会使吸引外资国的出口商品结构进行优化升级；第二，它会刺激对外投资国研发出更多新的产品。

12.1.6 欧盟 FDI 对我国中高技术产品出口影响最大的是卢森堡、丹麦、芬兰

实证研究表明，从纵向上来看，在同样的显著水平下，对比系数可以发现，对我国高技术产品出口影响最大的三个国家依次是芬兰、丹麦、瑞典，对中高技术产品出口影响最大的三个国家依次是卢森堡、丹麦、芬兰。而从第 3 章的分析中我们知道对华直接投资前三位的欧盟国家是德国、英国、荷兰，而这三个国家对我国商品的出口影响力并没有相应排在前三位。这也提醒我们，我们应该重视欧盟其他国家的对华直接投资，积极吸引这些国家加大对华投资力度。

12.1.7 外商进入能够带动东道国产业结构的优化

研究表明外资进入东道国后，它会对东道国进口商品结构产生重要影响，这种影响可能比较复杂。在外资进入东道国初期，可能由于对东道国的产业政策以及产业技术水平并不十分了解，同时也为了防止核心技术的外溢，新进入企业往往从海外母公司进口核心零部件或技术含量较高的中间产品。从海外进口中间产品，在东道国从事非核心部件及最终产品的生产。外资从海外进口核心零部件很大程度上会避免技术外溢的发生，因此内资企业生产投入的劳动、资本比例不会发生变化。当外资进入东道国经过较长时间后，随着其研发中心的设立及大量的研发投入，它会在当地生产大量的中间产品，从而逐步完成对中间产品的进口替代；另外，由于技术溢出效应的存在，生产相同或相似产品的内资企业的产品技术含量也会不断提高，从而带动整个行业技术水平的提升，这在一定程度上优化了一国的产业结构。

12.1.8 经济增长是中欧双边贸易和投资扩大的重要条件

实证研究表明，我国和欧盟的经济增长都会促进我国进出口贸易额的扩大。其中影响最明显的是中高技术产品，其次是高技术产品。但值得说明的是，我国国内生产总值每增加一个单位，进口额增加最多的是低技术产品，这似乎与想象中的不一致，但事实是本书统计的低技术产品主要涉及食品、饮料、纺织、服装和家具等。随着我国经济的发展，人民生活水平不断提高，更加追求生活质量的人们倾向于在日常生活中更多地使用进口产品，这也反映出中国目前不仅是生产大国，也是消费大国的现实。

12.2 政策建议

12.2.1 利用政策导向，加大力度吸引欧盟对华投资

在国家政策方面，我国应加大力度吸引欧盟国家的对华投资，欧盟对华投资技术含量高，产业带动作用强，对中国经济发展的正外部效应最强。应加强发展我国与欧盟各国的贸易往来，发展新的贸易和投资伙伴国，通过与欧盟 28 国的比较平等的贸易和投资的往来，促进双边在经济和政治领域的更广泛的合作。同时加强中欧在第三产业发展方面的合作，加大力度提升我国第三产业的发展水平，搭建好的平台，吸引欧盟在第三产业的对华投资，进一步促进我国第三产业的发展，优化我国的产业结构。

12.2.2 注意调整中欧贸易结构，减少贸易摩擦

我国对欧贸易顺差较大，这会不可避免地导致中欧之间的贸易摩擦不断。自 1979 年欧盟发起第一件对华反倾销调查案以来，反倾销问题就一直是中欧贸易问题争论的焦点。进入 21 世纪后，欧盟对华反倾销立案数目波动比较剧烈，反倾销立案的产品类别不断变化，尤其是欧盟东扩之后中国对欧贸易顺差进一步扩大，欧盟对华反倾销案件不断增多。因为我国

对欧盟新11国的低技术产品出口中，贸易竞争力指数很高，长期以来出口额一直远远高于进口额，如此大的贸易顺差，极易造成我国同欧盟新成员国之间的贸易摩擦。我国应通过多种措施，调整中欧之间的贸易结构，扩大从欧盟进口的国别和进口数量，努力拉平中欧贸易差额，减少贸易摩擦。

12.2.3 利用扶持政策提高中小企业抵御风险能力

我国中小企业占我国全部企业数的99.6%，我国对欧盟出口的中低技术产品几乎都是来自中小企业生产的产品。2009年受到金融危机的影响，我国对欧盟新11国中低技术产品的出口减少了50%左右，这说明我国大量生产中低技术产品的中小企业防范和经受经济风险的能力很差。我国要采取多种政策，对中小企业进行引导和扶持，为中小企业培养人才，并且在融资、税收等方面进行一定的支持，对产业发展进行适度引导，避免中小企业的盲目发展和过度竞争，增强我国中小企业抵御各种风险的能力。

12.2.4 在吸引欧盟对华投资的同时，鼓励我国企业“走出去”

欧盟对华投资一方面会促进我国出口商品结构的优化升级；另一方面也会刺激欧盟各国投资企业不断研发出新的产品，提高其自身的可持续竞争能力。因此，我国一方面要吸引高质量的外资进入，同时也要鼓励更多的中国企业“走出去”，到投资伙伴国去逆向投资，从而不断提升整个产业的发展水平，促进出口商品结构的整体升级。

12.2.5 加强广泛交往，发展与欧盟28国之间的贸易和投资

目前欧盟对华投资实际上主要是德国、法国、英国、荷兰、意大利这几个国家，几乎占欧盟全部投资额的80%以上，其他20余国投资总数占比不到20%。近几年荷兰、卢森堡、奥地利同我国之间有密切的贸易往来，我国应将吸引外资的政策适当向其他欧盟国家倾斜，在稳固已有的投资伙伴的同时，欢迎新朋友来华投资，这样可能政策作用的效果更明显。另外，无论从出口还是从进口来看，我国与新进欧盟国家的贸易国别比较集中，即波兰、斯洛伐克、捷克、匈牙利4国，与其他国家的贸易交往比

较少。因此我国应加强与欧盟28国之间的交往，发展我国与欧盟各国的贸易往来，发展新的贸易和投资伙伴国，促进我国与28国在经济和政治领域的更广泛的合作。

12.2.6 利用欧中的产业互补性，加强与欧盟的研发合作

欧盟产业与我国产业之间的互补性很强，欧盟许多产业技术优势，例如塑料制品、药品、环保、机动车辆、机械制造、能源、化工等都是我国所缺乏并急需的，如果能在这些领域和欧盟合作设立研发机构，在吸取其先进技术的基础上双方联合开发更加高级的适用技术，将是我国实现产业结构升级的一条捷径。欧盟对华投资的市场导向性较强，目的是占领更多的中国市场，为了提高产品在中国市场的竞争力，欧盟企业很重视产品和生产技术的本土化和当地化，重视对在欧企业工作的中国员工的培训，因此不少欧盟企业在中国设立了研发中心和技术培训中心，如果能利用欧盟对华投资的这些特点，培育一批面向国际市场，不仅具有出口竞争力而且具有较强技术创新能力，能在国内各类产业中处于领先地位的主导产业，就可以带动国内相关产业的发展，在优良产业结构支撑下使我国出口结构持续优化升级。

12.2.7 培育我国企业自主创新能力，优化出口商品技术结构

在欧盟直接投资对我国高技术和中高技术产品出口都有显著影响的国家中，比利时、丹麦、德国、法国、芬兰、英国等对我国中高技术产品出口的影响程度要大于对高技术产品出口的影响程度。而且自2000年之后我国中高技术产品的出口额一直排在四类产品的首位。因此，我国应在保持中高技术产品出口增加的同时，有意识地鼓励我国生产中高技术产品的企业把技术利用和自主创新相结合，培育优势项目，提高企业核心竞争能力，借助欧盟对华直接投资带动我国中高技术产业的整体发展，提升我国中高技术产业在国民经济中所占的比重，优化国内产业结构，进而全面提升我国出口商品的技术结构。

12.2.8 利用欧盟对华投资，丰富我国消费市场

欧盟对华直接投资为我国带来了优质和多元化的中低技术产品，我国

从欧盟进口的食品、饮料、纺织、服装和家具等商品，在一定程度上丰富了我国商品和服务市场，提高了我国消费者的消费水平和消费档次，我国众多的消费人口和国内越来越强劲的消费能力，也是吸引欧盟各国来华直接投资的重要的市场条件。因此，我国应大力发掘国内消费市场潜力，增加居民收入，建立稳定有序的投资与贸易市场，保证我国经济持续稳定增长。

12.3 研究展望

12.3.1 “一带一路”倡议下中欧投资发展展望

为推动欧洲克服经济危机、欧债危机和难民危机对增长和就业的影响，2014 年 11 月新一届欧盟委员会提出促进经济增长、增加就业和投资的欧洲投资计划（也称容克投资计划）。其旨在通过欧盟的资金和公共资源为私人投资提供更大的风险承受能力，鼓励项目发起人，吸收资金进入投资项目，投资成立欧洲战略投资基金并将其作为容克计划的核心支柱，该基金期望以杠杆方式将 210 亿欧元的初始基金在 3 年内扩大到 3150 亿欧元。而中国方面则提出了“一带一路”倡议，让沿线各个国家都参与进来，从而带动大量的投资流量和存量。2015 年 9 月 28 日，在中欧建交 40 周年之际，第五次中国—欧盟经贸高层对话在北京举行，会议有以下三个成果：一是，中方宣布向预期总投资额为 3150 亿欧元的“欧盟投资计划”进行投资，中国随之成为第一个宣布向欧盟投资计划投资的非欧盟国家，从此正式启动了中国“一带一路”倡议与欧盟投资计划的战略性对接；二是中欧同意协同合作推进双方投资领域的全方位合作，工作组成员由来自中国丝路基金、国家发改委、欧盟委员会和欧洲投资银行的专家组成；三是双方着力探讨建立一个“中欧合作基金”的模式与架构。

欧盟的经济发展自 2008 年的金融危机与欧债危机爆发以来长期处于止步不前、近于停滞的状态，由于担心经济持续下行，个人投资者和机构投资者均看跌欧洲经济复苏的进度，导致公共投资和私人投资持续下降；我国在国内经济新常态大环境下产能过剩明显，“十三五”提出的全面小康、产业升级与城镇化，以及在国际领域推出的“一带一路”倡议均要求我国加快城镇基础设施建设，完善现有的交通运输体系、能源体系与水资源安全体系。中国的发展以内需为主，随着国内经济的发展，进口大量增加，2010 年进口超过 1 万亿美元，成为世界第二大进口国，从欧盟的进口无疑也将增加。中欧双边贸易同期达 3000 亿美元，2020 年将达 5000 亿美元；中国从欧进口届时将超过 2000 亿美元，带动欧盟就业 400 万人左右。欧盟贸易额 2005 年达 2. 8 万亿美元，其中进口近 1. 5 万亿美元，增长也较快，是中国产品的一个充满机遇的大市场。

中国发展对外直接投资的条件已经成熟。中国具有较高的 GDP。截至 2014 年底，中国的国内生产总值超过 63. 6 万亿元，2015 年更是 67. 7 万亿元的总值，人均 GDP 也处于国际中等偏高的水平，也正是中国由国内投资走向国外投资的拓展阶段，说明中国已经具备大的投资积累和新价值创造的实力，巨额的外汇储备为中国发展对外直接投资增加了底气。2014 年中国的外汇储备额为 3. 8 亿美元，已经成为世界第一外汇储备大国。通过对外直接投资，可以将静态资产变成活的资产，减缓金融市场因为国际汇率、各国利率变动的风险；可以减少购买外汇储备的市场投放，避免流动性泛滥，消除输入性通胀的威胁。因此，中国非金融对外直接投资能够担当“走出去”的先锋，能够拓展经济增长的空间和对外贸易市场，促进中国进一步对外开放程度。人均 GDP 是支撑对外直接投资活动的最强力量。中国的人均 GDP 与对外直接投资之间具有正相关性，人均 GDP 越高，中国对外直接投资的总额就会越大。外汇储备是对外直接投资的基本必要条件。外汇储备与对外直接投资之间也存在着明显的正相关性。但是中国的外汇储备对中国的对外直接投资的促进作用并不是很明显，导致这一结果的原因是对外直接投资大多数都是私人投资或者国企，大量的外汇储备掌握在政府手中，而且国家的外汇管制相对来说比较严格。因此我国在进行对外直接投资的过程中，国家在主导投资方向和结构上面的力量是不可忽视的，应当在与欧盟经济合作的同时积极运用国家的外汇储备进行投资。另外，对外贸易的依存度是对外直接投资的另一个重要推动力量。中国对外贸易的依存度与对外直接投资也具有明显的正向作用。中欧贸易投资发展不平衡，但仍有较大发展潜力。中欧之间体现的是双边贸易、投资比重失衡。中国对欧盟贸易依赖程度较大，而欧盟对中国的贸易依存度较低。中国要想真正的同欧盟进行深层次的合作，融入欧盟的经济圈中，就要不断地提高自己的开放程度，与此同时，也要有警惕意识，不能过度依赖某一个经济体或者某一个国家。

积极推动人民币国家化的趋势，在中欧贸易合作中要积极倡导结算币制的人民币化。人民币离岸结算中心在欧洲的设立必将极大提高中国在欧盟各国经济合作中的重要性，英、法、德都在争夺人民币结算中心的落址，这将极大地减少对中国与欧盟的投资过程中的程序和成本，促进中欧投资贸易合作的顺利进行。

对欧的投资应充分考虑到当前的经济风险和政治风险。一是欧元区债务危机风险尚未完全消除。欧盟统计局的最新数据表明，欧元区各国的主权债务占 GDP 的比重在 2015 年第一季达到 93%，比 2014 年同期水平有所增长，希腊债务水平已高达 170%，希腊退出欧元区的风险尚未完全消除。经济低迷促使财政收入的不断缩减，缩进的财政政策并未解除债务风险。二是经济问题逐步演化为社会问题和政治问题。经济低迷和失业率的高企引发欧洲部分国家政局不稳，极右翼、极左翼政党开始抬头，要求解体欧元区的主张一直存在，加之英国公投脱欧事件的发酵，欧元区存在的问题还很多，应注意防范政治变动对中欧投资合作带来的影响。三是汇率的持续波动对投资企业的外汇管理能力乃至防范性系统性风险提出挑战。当前各国货币发展趋势不稳，欧元贬值、美元升值预期以及人民币走势的不明朗等，将影响企业与银行的外汇投资管理，增加跨境资金流动管理难度，对我国维护金融稳定提出挑战。

从投资国别上看，由于欧盟国家经济发展程度及对外投资环境存在差别，因此，中国对欧投资“因国而异”。经济合作前景及投资政策是影响对外直接投资的两大重要因素，从我国对欧投资实际情况看，英国、德国、法国、意大利、荷兰、葡萄牙是吸引中国资本流入的主要国家，这也符合以上国家经济体量在欧盟中所占据的重要程度，在以后的中欧投资合作中，在更加注重以上几个重要投资国的投资的同时，也要加强与其他国家的投资合作，这样不仅能将触角伸到别的国家去，也能起到雨露均沾的功效，防止它们在决定出台欧盟对外政策的时候出于利益考量而损害中国利益。针对欧盟与内部成员国政策上的不协调性，中国最好采用欧盟市场细化战略，对贸易政策、对欧出口产品、销售方式等进行细化，从而有效地对欧盟市场多层次、多角度、全方位的进入，尽量避免单一商品出口过度集中。中国政府要鼓励采取贸易与投资相结合方式进入欧盟市场。贸易与投资的关联性紧密，当直接贸易成本上升时，投资作为市场进入的最好方式可带动本国出口贸易增长。目前中国对欧盟投资十分有限，投资进入与贸易进入极不平衡。因此，中国应在继续扩大出口的同时争取在欧盟国家设立合资、合作企业，加快对欧盟的投资步伐。

从投资行业分布看，中国资本早期集中于非知识密集型的服务型行业，如租赁、批发零售、酒店业等，但随着中国企业跨国经营实力的增强，投资领域逐步扩展到电力通信、制造业、公共产品和公共服务、轨道交通、能源、金融、房地产等多个领域。在投资以上行业的同时，要结合我国经济发展方式转变的现实情况重点投资于低能耗、高产值的产业，力争把我国相关产业拉到微笑曲线的两端，引进欧盟相关产业的技术和管理经验，增强我国相关产品的贸易出口竞争力。

中国与欧盟的投资合作虽然进展迅速，但是中国与欧盟投资还是存在着一定的现实困难及客观障碍。第一，投资政策及制度约束。欧盟多国具有统一的货币政策，但是财政政策、产业政策、投资政策等并不一致。中国企业对欧投资面临各国不同的制度约束，需要妥善应对不同的市场准入制度及国家安全审查，显然这将影响企业对外投资成本、效率及风险评估。中国目前已同欧盟成员（除爱尔兰之外）达成双边投资协定，但这些协定都在欧盟的约束框架之下，欧盟有权对该协定进行审查并确定是否有效。在中欧双边投资协定谈判达成一致协议之前，缺乏统一的投资市场准入标准及审查制度，会在一定程度上影响中国资本在欧盟市场的扩大化。目前中欧领导人已经决定进一步深化双方战略合作伙伴关系，这无疑会对中方投资主体未来投资提供更大便利。2016 年是中国入世 15 年的时间，也是欧盟等西方发达国家和中国入世时约定的 15 年后自动承认中国市场经济地位的时间，然而，欧盟等国家却没有承认中国的市场经济地位。这也给了我们敲响了警钟，在同欧盟等国家进行经济合作的时候一定要有接受好坏消息的能力，居安思危，未雨绸缪。欧洲债务危机给欧盟带来的不利影响至今尚未消除，经济通缩压力巨大，2014 年欧盟 GDP 增速仅为 0.9%，部分国家财政赤字严重，失业高企。2015 年第三季度欧盟失业率约为 11.2%，部分国家如希腊、西班牙则高达 20% 以上。在世界经济整体低迷的背景下，欧盟稳定与增长也面临着极大的考验。宏观经济下行给投资及经济增长带来的风险及困难也是显而易见的。

因此中国企业对欧盟投资需要对欧盟各国具体经济发展做出正确判断。从投资风险、投资领域、项目确定、投资预期收益、各国投资政策等多方面进行审慎判断，在此基础上进行科学决策，从而在经济周期低谷中把握投资良机。

12.3.2 “一带一路”倡议下中欧投资对贸易影响的发展展望

中国“一带一路”的推动，带动了非金融行业的对外直接投资的增加，即通过加大对外非金融直接投资，完成中国产业、经济国际化的战略。“一带一路”倡议下中国与欧盟都在寻求新的经济增长点，其中核心部分是产能国家合作，这既需要官方在政策方面达成一致共识，如市场准入、投资审批等形成合理框架，又需要企业运用自身的资金、技术、人力资本参与其中，形成良性竞争和循环。中国资本结合中国产能，可以形成良好的运行机制，从而改变中国简单的加工贴牌贸易生产模式，通过对外投资进一步融入欧洲市场，带动产业升级和产品向高附加值化发展。

欧盟投资计划不仅将激发中国企业赴欧投资的潜力，促进中国企业转型升级与发挥产业优势，以及为中国中小企业赴欧投资创造机会，而且对在经济增长“新常态”背景下中国经济模式的转型也具有借鉴意义。

从世界经济与国际贸易的角度来分析，作为发展中国家典型代表的中国与作为老牌发达国家的欧盟在经济结构特别是产业结构上的优势及劣势均十分明显，互补性强。一方面，作为近代世界工业革命与工业文明的发源地，欧盟的最大优势在于长期积累的先进技术以及全球知名品牌，但与欧盟高质量工业制成品紧密相伴的便是其高昂价格，所以在收入相对比较低的发展中国家市场上，其竞争力就会大打折扣；另一方面，中国作为新兴大国和世界上最大的单体贸易市场，凭借着丰富优质且相对欧美劳动价值较低的劳动力资源以及逐渐显现的巨大消费市场和消费能力，中国工业制成品物美价廉，性价比高，可满足包括发达国家在内的全球中等收入国家以及收入相对较低的广大发展中国家消费市场的需求。实际上，欧盟本身就是中国产品最大的出口目的地，同时也是中国最大的海外技术来源地；与此同时，中国也是欧盟最大的海外进口来源地和仅次于美国的第二大出口市场。

因此，实现“一带一路”倡议与欧盟投资计划成功对接及有效对接的中欧经贸合作，不仅可以提供促进欧盟经济向更高端产业转型升级所急需的外部资金来源，助力欧盟进一步拓展国际市场与提升国家竞争力，促进欧盟经济与就业增长，还可以同时帮助中国以较快捷的方式获得欧盟一些成熟的先进技术及国际知名品牌，进而在一定程度上助推中国经济和中国对外贸易实现快速的转型升级。事实上，“一带一路”倡议为中国企业大规模走进欧盟国家提供了战略性规划与方向性指导，欧盟投资计划又将通过消除障碍、改善环境和创造机会欢迎中国企业更多地投资于欧盟实体经济。因此，“一带一路”倡议与欧盟投资计划有效对接将为双方更紧密的经贸合作关系提供更加便利的条件和更为丰富的机会。

在此背景下，一些产业将会长期受益，包括基础设施建设相关行业（高铁、公路、电力等）和物流贸易行业（通过现代物流支持贸易往来，提升市场流通效率，与目前国内的大消费形式与物流业发展相得益彰）以及资源能源合作领域。整合区域特色、优化生产要素流通既是中国的现实选择，也是世界发展的需要。

中国当前“一带一路”倡议的布局和中国主导的亚洲开发投资银行的成功设立，表明中国对外直接投资进入新的纪元，不仅关注自身基础设施和制造业的发展，也以开放包容的心态关注欧洲的基础设施建设和发展，加大对欧洲的直接投资力度。

在欧盟同中国贸易合作的近 10 年时间里，中欧之间的贸易增长十分迅速，中国也一直保持着欧盟最大进口国的地位。中欧平均每天的贸易额都超过 100 万欧元。欧盟主要从中国进口工业制品和消费用品，例如：机械装备、衣服鞋帽、家具和玩具等。而欧盟向中国出口的产品则主要是机械装备、汽车、飞机和化学品等。因此，中欧贸易地位并不算平衡，中国轻纺等产品具有国际竞争力，高附加值的产品出口仍缺乏竞争力或者受贸易壁垒限制。随着中国迅速崛起的市场对刚刚经历了欧洲债务危机的欧盟具有的巨大吸引力，随着中欧商业交流政府协商的增加，中国的弱势地位将逐渐好转，并在未来可以以平等的姿态与欧盟进行更加广泛、更加深入的经济和贸易合作。

在贸易结构方面，欧盟国家向中国的货物出口贸易总额中，技术或资本密集型产品占有绝大多数份额，其次为劳动密集型产品，占额最低的为传统和初级产品。欧盟国家向中国的货物出口贸易中技术或资本密集型产品历年均超过向中国贸易出口额的 60%。其中最高峰出现在 2005 年，最低峰出现在 2012 年。这与中国经济发展方式转型、优化产业结构的发展方针和措施有不可分割的关系，说明我国贸易结构向好的方面发展，可持续发展取得了长足进步。“一带一路”倡议和欧盟的投资计划结合后，中国贸易结构和产业结构必将沿着这一方向走下去。因为中国目前的社会环境和政策环境都是鼓励低能耗、高附加值的产业发展，这与欧盟作为一个技术发展成熟的经济体的发展要求十分相符。所以，中欧投资计划实施之后对中欧直接贸易的影响可以归结为以下两点：一是投资结构必将转向高产值、技术密集型的产业，产业投资结构的这种变化一定会引起贸易结构由低产值、高能耗、低附加值的产品逐渐向高产值、低能耗、高附加值的过渡；二是投资额的不断加大一定会引起双方贸易额的不断加大，而且同一产品层次的竞争也会不断加强。贸易结构变化与全球经济形势紧密结合，会同时作用于中欧贸易。仅从2008～2012年前后的情况就能看出来，此时间段正值金融危机的爆发和欧洲债务危机的扩散，可见全球经济的大环境对中欧贸易影响是与对贸易结构的影响相伴随的。传统和初级产品对中欧贸易影响不会很大，因此单就贸易占比、贸易结合度还有贸易互补性上来说，传统和初级产品的表现均为各类产品中最弱的，且与其他两类相差甚远。这说明即使贸易结构引起的传统和初级产品发生大的变化也不会引起中欧贸易的太大波动。由于欧盟产业结构转型早，较成熟，其贸易结构较为稳定，替代性差的高新技术和资本密集型产品具有一定的竞争优势，故使其对我国贸易依赖并不严重，进而使中欧贸易受国际市场产品价格影响较大。在传统和初级产品中，欧盟以欧盟区内农业贸易扶持为主，导致中欧初级产品贸易关系并不紧密，而由于劳动密集型产品一直是我国的优势产品，虽然技术性和差异性相比欧盟较弱，但成本优势及庞大的欧盟企业在华制造群体使得劳动密集型产品的结构在中欧贸易中具有举足轻重的地位。

中国与欧盟贸易结构上有一些相似的地方，但这并不影响中国与欧盟各国之间基于各自优势所存在的互补性，中国应与欧盟建立紧密的经济联系，以求进一步发展双方的经济，中欧需在以下方面做出共同努力：

（1）建立健全中欧双方之间的互信机制。在中国与欧盟的双边贸易中各个行业之间应该建立对话机制，及时解决各种实际问题。就具体问题开展协商和针对性谈判，建立健全中国与欧盟双方之间的互信机制。随着经济全球化时代的到来，中欧双方应该抓住发展机会，积极迎接挑战，形成中欧贸易之间合理的贸易分工体系以及完善新的贸易优势互补机制，不断加强中欧双方的经济实力和综合国力，实现双赢。

（2）加快经济结构的调整，增强互补性。尽管中国与欧盟国家在贸易中存在着很强的互补性，但是由于彼此间在产业结构上具有一定的相似性。所以，加强技术创新，调整产业结构，是推动我国与欧盟经贸合作的内在要求。首先，中国与欧盟应该采取积极有效的措施，提高国内市场的需求；其次，要稳定和扩大区域市场，为双方贸易提供一个最佳的环境；

最后，我国应加快产业和产品的升级，努力提高出口产品的附加值和技术含量，进一步开拓多元化市场，尽量避免恶性竞争。

（3）加强与欧盟各领域的交流与合作，促进产业体系的构成。欧盟经历了半个多世纪的区域合作历程，可以为“一带一路”的合作与发展提供丰富的经验。首先，欧盟的先进生产技术。“一带一路”倡议隐含诸多增长机遇，包括交通设施、能源开发、电信通讯等全方位的跨国基础设施建设，欧盟在这些领域具有一定优势。其次，欧盟的区域开发性金融。在“一带一路”沿路正处于社会和经济结构转型时期的发展中国家，在政治制度、经济发展水平、产业结构转型时期的发展中国家，在政治制度、经济发展水平、产业机构等方面存在很大的差异。在欧盟发展的过程中，也同样面临别的各种差异。欧盟曾通过设立结构基金、欧盟地区发展基金、欧洲投资银行、提供优化贷款等政策工具支持落后地区。因此，它们在开发性金融业务开展、风险控制等方面具有丰富经验。最后，欧盟具有发达的海外保险业务。投资“一带一路”沿线国家往往具有较大风险，跨境基建投资、贸易融资需要跨境保险业务的支撑和保护，相对于我国较为落后的保险市场，欧洲一些大型的全能银行，均是以银行和保险业作为经营模式而逐渐发展成为跨国银行集团。因此，我国可以通过并购欧盟金融机构以及银行间的业务合作方式，学习欧盟跨境保险业务的经验。

此外，还可以从以下两大方面进一步发展我国与欧盟的交流合作：一是加强科技领域的交流，随着经济的不断发展，科技因素在经济合作与发展中越来越重要。我国与欧盟应加强科技领域的交流，努力拓展全方位、多形式和多层次的科技合作，全面提升生产的技术水平。对于欧盟国家中科技水平较高的国家，我国应与其进行学习与交流，拓展全方位、多层次的科技合作，加强高新技术在产业间的合作，全面提升科技水平和产业结构。由于欧盟各成员国科技水平发展各不相同，中国与欧盟各个成员国之间的合作潜力很大，我国应充分发挥综合科技水平较高的优势，针对各国的科技水平及优势，开展形式多样、循序渐进的合作。二是加强关于构建产业协作体系的交流。我国与欧盟国家产业结构间具有一定的相似性，加强我国与欧盟在产业协作上的交流，运用各国间在国家分工上的比较优势，增强我国与欧盟各国在产业内贸易的互补性，构建一个双方都得以发展经济的产业协作体系，使双方发挥各自的长处，协作分工，共创双赢。

在“一带一路”倡议下中欧进行投资和贸易受到很多因素的影响。中欧在经济衰退的压力下面临着不少新的挑战，贸易保护主义对中欧贸易的影响将会更加明显。随着合作不断加深，中欧战略互信仍然存在一定的问题。首先，由于中国和欧洲国家制度和观念存在差异，欧盟会将中国视作实行“欧洲模式”的竞争者和挑战者，不但没有完全消除对“一带一路”倡议的顾虑，甚至从心里产生怀疑，并且这种问题短时间内很难消除。其次，大国战略博弈问题。“一带一路”倡议所涉及的国家很多，是世界上各主要大国长期博弈和较量的重点区域。比如美国于2011年提出的“新丝绸之路战略”，声称是为保障阿富汗实现稳定和发展而制定；而俄罗斯主导的“独联体内经济一体化项目”，标志着该集团内部的经济一体化达到了新的高度。日本提出的“丝绸之路外交”政策的成绩主要体现在对中亚的政府开发援助上，意在牵制中俄关系。所有这些大国对“一带一路”牵连的国家和地区都存在战略利益诉求。可见，“一带一路”倡议的实施会面临欧美双方对华战略基于不同利益考量的压力。最后，“一带一路”倡议下会面临贸易保护主义问题和地区性风险等问题，其结果会使中国的投资风险加大。

（4）密切关注英国脱欧对中英投资与贸易的影响。英国是否脱离欧盟还存在一定的变数。新首相上任之后，对英国是否留在欧盟等一系列问题进行表态，称将尊重英国民众的意愿同时将积极应对脱离欧盟一事。但是依照英国的宪法规定，在英国占有决定性权利的机构是英国议会，通常情况下，是否将英国脱离欧盟的程序必须要由议会来实施授权，首相并没有权利开展脱欧工作。不管怎样，我国都要密切关注英国脱离欧盟之后，对欧盟和我国带来的影响。2016年7月，我国的外汇管理局表示，目前还没有出现英国脱离欧盟之后，对我国的跨境金融资本的流转造成影响，但其不确定性将导致国际金融市场不稳定，也会直接造成美元和人民币贬值的情况出现。

在最近几年中，中英两国之间的双边经贸不断发展。自2015年习总书记对英国进行国事访问之后，中国和英国的经济贸易往来的频率呈现出逐步上升的趋势。到目前为止，英国的主要进口和出口国都是中国。英国虽然属于欧盟共同体的成员国，但对于投资和贸易通常采用自由化的方式进行，与欧盟中别的国家相比较，中国的公司在英国投资和贸易并没有较多的局限性，所以中国的公司也将英国看作是进入欧盟进行贸易和投资的主要途径。英国在脱离欧盟之后，将会丢失市场单一化的地位，因此我国也要慎重对待英国和欧盟的今后投资和贸易关系。首先，英国脱欧之后，对于中国和英国的投资和贸易都会呈现出较高的不稳定性。在实施商业活动中最为重要的方面是稳定性，而英国脱离欧盟则是相对漫长的过程，会给中国投资的公司带来较多的不稳定因素。比如，在英国没有脱离欧盟之前，中国出口给英国的物品要使用欧盟的标准，但是脱离欧盟以后使用的标准则会发生改变，对于长时间与英国合作的中国公司来说，合同上规定的产品标准则会产生不适用性。其次，英国脱欧之后，产生较严重影响的方面可能为人民币和英镑的汇率。对于人民币产生不利的影响主要为英国丢失了国际金融中心的位置。英国脱欧后，英镑也会相应地贬值，并对投资和贸易方面产生严重的影响。但从好的方面来讲，英国脱离欧盟之后将会为国内的公司带来较多的发展机遇。在欧盟中，进行投资和贸易的标准基本上都以法国和德国的标准政策为主，英国进口数量较多的产品来自不同的欧盟成员国。英国在脱欧以后，对于欧盟的进口依赖程度会大大降低，为满足国内市场需求，可能会采用宽松的进口政策，这对我国出口企业是利好的机遇。除此以外，如果英国脱欧，英镑贬值，对想要投资英国资产的中国公司是个较好的抄底机遇。但是，我国也不能忽略的一个重要方面为英国在脱欧之后可能逐步会转变为分裂和保守，同时英国在国际中的战略位置也会相应地降低。因此对于我国企业来说，必须要调整好自己的经济思路，需要用敏锐的目光意识到中英投资和贸易将会进入一个新的时代。

参考文献

[1] 蔡虹、孙顺成:《进口贸易技术溢出的经济效应研究》，载《西安交通大学学报（社会科学版)》2008 年第 1 期。

[2] 蔡锐、刘泉:《中国的国际直接投资与贸易是互补的吗?——基于小岛清“边际产业理论”的实证分析》，载《世界经济研究》2004 年第 8 期。

[3] 陈继勇、秦臻:《外商直接投资对中国商品进出口影响的实证分析》，载《国际贸易问题》2006 年第 5 期。

[4] 陈欣:《欧盟东扩对中欧贸易影响的实证分析》，浙江大学硕士论文，2007 年。

[5] 陈妍:《欧盟在华 FDI 对中欧贸易影响的实证研究》，浙江大学硕士论文，2007 年。

[6] 邓海滨、廖进中:《中国进口贸易技术外溢效应的实证分析》，载《当代经济管理》2006 年第 6 期。

[7] 邓艳梅、汪斌:《中日贸易中工业制品比较优势及国际分工类型》，载《世界经济》2003 年第 41 期。

[8] 杜晓蓉:《论欧盟企业对华并购投资》，四川大学硕士论文，2003 年。

[9] 高静:《欧盟对华直接投资对中欧贸易规模的影响研究》，山东财经大学硕士论文，2013 年。

[10] 耿楠:《中国进出口贸易的实证研究——基于协整分析与误差修正模型》，载《对外经济贸易大学学报（国际商务版)》2006 年第 4 期。

[11] 龚晓莺:《中国对外贸易与国际直接投资关系的实证分析》，载《经济理论与经济管理》2007 年第 1 期。

[12] 贺胜兵、杨文虎:《FDI 对我国进出口贸易的非线性效应研究——基于面板平滑转换模型》，载《数量经济技术经济研究》2008 年第 10 期。

[13] 洪银兴：《从比较优势到竞争优势——兼论国际贸易的比较利益理论的缺陷》，载《经济研究》1997 年第 6 期。

[14] 胡方、连东伟、徐芸：《外国直接投资对中国出口贸易结构的影响》，载《对外经济贸易大学学报（国际商务版）》2013 年第 1 期。

[15] 胡晓、王涛生：《欧盟在华直接投资与中国对欧盟出口商品结构》，载《商业研究》2011 年第 1 期。

[16] 胡晓君：《中欧产业内贸易与中欧贸易发展》，外交学院硕士论文，2012 年。

[17] 黄凌云、范艳霞、许林：《国际贸易与 FDI 的技术溢出》，载《重庆大学学报（自然科学版）》2007 年第 12 期。

[18] 黄晓玲：《外国直接投资与对外贸易的相互关系及其对工业化演进的影响——理论分析与对中国的实证的考察》，载《财贸经济》2001 年第 9 期。

[19] 贾姗：《欧盟对华 FDI 与中国对欧盟出口商品结构的关系研究》，湖南大学硕士论文，2009 年。

[20] 江小涓：《中国的外资经济对增长、结构升级和竞争力的贡献》，载《中国社会科学》2002 年第 6 期。

[21] 姜玉梅、姜亚鹏：《外向型直接投资反哺效应与中国企业国际化——金融危机下的理论与经验分析》，载《国际贸易问题》2010 年第 5 期。

[22] 蒋殿春、张宇：《行业特征与外商直接投资的技术溢出效应：基于高新技术产业的经验分析》，载《世界经济》2006 年第 10 期。

[23] 赖明勇、许和连、包群：《中国外商直接投资与技术进步的实证研究》，载《经济评论》2002 年第 6 期。

[24] 李钢：《欧盟东扩后中国与新入盟国家的经贸关系》，载《红旗文稿》2004 年第 9 期。

[25] 李俊、崔艳新、赵囡囡：《中国—欧盟贸易差额现状及其原因的实证分析》，载《国际贸易问题》2007 年第 11 期。

[26] 李平、钱利：《进口贸易与外国直接投资的技术溢出效应——对中国各地区技术进步的实证研究》，载《财贸研究》2005 年第 6 期。

[27] 李蕊：《FDI 与中国工业自主创新：基于地区面板数据的实证分析》，载《世界经济研究》2008 年第 2 期。

[28] 李晓光：《欧盟在华直接投资的实证分析》，载《经济纵横》

2002 年第 7 期。

[29] 李杏、M. W. Luke Chan:《外商直接投资与对外贸易技术溢出效应比较——基于面板因果关系的研究》,载《国际贸易问题》2009 年第 2 期。

[30] 林文文、王朝晖:《FDI、对外贸易和经济增长关系的动态分析——对山东省 1984 ~ 2007 年数据的实证研究》,载《山东经济》2009 年第 2 期。

[31] 刘恩专:《外商直接投资的出口贸易效应分析》,载《当代经济科学》1999 年第 2 期。

[32] 刘力:《比较优势原则的若干否定之否定》,载《国际经贸探究》1998 年第 1 期。

[33] 刘舜佳:《外商直接投资与我国出口商品结构优化》,载《财经科学》2004 年第 2 期。

[34] 刘重力:《中国产品出口结构研究》,载《南开经济研究》2000 年第 5 期。

[35] 牛玉双:《外商直接投资对中国出口结构优化影响研究》,大连理工大学硕士论文,2008 年。

[36] 裴长洪:《欧盟对华贸易投资与经济合作》,载《国际经济评论》1999 年第 Z3 期。

[37] 钱晓英、张大奇、赖明勇:《外商直接投资与中国国际贸易关系的实证分析》,载《湖南大学学报(自然科学版)》2001 年第 5 期。

[38] 钱亚楠、王永:《欧盟 FDI 对我国出口商品结构影响的实证分析》,载《特区经济》2011 年第 1 期。

[39] 裘元伦:《欧盟对华长期政策与中欧经贸关系》,载《世界经济》1999 年第 8 期。

[40] 任鹏:《论外商对华直接投资两种类型的不同影响》,中国社会科学院研究生院博士论文,2003 年。

[41] 邵玲、谢建国:《中欧制成品产业内贸易影响因素实证分析》,载《国际贸易问题》2008 年第 4 期。

[42] 沈克华:《外商直接投资与我国出口总量及结构、基础设施投入的相关关系分析》,载《国际贸易问题》2003 年第 7 期。

[43] 沈滢:《欧盟对华直接投资对中欧贸易影响的实证分析》,浙江大学硕士论文,2008 年。

［44］史小龙、张峰：《外商直接投资对我国进出口贸易影响的协整分析》，载《世界经济研究》2004 年第 4 期。

［45］宋蕾：《FDI 对中国对外贸易商品结构的影响研究》，北京邮电大学硕士论文，2012 年。

［46］宋延武、王虹、邓小英：《外国直接投资与我国出口结构和出口竞争力的关系研究——基于 SPSS 回归模型的实证分析与检验》，载《国际贸易问题》2007 年第 5 期。

［47］孙纲：《外商直接投资与我国出口贸易关系的实证研究》，载《对外经济贸易大学学报（国际商务版）》2010 年第 2 期。

［48］孙晓飞：《FDI 对中国出口商品结构影响的实证分析》，华东师范大学硕士论文，2006 年。

［49］王洪庆：《欧盟在华直接投资对中国与欧盟贸易的影响》，载《国际贸易问题》2007 年第 4 期。

［50］王俊：《欧盟在华直接投资与中欧双边贸易关系的实证分析》，山东大学硕士论文，2009 年。

［51］王珂：《欧盟东扩对中欧和我国外商直接投资的影响及应对措施》，载《天津财经学院学报（现代财经版）》2003 年第 12 期。

［52］王文爽：《我国利用 FDI 对贸易结构的影响》，天津财经大学硕士论文，2009 年。

［53］王岩、王海燕：《欧盟对华直接投资与中国对外贸易关系研究》，载《东北财经大学学报》2011 年第 2 期。

［54］王英、刘思峰：《国际技术外溢渠道的实证研究》，载《数量经济技术经济研究》2008 年第 4 期。

［55］王瑜：《外商直接投资对中国工业结构与贸易结构之影响实证研究》，复旦大学博士论文，2008 年。

［56］王彧琳：《基于 VAR 模型我国对外直接投资和进出口商品结构关系研究》，沈阳工业大学硕士论文，2011 年。

［57］王悦、陈明伟：《欧盟对华直接投资对中欧双边贸易影响的协整分析》，载《经济经纬》2007 年第 2 期。

［58］王中华：《外商直接投资对我国进出口贸易的影响及对策经济纵横》2001 年第 4 期。

［59］魏浩、张二震、毛日昇：《中国制成品出口比较优势及贸易结构分析》，载《世界经济》2005 年第 2 期。

［60］文瑞：《中欧贸易失衡问题研究》，东北财经大学硕士论文，2012 年。

［61］吴凯波：《FDI 与我国对外贸易关系的实证研究》，载《云南财经大学学报（社会科学版）》2010 年第 4 期。

［62］冼国明、严兵、张岸元：《中国出口与外商在华直接投资——1983 ~ 2000 年数据的计量研究》，载《南开经济研究》2003 年第 1 期。

［63］肖颖琳：《欧盟对华直接投资：进程、动因及战略意义》，浙江大学硕士论文，2003 年。

［64］小岛清：《对外贸易论》，南开大学出版社 1978 年版。

［65］谢涓、杜攀：《FDI 与对外贸易的实证检验（1990 ~ 2008）》，载《求索》2010 年第 4 期。

［66］许和连、赖明勇：《我国出口与经济增长关系分析》，载《湖南大学学报（社会科学版）》2001 年第 3 期。

［67］杨迤：《外商直接投资对中国进出口影响的相关分析》，载《世界经济》2000 年第 2 期。

［68］姚战琪：《不同外国资本跨国公司在华投资的动机、行为与表现》，载《财贸经济》2007 年第 5 期。

［69］叶文佳、于津平：《欧盟对中国 FDI 与中欧贸易关系的实证研究》，载《世界经济与政治论坛》2008 年第 4 期。

［70］于延良：《欧债危机后中欧贸易结构的演变及影响因素分析》，吉林大学硕士论文，2013 年。

［71］俞毅、万炼：《我国进出口商品结构与对外直接投资的相关性研究——基于 var 模型的分析框架》，载《国际贸易问题》2009 年第 6 期。

［72］岳金桂：《基于进口贸易和 FDI 传导的技术溢出效应》，载《水利经济》2008 年第 3 期。

［73］张红霞、刘继生、马廷玉：《山东省制造业 FDI 流入与贸易结构优化的互动作用》，载《经济地理》2007 年第 5 期。

［74］张曙霄：《中国对外贸易结构问题研究》，东北师范大学博士论文，2002 年。

［75］张小蒂、李晓钟：《外商直接投资对我国进出口贸易影响的实证分析》，载《数量经济技术经济研究》2001 年第 7 期。

［76］张晓萍、于英川、方培基：《FDI 对于我国进出口贸易结构影响的实证分析》，载《建筑经济》2007 年第 2 期。

[77] 张谊浩、王胜英：《国际贸易与对外直接投资相互关系的实证分析——基于我国数据的 Granger 非因果检验》，载《国际贸易问题》2004 年第 1 期。

[78] 张自如：《外商直接投资与我国进出口关系的实证分析》，载《山东科技大学学报（社会科学版)》2005 年第 4 期。

[79] 赵培华：《外商直接投资对我国出口商品结构的影响》，载《合作经济与科技》2012 年第 23 期。

[80] 郑征：《欧债危机对中欧贸易影响研究》，载《金融纵横》2012 年第 8 期。

[81] 钟晓君：《外商直接投资与我国进出口贸易关系研究——基于 VAR 模型的脉冲响应函数和方差分解分析》，载《统计教育》2009 年第 6 期。

[82] 周慧：《不同来源地 FDI 对中国价格贸易条件的影响研究》，载《黑龙江对外经贸》2011 年第 3 期。

[83] 周靖祥、曹勤：《FDI 与出口贸易结构关系研究（1978 ~ 2005 年)——基于 DLM 与 TVP 模型的检验》，载《数量经济技术与经济研究》2007 年第 9 期。

[84] 朱廷珺：《外国直接投资与中国出口贸易结构优化》，载《发展》2007 年第 1 期。

[85] UNCTAD，商务部外资统计，中国国家统计局《中国统计年鉴》等。

[86] 于军：《中国—中东欧国家合作机制现状与完善路径》，载《国际问题研究》2015 年第 2 期。

[87] 金玲：《“一带一路”与欧洲“容克计划”的战略对接研究》，载《国际展望》2015 年第 6 期。

[88] 张骥、陈志敏：《“一带一路”倡议的中欧对接：双层欧盟的视角》，载《世界经济与政治》2015 年第 11 期。

[89] 黄卫平：《“一带一路”倡议下的中国对欧投资研究》，载《中国流通经济》2016 年第 1 期。

[90] 冯仲平、黄静：《中欧“一带一路”合作的动力、现状与前景》，载《现代国际关系》2016 年第 2 期。

[91] 步少华：《中欧“次区域合作”：动力与未来方向》，载《国际问题研究》2016 年第 2 期。

[92] 姚铃:《中国与中东欧国家经贸合作现状及发展前景研究》,载《国际贸易》2016 年第 3 期。

[93] 崔宏伟:《“一带一路”倡议与容克投资计划对接前景探析》,载《德国研究》2016 年第 1 期。

[94] 龙静:《“一带一路”倡议在中东欧地区的机遇和挑战》,载《国际观察》2016 年第 3 期。

[95] 刘作奎:《“一带一路”倡议背景下的“16 +1 合作”》,载《当代世界与社会主义》2016 年第 3 期。

[96] 刘丽荣:《“一带一路”与中欧合作:对接发展的机遇与障碍》,载《复旦国际关系评论》2015 年第 1 期。

[97] 龚秀国:《中国“一带一路”倡议有效对接欧盟投资计划探析》,载《欧洲研究》2016 年第 3 期。

[98] 陈仲伟:《“一带一路”战略,推动海外投资的成熟化发展》,载《住宅与房地产》2015 年第 2 期。

[99] 刘文婷:《中国—欧盟货物贸易结构变化及其对中欧贸易的影响研究》,中国海洋大学硕士论文,2014 年。

[100] 王浩:《中国对欧盟出口贸易对中国经济影响的分析》,贵州财经大学硕士论文,2014 年。

[101] 李伟舵、黎振强、陈美娴:《中国与欧盟对外贸易的互补性分析》,载《湖南理工学院学报(自然科学版)》2013 年第 4 期。

[102] 刘翔峰:《中欧经贸关系发展现状及前景》,载《宏观经济研究》2004 年第 2 期。

[103] Andrew B. Bernard, Stephan J. Redding, Peter K. Schott. Multi - Product Firms and Trade Liberalization [J]. *The Quarterly Journal of Economics*, 2011, 126 (3): 1271 - 1318.

[104] Bela Balassa. Revealed Comparative Advantage Revisited: An Analysis of Relative Export Shares of the Industrial Countries, 1953 - 1971 [J]. *The Manchester School of Economic & Social Studies*, 1977 (4): 327 - 44.

[105] Brian J. Aitken, Gordon H. Hanson, Ann E. Harrison. Spillovers, Foreign Investment, and Export Behavior [J]. *Journal of International Economics*, 1997, 43 (1 - 2): 103 - 132.

[106] Bruno Van Potte Isberghe, Frank Lichtenberg. Does Foreign Direct Investment Transfer Technology across Borders [J]. *The Review of Economics*

and Statistics, 2001 (3): 490 –497.

[107] G. Clyde Hufbauer, Y. Wong, K. Sheth. US – China Trade Disputes: Rising Tide, Rising Stakes [J]. *Institute for International Economics*, 2006: 78 –111.

[108] Gwanghoon Lee. The Effectiveness of International Knowledge Spillover Channels [J]. *European Economic Review*, 2006 (50): 2075 –2088.

[109] Helpman Elhanan. A Simple Theory of International Trade with Multinational Corporations [J]. *Journal of Political Economy*, 1984 (92): 451 –471.

[110] J. H. Dunning. Globalization, Trade and Foreign Direct Investment [J]. *Oxford*, 1998: 49 –115.

[111] J. Peter Neary. Trade Costs and Foreign Direct Investment [J]. *Inter-national Review of Economics and Finance*, 2009 (18): 207 –218.

[112] Jaehwa Lee. Trade, FDI and Productivity Convergence: A Dynamic Panel Data Approach in 25 Countries [J]. *Japan and the World Economy*, 2009 (21): 226 –238.

[113] James R. Markusen, Anthony J. Venables. Multinational Firms and the New Trade Theory [J]. *Journal of International Economics*, 1998, 46 (2): 183 –203.

[114] Jose Pedro Pontes. A Non Monotonic Relationship between FDI and Trade [J]. *Economics Letter*, 2007 (95): 685 –700.

[115] Lipsey, Weiss. Investment Liberalization and International Trade [J]. *Journal of International Economics*, 1981 (61): 101 –126.

[116] Marc J. Melitz. The Impact of Trade on Intra – Industry Relations and Aggregate Industry Productivity [J]. *Econometric Society*, 2003, 71 (6): 1695 –1725.

[117] James. R. Markuson, Lars E. O. Svensson. Trade in Goods and Factors with International Differences in Technology [J]. *International Economic Review*, 1985 (26): 175 –192.

[118] Mary Amiti, Jozef Konings. Trade Liberalization, Intermediate Inputs, and Productivity: Evidence from Indonesia [J]. *American Economic Review, American Economic Association*, 2007, 97 (5): 1611 –1638.

[119] Michael P. Dooley. Capital Flight, External Debt, and Domestic

Policies [J]. *Economic Review*, 1994: 29 -37.

[120] P. J. Buckley, M. C. Casson. *The Future of the Multinational Enterprise* [M]. New York: Homes and Meier Publishers, 1976.

[121] Paul Michael Romer. International Trade with Endogenous Technological Change [J]. *European Economic Review*, 1991: 971 -1001.

[122] Paul Michael Romer. New Goods, Old Theory, and the Welfare Costs of Trade Restrictions [J]. *Journal of Development Economics*, 1994, 43 (1): 5 -38.

[123] Paul R. Krugman. *Market Structure and Foreign Trade: Increasing Returns, Imperfect Competition, and the International Economy* [M]. London: The MIT Press, 1985.

[124] Paul Samuelson. International Trade and the Equalization of Factor Prices [J]. *Economic Journal*, 1948: 163 -184.

[125] Pinelopi K. Goldberg, Amit K. Khandelwal, Nina Pavcnik, Petia Topalova. Multi-product Firms and Product Turnover in the Developing World: Evidence from India [J]. *Society for Economic Dynamics*, 2009: 176.

[126] R. Mundell. International Trade and Factor Mobility [J]. *American Economic Review*, 1957 (47): 321 -335.

[127] Raymond Vernon. International Investment and International Trade in the Product Cycle [J]. *Quarterly Journal of Economics*, 1966 (80): 128 - 143.

[128] Richard E. Baldwin, Elena Seghezza. Testing for Trade-induced Investment - led growth [J]. *National Bureau of Economic Research*, *NBER Working Papers*, No. 5416, 1996.

[129] Robert E. Lucas. On the Mechanics of Economic Development [J]. *Journal of Monetary Economics*, 1988, 22 (1): 3 -42.

[130] Robert. Mundell. International Trade and Factor Mobility [J]. *Amer-ican Economic Review*, 1957 (47): 321 -335.

[131] Tamim A. Bayoumi, Gabrielle Lipworth. Japanese Foreign Direct Investment and Regional Trade [J]. *International Monetary Fund*, 1997: 97 - 103.

[132] UNCTAD. *World Investment Report* [M]. United Nations Publication, 2001.

[133] W. Hejazi, A. E. Safarian. The Complementarity Between U. S. Foreign Direct Investment Stock and Trade [J]. *Atlantic Economic Journal*, 2001: 420 - 437.

[134] Wassily Leontief. Domestic Production and Foreign Trade: The American Capital Position Re-examined [J]. *Proceedings of the American Philosophical Society*, 1953: 332 - 349.